CHRISTIAN SOLMECKE

Welches RECHT gilt bei MORD im WELTRAUM?

W0189916

CHRISTIAN SOLMECKE

Welches RECHT gilt bei MORD im WELTRAUM?

Skurrile Rechtsfragen,
überraschende Urteile
und absurde Gesetze

YES

Originalausgabe
1. Auflage 2023
© 2023 by Yes Publishing – Pascale Breitenstein & Oliver Kuhn GbR
Türkenstraße 89, 80799 München
info@yes-publishing.de
Alle Rechte vorbehalten.

Illustrationen: Dirk Meissner
Redaktion: Matthias Teiting
Umschlaggestaltung: Ivan Kurylenko (hortasar covers)
Umschlagabbildung: © Can Stock Photo Inc. / studiostoks
Umschlag- und Autorenfoto von Christian Solmecke (S. 304): Tim Hufnagl
Layout und Satz: Daniel Förster, Belgern
Druck: CPI books GmbH, Leck
Printed in the EU

ISBN Print 978-3-96905-228-0
ISBN E-Book (EPUB, Mobi) 978-3-96905-229-7
ISBN E-Book (PDF) 978-3-96905-230-3

§ INHALT

Einleitung 9

Kuriose Geschichten aus den Gerichten 11

Der Koma-Mogler 12
Der drogenaufspürende, sockenschnüffelnde Richter 14
Kreative Strafen – *Bambi* schauen und Sarg aufstellen 15
Angstgegner Amt – legal Fristen versäumen wegen Phobie vor behördlichen
Schreiben? 16
Das haben Sie alles gegessen? 18
Wenn der Richter zum Schiedsrichter wird: Gerichtsverhandlung = Fußballspiel? 19
Von Österreichern und Kühen auf der Straße – doch an diesem Fall ist nichts,
wie man denkt! 21
The Walking Dead – der Mann, der von den Toten auferstand 23
Penisse vor Gericht 25

Meinen die das ernst?! Kuriose Klagen 29

Nevermind – geht die Klage des schwimmenden Babys ins Nirwana? 30
Zu besch...eidene Leistung des Fußballclubs: Fan will wegen Haarausfall klagen .. 32
Pepsi, wo ist mein Kampfjet? 34
»Red Bull verleiht Flüüüügel« 35
Die Würde des Sportwagenfahrers ist antastbar 36
Man(n) darf sich nicht in James Bond umbenennen 38
Die Pflicht ruft in die falsche Richtung – Anwalt hat zu wenig *Call of Duty*
gespielt 40
Er wollte doch nur dealen: Anwalt verklagt Deutschland 42
Nutella – das Superfood? 44
Ein schlechter Mix: Milch, Zucker und verbrannte Oberschenkel 45

Wer hat denn diese Gesetze erfunden? 49

Die Bienen und das Gesetz 50
Die Ehe und das Gesetz 52
Das Deutsche Reich und das Gesetz 55
Der Tod und das Gesetz 56
Die fünf kuriosesten EU-Gesetze 58
Sonnenmilch, Scheuermilch, Soja... DRINK! 63
Lemonaid hat zu WENIG Zucker – der absolute WaRnsinn! 65
Subway-Sandwich ist kein Brot, sondern Kuchen 68
Ist Quark Milch oder Käse? 69

Die Polizei, dein Freund und Helfer? 73

Sag mal »Cheese« – Geschichten vom besten Freund des Deutschen: dem Auto .. 74
Mit Stinkefinger und Döner am Blitzer vorbeirasen – eine gute Idee? 76
Mein Körper brau(ch)t Alkohol 77
Polizei will 2331 Euro für Kennzeichen 79

Achtung, Pozilei! Über Autotuning, Karneval und abgeschreckte Einbrecher 80

Von Polizisten, Mädchen und Bullen 84

#Pimmelgate – Hausdurchsuchung wegen »Pimmel«-Tweet 85

Mit natürlichem Giftgas gegen Polizisten: die Pups-Rechtsprechung 88

500 Kilogramm beschlagnahmtes Cannabis verschwunden – Polizist:»Das waren
die Mäuse!« 91

Von gewitzten Betrügern, Abzockern – und denen, die darauf reinfallen

Von gewitzten Betrügern, Abzockern – und denen, die darauf
reinfallen 93

Mit vibrierenden Analkugeln zum Schachbetrug? 94

Telefonabzocke:»Können Sie mich hören?« 97

»Wir haben Sie im Sack!« – Skys krasse Antwort auf Abo-Kündigung 99

Nach 70 Jahren aufgeflogen: Mann fährt ohne Führerschein, seit er 12 ist! 101

Der gierige Bürgermeisterkandidat im Königsmantel 102

»Take the money and run!« Ist das Kunst oder kriminell? 104

AfD fällt auf Satire-Aktion rein: zerschredderte Parteiwerbung als Kunst? 107

Nicht Wasser zu Wein, sondern Kalbsleber zu Obst – über 200 000 Euro Strafe! .. 110

Vodafone-Vertrag mit Herrn Gysmo 111

Diese gefälschten Geldscheine hatten es in sich ... oder auch nicht 112

Geld: Wie gewonnen, so zerronnen

Geld: Wie gewonnen, so zerronnen 115

Kind findet 15 000 Euro und verprasst sie mit Freunden – und jetzt? 116

80 000 Euro in Mietwohnung gefunden: Gehört das Geld mir? 118

500 000 Euro auf dem Friedhof entdeckt – wem gehören die Grabschätze? 120

Nach Fehlüberweisung: das Rezept zu drei Tagen Reichtum 121

Wurstfingerfehler: Banker tippt eine Null zu viel ein – und vernichtet
300 Milliarden Euro 123

Shit happens: Kumpel verbrennt 540 000 Euro! 126

Lottoland: Putzfrau gewinnt 90 Millionen – Fake oder real? 128

23 Milliarden für Tod durch Rauchen – oder doch nicht? 131

Dreistigkeiten aus der Arbeitswelt

Dreistigkeiten aus der Arbeitswelt 135

Kater ist eine Krankheit! Darf ich mich also nach Alkoholexzess krankmelden? .. 136

Karriereende »auf Nacken« – Polizist wird zum Betrüger 137

Lehrerin fällt beim Schunkeln von Bierbank – zählt das als Dienstunfall? 139

Beamter will 220 000 Euro für 4933 Überstunden! 141

»Auf Bahnhofspennerniveau verhartzt« – die Bewerbung eines Juristen 142

Sex statt Hilfe: Muss Sugar-Daddy Arbeitszeugnis schreiben? 144

Wer fragt, der muss mit einer Antwort rechnen: Wie alt ist die Frau des Chefs? .. 146

»Soziales Arschloch!« – von Seemannsknoten, Kindergarten und wütenden
Chefs 148

Putzfrau fälscht Grundschulzeugnis – krasses Urteil aus Griechenland 150

Trautes Heim, Glück allein?

Trautes Heim, Glück allein? 153

Einen Streit vom Zaun brechen – Maschendrahtzaun in the Morning 154

Rauchschwaden über Balkonien 155

Immer der Nase nach 157

Der Kuhglockenstreit: ein Gedicht 158

Keinen Bock auf einen stinkenden Bock 161

Wegen Nachbarn die Decke durchlöchert – zahlt die Sozialhilfe? 163

Eltern vernichten Pornosammlung des Sohnes 164

Betriebsschließung nach 30 Jahren: Hotel Mama will in den Ruhestand 166

Kernfusion im Kinderzimmer 167

Aus einer Mücke einen Elefanten machen – oder aus einer Büroklammer
ein Haus 169

Mietkaution in Aktien anlegen – reich werden durchs Nichtstun? 171

Ist Sterben in der Mietwohnung erlaubt? 173

Illegales Glücksspiel im Seniorenheim? Bingo! 175

Sex vs. trockenes Recht 179

Von dichtenden Richtern über das Masturbieren im Russenpuff 180

Rosen sind rot, Veilchen sind blau, Mann vergisst Sexspielzeug in Frau 184

Staat soll Pornos und Besuche im Freudenhaus zahlen 185

Ist der Markenname »FickShui« geschmacklos? 186

Vibrator verspricht schnellere, intensivere und multiple Orgasmen –
übertrieben? 188

Riesige Penisse und Vulven als Regierungskritik am Staat strafbar? 189

Grundschullehrerin + Swingerclub – geht das zusammen? 191

Domina jagt Kunden wegen geplatztem Termin 193

Verprügelter Liebhaber erhält kein Schmerzensgeld 194

Der unbefleckte Malermeister – bleibt seine Weste weiß? 196

»God is a woman« – vom Kampf der Geschlechter 199

Kein Sex während der Ehe = Kürzung des Unterhalts? 200

Kurioses altes Gesetz: Erschleichung des außerehelichen Beischlafs 201

Bräutigam nicht scharf genug – Reklamation! 202

»Erkenntnis«: Sex auch für Frauen über 50 wichtig 204

Um Himmels willen – die nackte Frau und der nackte Mann 206

Arbeitsamt will, dass sich Frau als Stripperin und Escort bewirbt 209

Nach Klage gegen blaue Frauenparkplatz-Schilder: Schilder wurden pink 210

Finde den Fehler: Mann fühlt sich beim Wort Anwält_in nicht »mitgemeint« –
und klagt 211

Das Gendern und das Gesetz 213

Künstliche Intelligenz – und weniger intelligente Technik 217

Kann sich künstliche Intelligenz einen Anwalt nehmen? 218

KI begeht Mord – wer kommt in den Knast? 221

Kann KI uns Anwälte schon ersetzen? 223

Uploadfilter laufen Amok: Google sperrt die Zahl »1« 226

Alexa feiert ihre eigene Party – bis die Polizei anrückt 228

Pop-Hit crasht Computer 230

Statt brotloser Kunst – künstlerlose Kunst? 232

Tesla verpfeift eigenen Fahrer 234
Baby macht Tesla-Auto autonom 237

Ich glaub, mich tritt ein Kamel! Tiere machen Sachen 241

Warum es wichtig zu klären ist, ob Kamele nützliche Haustiere sind 242
Wilder Hund beißt Promihuhn Sieglinde tot 243
Vom eigenen Hund gebissen – Schmerzensgeld von der Stadt 245
Zoobesucher aufs Übelste beschimpft: Strafe für Papageien-Gang? 246
Tiere vor Gericht – ich glaube, mein Schwein pfeift! 248
Affenselfie – Copyright für Naruto? 250
Sieg vor Gericht – ein Grund zum Lächeln für Grumpy Cat? 252
Spekulationen auf dem Hamsterrad: Wie erfolgreich war der Hamster-Broker
    Mr. Goxx? 254
Stadt pfändet Mops Edda – und verkauft die Hündin bei eBay 256
Rentnerin soll 12 000 Euro zahlen – fürs Taubenfüttern! 257

Warum in die Ferne schweifen? Da ist man schließlich »Ausländer« 261

Bordeaux oder Porto – egal, Hauptsache, Italien 262
Zu viel gefuttert – zu schwer für den Flug 263
Bombenstimmung am Flughafen 265
Im Ausland bist du der Ausländer 267
Karibische Klänge mal anders 268
Die Bourgeoisie trifft auf die schmatzenden Rülpser 270
Allgemeines Lebensrisiko 271
Affenbiss in Kenia 274
Urlaub im Rotlichtviertel 275

Welches Recht gilt denn hier? 279

Onlinespiele: Wer virtuelles Land vermietet, muss Steuer zahlen 280
Bayxit statt Brexit? Kann sich der Freistaat Bayern frei von der BRD machen? ... 282
Designated Survivor: der letzte Überlebende 283
Über die Grenze zweier Länder jemanden erschießen – der perfekte Mord? 284
Beleidigung in luftigen Höhen – welches Recht gilt in einem Flugzeug? 286
Mord auf hoher See, um zu überleben – ist das strafbar? 287
Seine eigene Insel aufschütten und einen Staat gründen oder:
    Auf seinem Misthaufen ist der Hahn König 290
Kampf mit Whiskey um Insel Hans: der friedlichste Krieg der Welt! 292
Prinz Christian zu Solmecke – darf ich mir einen Adelstitel kaufen? 294
Das erste Weltraumbaby – Nationalität: Alien? 295
Wie macht man den Mann im Mond zum Nachbarn? 298
»Houston, wir haben ein Problem!« – Welches Recht gilt bei Mord im
    Weltraum? 300

Nachwort 303
Über den Autor 304

§ EINLEITUNG

Hallo, ich bin Christian Solmecke, Rechtsanwalt und Partner bei der Kanzlei WBS.LEGAL in Köln. Wer diesen Satz schon einmal aus meinem Mund gehört hat, der weiß, dass es da draußen allerlei verrückte Rechtsfragen, Klagen, Gerichtsfälle und Gesetze gibt. Denn diese skurrilen Rechtsthemen können kaum verrückt genug sein für die aktuell fast eine Million Abonnenten meines YouTube-Kanals WBS.LEGAL. Wir verlassen mit diesem Werk also den Arbeitsbereich eines Durchschnittsjuristen.

Neben der spannenden Arbeit in der Kanzlei beschäftige ich mich für meinen Kanal mit teilweise ziemlich absurden Themen, die gerade in den Tageszeitungen und sozialen Netzwerken rauf und runter diskutiert werden. Ich beleuchte sie von der rechtlichen Seite: Von #Pimmelgate über »Schachbetrug mit vibrierendem Sexspielzeug« – wir haben die besten Fälle hier gesammelt!

Doch auch weniger bekannte Perlen der deutschen Juristerei haben es in diese Sammlung geschafft: Kennt ihr das berühmte Urteil in Reimform: »Masturbieren im Russenpuff«? Oder die gesammelte Rechtsprechung zum Anfurzen von Polizisten? Neben diesen findet ihr bekannte Fälle und Gesetze aus der ganzen Welt im Buch. Wer kennt nicht den berühmten McDonald's-Fall vom verschütteten Kaffee oder die EU-Gurkenkrümmungsverordnung? Oder die Geschichte von der Grumpy Cat oder des Affenselfies von Naruto?

Aber nicht nur von den tatsächlichen Absurditäten des juristischen Alltags habe ich zu berichten. Jeder saß schon mal zu Hause auf dem Sofa und dachte sich: Mmh, was wäre eigentlich, wenn … Was wäre, wenn ein Baby im Weltraum geboren würde, welche Nationalität hätte es? Wenn ich über die Grenze zweier Länder hinweg jemanden erschieße, nach welchem Strafgesetzbuch werde ich verurteilt? Und wer kommt in den Knast, wenn eine künstliche Intelligenz mordet? Apropos Mord – wer erfahren will, welches Recht bei Mord im Weltraum gilt – dem wünsche ich jetzt viel Spaß beim Lesen dieses Buches!

Euer Christian Solmecke

KURIOSE GESCHICHTEN AUS DEN GERICHTEN

Es war einmal ein kleiner Abiturient. Der wollte in die Fußstapfen seiner Richter-Mama treten und etwas »Anständiges« und »Seriöses« machen. So studierte er Jura. Er lernte dort den juristischen Gutachtenstil. Dabei darf man das Ergebnis nicht zu schnell verraten, auch wenn man es bereits weiß. »Hihi, das ist ja witzig«, dachte er sich. Auch lange Gesetze lernte er zu lesen – und wie man den Wortlaut richtig versteht, das wurde ihm ebenso beigebracht.

Mit seinem großen Gesetzbuch unterm Arm beendete er das Studium und ging mit Vorfreude hinaus in die große, weite Richterwelt. Eine Abänderungsklage, allgemeinverbindliche Tarifverträge, praktische Konkordanz und vielleicht sogar der Erlaubnistatbestandsirrtum? Das kleine Richterlein war gespannt, was ihn im Gerichtssaal so erwartete ...

Schnitt

Das mittlerweile alte Richterlein sitzt mit seinen grauen Haaren in einem Schaukelstuhl auf der Veranda, als seine kleine Enkelin rauskommt: »Du, Opa, war der Job als Richter nicht furchtbar langweilig?« Lachend erwidert der Greis: »Setz dich, Kleine!« Er holt eine große Mappe mit der Überschrift »Kuriose Geschichten aus den Gerichten« hervor. »Auf diesen Moment habe ich schon lange gewartet. Du glaubst, du hast gute Ausreden, weil du dein Zimmer wieder nicht aufräumen wolltest? Da sind so manche Übeltäter vor Gericht noch viel kreativer.« Schnell verdeckt er das Inhaltsverzeichnis, in dem man kurz einen Blick auf das Kapitel »Penisse vor Gericht« und den »drogenaufspürenden Richter« erhaschen konnte. »Nur manche Geschichten, die müssen warten, bis du älter bist.«

§ DER KOMA-MOGLER

Viele lügen, dass sich die Balken biegen. Was manche auf sich nehmen, um eine Lüge aufrechtzuerhalten, ist oft bei Weitem anstrengender, als einfach die Wahrheit zu erzählen. Immer eine Karte mehr auf das Kartenhaus, bis irgendwann das Lügenkonstrukt einstürzt. Manchmal aber siegt die Dreistigkeit gerade dann, wenn keiner die Dreistigkeit für möglich hält. Und besonders dreist war der Brite Alan Knight, der für seine waschechte Oscar-Performance wirklich einiges auf sich nahm. Aber war sein Kartenhaus einsturzsicher?

Der Mann aus Wales soll zunächst seinen an Alzheimer erkrankten Nachbarn um 40 000 Pfund Angespartes betrogen haben, nachdem er ihm eine Freundschaft vorgegaukelt hatte. Versuche, dessen Testament zu fälschen und sich Aktien auszahlen zu lassen, hatte er auch auf dem Kerbholz. Von dem Wort Moral hatte er offensichtlich noch nichts gehört, da er obendrein versuchte, seinen unliebsamen Sohn für die Taten verantwortlich zu machen. Das führte so wenig zum Erfolg wie die einfallsreiche Idee, die Polizei zu beschuldigen, dass sie das Geld eingesackt und die Sache danach vertuscht habe. Diese Lügen wurden schnell vom Tisch gefegt.

Als er sich letztendlich vor Gericht wegen Diebstahls und Urkundenfälschung verantworten musste, packte der Lügenbaron jedoch eine sehr viel krassere Geschichte aus, um sich vor den Verhandlungsterminen zu drücken: Beim Schließen des Garagentores habe dieses ihn an seiner Wirbelsäule getroffen. Schmerz, lass nach! Die Folge seien eine Querschnittslähmung sowie Komaanfälle. Er müsse sogar künstlich beatmet werden. Mit dieser Ausrede konnte sich Knight immer wieder den Gerichtsterminen entziehen, indem er vorgaukelte, wegen »Verschlechterung seines Gesundheitszustandes« ins Krankenhaus eingewiesen worden zu sein. Außerdem könne man, wenn er in komatösem Zustand sei, mit ihm nur noch per Augenkontakt kommunizieren.

Seine Frau holte er als Komplizin an Bord. Wie Bonnie und Clyde tischten sie Lüge um Lüge auf, um die Geschichte so glaubwürdig wie möglich erscheinen zu lassen. Gefakte Bilder, die den Briten mit

Atemschläuchen zeigten, und Rollstuhlbilder, wenn er gerade nicht im Koma lag – das nahm das Ehepaar über zwei Jahre lang auf sich. Nicht einmal die Nachbarn schöpften Verdacht. Alan soll sich heimlich aus dem Haus geschlichen haben, um Kilometer weit weg einzukaufen. Zu den umgerechnet 50 000 Euro Betrugsgeld bekamen die beiden noch Tausende aus der staatlichen Pflegekasse ausgezahlt. Weil die Ermittlungsbehörde nicht ganz von der Geschichte überzeugt war, versuchten die Beamten, den Mann zu erwischen, aber es gelang lange Zeit nicht. Sogar dem Prime Minister soll der Betrüger geschrieben haben, dass die Polizisten endlich von ihm ablassen sollten, schließlich verfolgten sie einen »Schwerkranken«.

Der Schwindel flog auf, als sich Knight für zehn Wochen selbst ins Krankenhaus einwies. Dort gelang ihm die 24-Stunden-Performance nicht. Die Ärzte erwischten ihn dabei, wie er sich das Gesicht wusch, Sachen aß und Dinge notierte. Weiterhin konnte er nicht erklären, wie das volle Glas auf seinem Nachttisch auf wundersame Weise über Nacht Wasser verloren hatte. Auch die zahlreichen medizinischen Befunde erkannten keine körperlichen Unstimmigkeiten und erst recht keine Querschnittslähmung.

Erst da entdeckte auch die Polizei auf mehreren Überwachungskameras den topfitten Waliser, wie er mit seiner Familie – als wäre nichts gewesen – im Einkaufszentrum herumschlenderte. Selbst einen Urlaub hatte er sich gegönnt – wobei die Urlaubsbilder für ihn nun bestenfalls noch ein Andenken an die schöne Zeit waren, bevor er erwischt wurde. Denn auf diesen war Alan ebenfalls nicht im Rollstuhl zu sehen, sondern grinsend am Strand, wie er seine Frau in den Armen hielt.

Einen letzten Versuch unternahm er noch, als er sich zum Gerichtstermin von seiner Frau die Rampe hochschieben ließ. Doch die Beweise waren erdrückend. Zwar erkannten die Richter Alans Schauspielkünste an, erklärten den »Koma-Mogler« aber zum »unehrlichsten Mann, den man je gesehen hat«. Um Nachahmer zu vermeiden, wurde an dem Ehepaar ein Exempel statuiert. Nachdem der notorische Lügner bereits über vier Jahre eingesessen hatte, musste er noch zusätzlich eine 14-monatige Haftstrafe abbüßen. Seine Frau verbrachte zehn Monate hinter Gittern.

Ob ihm die Haftstrafe eine Lehre war, wird sich zeigen. Genügend Zeit, um sich eine neue Masche auszudenken, hatte er allemal. Eines muss dem Waliser allerdings klar sein: Wer einmal lügt, dem glaubt man nicht, auch wenn er dann die Wahrheit spricht.

§ DER DROGENAUFSPÜRENDE, SOCKENSCHNÜFFELNDE RICHTER

Nein, es geht hier nicht um einen Fußfetisch. An den Socken zu schnüffeln gehört auch nicht zur Jobbeschreibung eines Richters. Trotzdem kann es bestimmt – auch als Vorsitzender an einem Amtsgericht – nicht schaden, wenn man mit seinem Riechorgan einem Sternekoch Konkurrenz bereitet. Damit ist nicht die Fähigkeit gemeint, abgetragene Turnschuhe von dem Stinkkäse Pont-l'Évêque zu unterscheiden, sondern Gerüche wahrzunehmen, die für andere verborgen bleiben.

Denn dieses Talent macht einen Drogenspürhund im eigenen Gerichtssaal überflüssig. Das beweist schon folgende Geschichte aus der Zeit, bevor es überhaupt zu dem Socken-Eklat kam: Im Rahmen eines dienstlichen Ausflugs geriet ein Richter und ehemaliger Staatsanwalt in eine Verkehrskontrolle.

Weit hinter ihm nahm er bei einem Passanten den Geruch von Marihuana wahr. Die von ihm informierten Polizisten eilten los, um den Rucksack des Fußgängers zu untersuchen. Und siehe da: Die Supernase hatte recht behalten.

Von dieser Geschichte gehört hatte ein 22-jähriger Angeklagter wohl nicht. Vielleicht wollte er die besondere Gabe des Richters aber auch mit eigenen Augen sehen. Der bereits mehrfach Vorbestrafte war diesmal vor einem Club mit so vielen Päckchen Gras in seinen Socken erwischt worden, dass ein Eigenbedarf wohl nur zu rechtfertigen gewesen wäre, wenn er Snoop Dogg höchstpersönlich gewesen wäre.

Als der mutmaßliche Drogendealer bereits zu einer Geldstrafe von 1800 Euro verurteilt worden war, nahm der Richter erneut Fährte auf. Nachdem er den Angeklagten gefragt hatte, ob er Drogen dabeihabe, und dieser den Besitz von Betäubungsmitteln abstritt, ließ der

Amtsrichter ihn prompt durchsuchen. Es kam, wie es kommen musste: Der Wiederholungstäter hatte Drogen in den Socken.

Es bleibt für die Anwesenden und besonders den Entdecker des illegalen Funds nur zu hoffen, dass der Angeklagte seine Socken häufiger wechselt als seine Rauschmittel-Verstecke – oder zumindest eine Waschmaschine besitzt.

Ob der 22-Jährige bei seinem erneut bevorstehenden Prozess wieder die Drogen-Socken auswählt oder es diesmal ganz bleiben lässt, wird er vermutlich vom Vorsitz abhängig machen. Denn eines ist klar: Der Supernase vom Amtsgericht Hannover entgeht nichts.

§ KREATIVE STRAFEN – *BAMBI* SCHAUEN UND SARG AUFSTELLEN

Creative sentencing, hierzulande nicht denkbar, ist eine Methode, die in den Vereinigten Staaten auf dem Vormarsch ist. Um den überfüllten Gefängnissen entgegenzuwirken, lassen die Richter den Angeklagten meist die Wahl: entweder Knast oder eine kreative Strafe. Dabei hängt es von der Laune des Richters ab, was die Haftstrafe jeweils ersetzen soll.

Der Kreativität sind keine Grenzen gesetzt, nur eines muss beachtet werden: Die Strafe darf nicht gegen die Verfassung verstoßen. So fand ein Richter es wohl ganz amüsant, einer Frau einen 50 Kilometer langen Spaziergang statt schwedischer Gardinen anzubieten. Diese soll nämlich zuvor einen Taxifahrer um die Bezahlung für genau diese Strecke geprellt haben.

Ein weiterer Angeklagter hatte die Chance, seine siebenjährige Haftstrafe wegen Drogenbesitzes auf lediglich sechs Monate zu verringern. Unter einer Bedingung: Er musste sich dazu verpflichten, einen Sarg in seiner Wohnung aufzustellen. Das sollte eine Erinnerung daran sein, was passieren würde, wenn er weiter so unbedacht mit Drogen hantierte.

Eine Erinnerung sollte auch folgende Bestrafung für einen Wilderer aus dem US-Bundesstaat Missouri sein. Jeden Monat muss er mindestens einmal den Disney-Film *Bambi* schauen. Was für viele wohl kaum eine Bestrafung wäre, soll den Mann Mitgefühl lehren. Er hat über mehrere Jahre gegen zahlreiche Jagdgesetze verstoßen und massenhaft Wild erlegt. Das fand der Richter so grausam, dass er obendrauf noch eine einjährige Gefängnisstrafe vergab.

In dem Disney-Film geht es um ein kleines Rehkitz mit großen dunklen Kulleraugen. Mit seiner Mutter zusammen gerät Bambi in das Kreuzfeuer von Jägern. Das Muttertier zieht die Aufmerksamkeit eines Jägers auf sich und wird erschossen. Sie opfert ihr Leben für ihr Junges. Spätestens als das kleine, unbeholfene Baby-Reh wimmernd seiner Mama nachruft, ist klar, warum sich der Film als Lehre für den Jäger eignet. Wer nicht zu den Taschentüchern greift und trockene Augen behält, wenn der Vater – der große Fürst des Waldes – die Worte spricht: »Du brauchst auf deine Mutter nicht mehr zu warten. Die Jäger haben sie«, für dessen Mitgefühl ist Hopfen und Malz verloren.

Wenn also das monatliche Ableben der mutigen Rehmutter den Jäger keine Vernunft lehrt, dann schafft es keiner. Wie viele Jahre oder Monate Gefängnis dem Wilderer erspart bleiben, indem er den Klassiker schaut, ist nicht bekannt. Falls er rückfällig wird, hat der Vorsitzende noch genug Filmmaterial zur Auswahl. Eltern von Kindern wissen: Jeden Tag *Frozen, die Eiskönigin* kann auch eine Qual sein. Wenn das dritte Mal am Tag »Let It Go« ertönt, will man nur noch eines loslassen: den Fernseher über dem Sperrmüllhaufen.

§ ANGSTGEGNER AMT – LEGAL FRISTEN VERSÄUMEN WEGEN PHOBIE VOR BEHÖRDLICHEN SCHREIBEN?

Für manche sind sie nervig, für andere eine Belastung und wieder andere haben regelrecht Angst vor ihnen: amtliche Schreiben. Ob Finanzamt, Stadtverwaltung oder Ordnungsamt, es gibt wohl niemanden, der ein Amtsschreiben im Briefkasten mit einem Lächeln quittiert. Nur: Wenn ich tatsächlich eine solche Angst vor ihnen habe, dass ich sie nicht öffnen kann, darf ich dann legal Fristen versäumen? Wäre das nicht zumindest einen Versuch wert?

Diese Frage stellte sich bei einer Frau aus Rheinland-Pfalz, die im September 2007 Einspruch gegen ein Schreiben des Finanzamts einlegte. Dieses hatte sie im Mai aufgefordert, Angaben zum Ausbildungsstand ihrer volljährigen Tochter zu machen, damit das Amt über das Kindergeld entscheiden könnte. Es setzte eine Frist von zwei Wochen, nach deren Verstreichen es die Festsetzung aufhob und das inzwischen angefallene Kindergeld zwischen Mai und September zurückforderte (satte 2926 Euro!).

In dem Einspruch erklärte die Mutter nun, dass sie amtliche Schreiben mit »panischer Angst« erfüllten, sodass sie sie manchmal wochenlang im Briefkasten liegen lasse. Sie könne es einfach nicht über sich bringen, sie zu öffnen. Die Behörde ließ das kalt, sodass die Mutter vor dem Finanzgericht Rheinland-Pfalz klagte.

Wurde die Mutter nun vor Gericht für ihre Phobie ausgelacht? Nein, tatsächlich nicht! Das Gericht war erstaunlich empathisch und fand es nachvollziehbar, dass unangenehme Post bei manchen Menschen Angstzustände auslöst. Die Klägerin sagte auch, dass sie schon mehrfach versucht habe, sich Hilfe zu holen, aber sich doch zu sehr für ihre Überforderung schäme. Also alles gut? Leider nicht, denn abgewiesen wurde die Klage trotzdem!

Krankheiten (und damit auch psychische Zustände) können eine Säumnis durchaus retten – etwa, wenn man sich ein Bein bricht und im Krankenhaus landet. In solchen Fällen muss man laut Gesetz so bald wie möglich den Grund nachreichen und sich bei der Behörde erklären. Der Knackpunkt: Die Angstzustände der überforderten Mutter traten nicht plötzlich auf, sondern waren ihr schon länger bekannt. Daher sagte das Gericht, sie hätte schon vorher einen privaten Vertreter einsetzen müssen, der sich um ihre Angelegenheiten kümmert. Dafür wäre auch ihre inzwischen volljährige Tochter infrage gekommen. Da das jedoch nicht passiert war, war auch die Säumnis nicht entschuldbar und sie musste leider mit der Aufhebung leben.

Merke: Der Drang, die ätzende Amtspost einfach im Briefkasten liegen zu lassen, ist groß. Aber wenn schon eine Phobie nicht hilft, dann wird die eigene Faulheit das auch nicht tun. Ran an den Speck!

Finanzgericht Rheinland-Pfalz, Urteil vom 23.04.2008, Az. 1 K 2525/07

§ DAS HABEN SIE ALLES GEGESSEN?

»Let's Get Drunk Lets Get Fuuuucked Up« ist nicht nur der Name eines Songs des Rappers Terry Peck, sondern wohl auch sein Lebensmotto. Einen gewissen Poseidon-Komplex kann man ihm vielleicht auch noch unterstellen, wobei ein wahrer Meeresgott niemals seinesgleichen verspeisen würde.

In einem der angesagtesten Luxusschuppen für Köstlichkeiten des Meeres waren die Augen des Musikers im Jahr 2017 wohl größer als sein Magen. 21 Austern, ein Baby-Oktopus und zwei ganze Hummer standen auf dem Speiseplan. Dazu gönnte er sich vier große Bier, um das Ganze runterzuspülen. Über 600 Dollar standen anschließend auf der saftigen Rechnung. Und dann auch noch Trinkgeld, puuhh! Anscheinend hatte Terry Peck vorher nicht die Preise der Speisekarte angeschaut, sondern bei der Bestellung einfach alle Meerestiere aufgezählt, die er kannte.

Neben der Zeche prellte er sich bei der folgenden waghalsigen Flucht bestimmt auch ein paar Körperteile: Mit über zwei Litern Bier intus sprintete er zum Strand und anschließend – wahrscheinlich nicht auf der Suche nach Atlantis – ins Meer. Dort tauchte er gekonnt, als hätte er die Schwimmkünste seines Abendessens absorbiert, vor Rettungsschwimmern davon. Erst mit großem Einsatz der Wasserschutzpolizei und der Hinzunahme von Jetskis gelang es, den Rapper einzukreisen. Der dicke Fisch ging nach der Verfolgungsjagd aller Einsatzkräfte schließlich doch ins Netz.

Direkt am nächsten Tag ging es vor die Haftrichterin, die sich sichtlich erstaunt über die Esskünste des Australiers zeigte. Respekt hat er aber auch schon dafür verdient, dass er sich innerhalb nur eines Tages solch verrückte Ausreden ausdenken konnte. Wenn er Umweltaktivist wäre und die Hummer und Austern wenigstens wieder ins Meer bringen wollte, hätte er vielleicht ein müdes Lächeln kassiert. So musste die Richterin sich zusammenreißen, um nicht laut »Bingo« zu rufen. Denn spätestens nach der zweiten Ausrede war die imaginäre »Bullshit-Bingo-Karte« ausgefüllt.

Als Erstes äußerte der Wannabe-Rapper seinen noch glaubwürdigsten Vorwand, das Essen sei maßlos überteuert, der Hummer verkocht und in den Austern seien Teile der Austernschale zu finden gewesen. So weit, so gut, Geschmack ist schließlich subjektiv. Zwar kann man sich streiten, ob man derart über teures Essen schimpfen sollte, wenn man als Einzelperson mit einer Bestellung fast Hauptverantwortlicher der Überfischung an der Küste des Restaurants ist. Dennoch sind die vorgetragenen Einwände zumindest ein nachvollziehbarer Grund, die Rechnung nicht (vollständig) bezahlen zu wollen.

Dann schoss er aber endgültig den Vogel ab. Er sei nur geflüchtet, weil seine Freundin am Strand Wehen gehabt habe. Anstatt sich aber um seine Geliebte zu kümmern, sei er ganz zufällig schwimmen gewesen, als die Polizei eintraf. Die Rechnung habe er natürlich begleichen wollen. Das sei nur leider gerade nicht gegangen, weil er bei dem Strandausflug seinen Geldbeutel verloren habe.

Die unbezahlte Rechnung war dem Restaurantinhaber mittlerweile egal. Verletzt von der Hummerkritik stellte er klar: »Wir sind das am besten bewertete Fischrestaurant an der ganzen Gold Coast, wir kochen perfekten Hummer!«

Von Terrys schwangerer Freundin fehlt immer noch jede Sandspur am Strand. Und Terry Peck alias 2Peck? Er durfte sich fürs Erste dem Restaurant nicht mehr nähern. Deswegen steht wohl jetzt »Beef« auf seiner Speisekarte, und er forderte den Rapper Eminem zu einem Battle auf. War die Hummernummer also nur eine große Promo-Aktion? Na ja, jedenfalls reagierte Eminem nicht auf die Herausforderung. Und das wahrscheinlich nicht, »weil er sich nicht traut, nach Australien zu kommen«, sondern weil Terrys kuriose Ausreden seinen Rap-Künsten vorauseilen.

§ WENN DER RICHTER ZUM SCHIEDSRICHTER WIRD: GERICHTSVERHANDLUNG = FUSSBALLSPIEL?

Anpfiff

Die Straße ist frei, kein »rechts vor links«, kein Kreisverkehr. Nein! Ein Vorfahrtsschild! Wird er das Schild sehen und geradeaus fahren? Aber was ist denn das? An der Kreuzung kommt auf einmal ein Fahrradfahrer angefahren. IST DAS DENN DIE MÖGLICHKEIT?! Nein, der Autofahrer schafft es nicht rechtzeitig. Vollkontakt. 1 : 1 Endstand. Was für eine spannende Kreuzungseinfahrt!

Abpfiff

In einem Gerichtssaal geht es meist ernst vonstatten. Wenn ihr eine öffentliche Gerichtsverhandlung besucht (was man jedem empfehlen kann), könnt ihr aber auch auf einen Urteilsspruch treffen, der von Humor und Kreativität nur so strotzt. Wer 30 Jahre Verkehrsrecht macht, der muss irgendwann seinem Kreativitätsdrang freien Lauf lassen. Aber darf man das eigentlich? Kann man Urteile in Reimform oder wie in einer Fußballreportage schreiben? Grundsätzlich ja, es müssen nur die gesetzlichen Anforderungen der jeweiligen Prozessordnung eingehalten werden. So hatte der im Folgenden beschriebene Richter an jenem Tag wohl das Spiel seiner Lieblingsmannschaft verpasst, oder er hat das Urteil im Fußballstadion geschrieben.

Zugegebenermaßen hat der Richter – anders als oben – den Sachverhalt noch normal dargestellt. Bereits bei seinem ersten Leitsatz merkt man aber, was seine liebste Freizeitbeschäftigung ist:

»Ein Verkehrsunfallprozess wird nach denselben Regeln gespielt wie ein Fußballspiel. Sein Ausgang hängt nicht von der zufälligen Anzahl der Zeugen ab, die eine Partei zu Unfallzwecken mit sich fahren lässt, sondern von der Anzahl der Frei- wie Eigentore, die die Unfallbeteiligten schießen. Ob ein Tor gefallen ist oder nicht, entscheidet der Schiedsrichter, der im Zweifel die maßgebende Flensburger Punktetabelle anzuwenden hat.« Auch aus dem Nähkästchen plauderte der Richter gern:

»Insoweit ist dieser Prozess auch für mich ein Novum. In meiner nunmehr 30-jährigen Sitzbahn als Verkehrsrichter habe ich nämlich bislang immer nur mit Unfällen zu tun gehabt, zu deren Herbeiführung beide Unfallbeteiligte bei Grün in die Kreuzung eingefahren sind und das meist auch durch Beifahrer justiziabel beweisen konnten. So werde ich nie die entzückende ältere Dame vergessen, die in der Beweisaufnahme bekundete, ihr Mann sei bei Grün in die Kreuzung eingefahren. Auf meine vollkommen unüberlegte Frage, wo sie denn eigentlich in dem Auto gesessen habe, antwortete sie offen und ehrlich: ›Hinten links.‹ Auf meine ebenso überflüssige wie dumme Frage, ob sie denn von da aus überhaupt die rechts stehende Ampel habe sehen können, gab sie die kluge und überzeugende Antwort: ›Nein, Herr Richter, aber das ist auch gar nicht nötig. Denn ich weiß ganz genau, mein Mann fährt nur bei Grün in die Kreuzung ein.‹«

Weil streng genommen bei korrekter Einhaltung der Rechtslage beide Verkehrsteilnehmer bis heute an der Kreuzung stehen müssten, meinte der Richter, dass beide Parteien gleichsam verantwortlich seien. 4:4 ging daher die Schadensverteilung aus – ein klassisches Unentschieden.

Aber am Ende muss das Runde ins Eckige und die Vierräder dürfen nicht auf die Zweiräder treffen, auch wenn beide ein Vorfahrtsschild haben wie in diesem Fall. Das zu bestimmen gilt für Schiedsrichter und normale Richter gleich. In diesem Sinne: Gut Kick!

Zum Mitfiebern: Amtsgericht Köln, Urteil vom 30.07.1993, Az. 266 C 162/93

§ VON ÖSTERREICHERN UND KÜHEN AUF DER STRASSE – DOCH AN DIESEM FALL IST NICHTS, WIE MAN DENKT!

»Dumme Kuh!« – Beschimpfungen wie diese gehören im Straßenverkehr leider zur Tagesordnung und zählen sicherlich noch zu den harmlosen Varianten dessen, was Autofahrer täglich von sich geben beziehungsweise ertragen müssen. Hand aufs Herz, schleichende oder plötzlich bremsende Vorausfahrende, abbiegende Autos, die nicht blinken – so ziemlich jeder von uns hat sich schon zu der einen oder anderen Beleidigung hinreißen lassen. So verwundert es vermutlich niemanden, wenn er eine solche von einem anderen Autofahrer hört.

Vermutlich nicht überrascht, wohl aber verärgert war 2018 eine deutsche Ärztin, die sich durch diese Worte von einem Wiener Journalisten beleidigt fühlte. Was war passiert? Der Österreicher war der Ärztin – welche sich lediglich an das vorgegebene Tempo 30 hielt – mit dem Auto zu dicht aufgefahren, woraufhin sie bremste und ausstieg, um ihn zur Rede zu stellen. Als sich die zwei gegenüberstanden, um die Situation auszudiskutieren, kam es zu einem hitzigen Wortgefecht. Erst nannte der 69-Jährige sie »übervorsichtig«, dann »Oberlehrerin« und schließlich kulminierte das Ganze – so jedenfalls die Auffassung der Dame – in der Bezeichnung »dumme Kuh!«. Zu viel für die Ärztin, die Anzeige wegen Beleidigung erstattete.

Direkt zu Beginn der Verhandlung sorgte der Wiener Angeklagte dann unfreiwillig für einen Lacher im Gerichtssaal, als sein Telefon plötzlich laut losklingelte und – wie sollte es für einen Wiener anders sein – der Eröffnungsreigen des Wiener Opernballs mit dem »Donauwalzer« im Dreivierteltakt ertönte. Wie sich später herausstellen sollte, gab dieses Schmankerl schon eine Vorahnung davon, wie das Verfahren ausgehen sollte …

Doch erst einmal ging es zur Sache: Ob so eine Bezeichnung wirklich eine Beleidigung ist, darüber können sich Juristen nämlich vor Gericht trefflich streiten, denn es kommt – wie so häufig – auf den Einzelfall an. Ist das jetzt schon eine Ehrverletzung oder nur eine Unhöflichkeit? Ist es im Straßenverkehr nicht normal, dass es mal etwas gröber zugeht? Schließlich spielt der Kontext, in dem eine solche Äußerung gefallen ist, immer eine Rolle. »Dumme Kuh« konnte in Anbetracht der Tatumstände wohl durchaus als beleidigend gewertet werden, zumindest befand dies das Kölner Gericht. Es wurde also eng für den Wiener Journalisten, der sich für seinen Aufenthalt in Deutschland womöglich etwas anderes vorgestellt hatte, als die deutschen Gerichte einmal von innen zu sehen und mit einer saftigen Geldstrafe zurückzukehren.

Doch dann die überraschende Wendung! Denn als er dazu befragt wurde, wie es zur vermeintlichen Beleidigung gekommen war, gab der Journalist zwar zu, vom »Ausbremsen« der Ärztin etwas genervt gewesen zu sein – gleichzeitig stellte er aber auch klar, dass Ausdrücke wie »dumme Kuh« überhaupt nicht zu seinem Sprachgebrauch gehörten. Dann gab er preis, was er wirklich – im Dialekt – gerufen haben wollte:

»Geben's endlich a Ruah!« – was sich wohl angehört haben müsse wie »dumme Kuh«.

Nun könnte der eine oder andere denken, dass das nur eine billige Ausrede war. Doch anscheinend hat der Mann die alternative Deutungsmöglichkeit überzeugend vorgetragen. Denn die Ärztin selbst räumte danach ein, den Dialekt des Mannes womöglich missverstanden zu haben. Schließlich gaben sich beide friedlich die Hand, und der Fall konnte zu den Akten gelegt werden, ohne dass jemand zur Kasse gebeten wurde.

Anscheinend bestehen doch Sprachbarrieren zwischen Deutschen und Österreichern, die fast teure Folgen für eine der Parteien gehabt hätten. Umso schöner, dass sich alle am Ende vertragen haben. Vielleicht haben sich die zwei ja auf einen deutschen Versöhnungsfilterkaffee (in Köln gibt es leider keine Wiener Melange) an einem neutralen Ort verabredet, um Frieden zu schließen. Aber hoffentlich nicht in der Schweiz! Nicht, dass es dort noch einmal zu einem Vorfall dieser Art kommt, weil Dialekte missverstanden werden.

Das Fazit dieser Geschichte? Nicht alles, was böse klingt, ist auch böse gemeint.

In diesem Sinne: Gute Fahrt!

§ THE WALKING DEAD – DER MANN, DER VON DEN TOTEN AUFERSTAND

Reinkarnation, Wiedergeburt, Auferstehen – nicht nur Religionen, sondern auch Zombieserien und -filme machen sich das Prinzip zu eigen, dass es nach dem Tod in irgendeiner Form weitergehen soll. Die Auferstehung folgenden Mannes hat aber weder mit Karma noch mit Zombies zu tun, sondern eher mit seiner Ex-Frau. Seht selbst:

Constantin Reliu staunte nicht schlecht, als er aus der Türkei zurück in sein Heimatland Rumänien einreisen wollte und feststellen musste: Er war schon tot! Zumindest offiziell. Und nicht nur das: Ein Gericht setzte noch einen obendrauf und erklärte: »Sorry, wir können Sie nicht mehr für lebendig erklären, dafür ist zu viel Zeit vergangen – Sie

bleiben leider offiziell tot.« Musste er sich jetzt also eine ewige Ruhestätte suchen, oder fand der Mann noch einen Weg zurück ins Leben?
Wir werden es sehen – aber der Reihe nach.

Als der Rumäne erfuhr, dass seine Frau ihm fremdgegangen war,
beschloss er im Jahr 1999 auszuwandern. In die Türkei sollte die Reise
führen, denn dort hatte er bereits zuvor einige Jahre gearbeitet. Und so
machte er sich auf den Weg und baute sich ein Leben in der Türkei und
eine Karriere als Koch auf. Über 20 Jahre lebte er so, bis ihn allmählich
das Heimweh plagte. Nach langen Jahren der harten Arbeit sehnte er
sich nach seiner Heimat und beschloss, für seinen Ruhestand dorthin
zurückzukehren.

Am Flughafen in Bukarest dann der große Schock: Die Behörden
eröffneten ihm, dass er in Rumänien 2016 offiziell für tot erklärt worden sei. Wie hatte es nur dazu kommen können, er war doch gesund
und munter? Nach über sechs Stunden Verhör, Messungen des Augen-
abstands und Überprüfung der Fingerabdrücke waren sich die Beamten dann sicher: Er war es. Reliu, der für tot erklärte Mann, stand ihnen
quietschlebendig gegenüber.

Es war anscheinend seine Frau gewesen, die ihn zu Unrecht hatte
für tot erklären lassen. Ihre Motivation hinter der Aktion? Sie wollte
wohl an das Vermögen ihres Ehemanns kommen. Denn dadurch, dass
sie den Rumänen für tot erklärte, konnte sie zum Beispiel Eigentum
an einem Grundstück erlangen, das eigentlich Reliu gehörte. Ziemlich
hinterhältig das Ganze, oder? Das fand zumindest Reliu selbst, weshalb er seiner Frau, die mittlerweile in Italien wohnte, Rache schwor.

Aber das alles half ihm vor Gericht nicht weiter. Denn obwohl der
63-Jährige persönlich, und vor allem lebendig, dort erschien, wies das
Gericht Vaslui (Westmoldau) seine Klage, die Sterbeurkunde zu annullieren, zurück. Er habe die Klage zu spät erhoben. Damit blieb die Sterbeurkunde gültig und der Rentner weiterhin offiziell tot. Das Gericht
betonte, die Entscheidung sei endgültig. Geht's noch absurder? Wohl
kaum!

»Ich bin ein lebender Geist«, klagte Reliu. »Ich bin offiziell tot, obwohl ich noch lebe. Ich habe kein Einkommen und kann keine rechtlich wirksamen Handlungen vornehmen.« Während der Mann dies in

einem Interview der Presse erzählte, brach er fast in Tränen aus. Er war verzweifelt.

Aber Reliu wollte nicht aufgeben und wortwörtlich um sein Leben kämpfen. Er startete einen neuen Versuch in seiner Heimatstadt Barlad im Osten Rumäniens. Und dieses Mal sollte der Rumäne mehr Glück mit seiner Klage haben: Das Gericht erklärte die Sterbeurkunde von Constantin Reliu im Juli 2018 für ungültig. So kam es, dass der Rentner von den Toten auferstand und nun wieder unter den Lebenden verweilt. Und wenn er nicht noch mal gestorben ist, dann lebt er noch heute … Denn wie man so schön sagt: Totgesagte leben länger.

§ PENISSE VOR GERICHT

Und nun ein absoluter Favorit unter den kuriosesten deutschen Gerichtsverhandlungen: Die Penislänge eines Paketboten aus Ostfriesland sollte ihm entweder zum Verhängnis werden oder ihm zum Freispruch verhelfen. Deswegen wollte die Richterin das gute Stück einmal sehen – und messen. Wieso das?

Der diesem Vorgang zugrunde liegende Fall war eine ernste Angelegenheit: Das beste Stück des Mannes soll während seiner Arbeit als Postzusteller aus dem Hosenstall gehangen haben, als er einer 16-Jährigen ein Paket auslieferte. Das Teenagermädchen war laut Mutter angesichts des ungewollten Anblicks »aufgelöst« und »völlig angeekelt«. Kurzerhand stellten die beiden Strafantrag gegen den Mann, sodass er sich wegen »exhibitionistischer Handlungen« nach § 183 StGB vor Gericht verantworten musste. Sodann kam es zur Gerichtsverhandlung, die nicht ausgedacht ist, versprochen!

Dort stand es Aussage gegen Aussage, weswegen die Frau des Angeklagten meinte, ihren Geliebten nur noch mit der bitteren Wahrheit retten zu können: »Schatz, tut mir leid«, begann sie ihre Aussage, »dein Penis ist zu kurz, um aus der Hose zu hängen.« Als endlich der Elefant – oder hier die Maus – im Raum angesprochen wurde, kam es zu einem weiteren Problem. Wie sollte man die Aussage der Ehefrau überprüfen? Für den pragmatischen Verteidiger kam nur eines infrage: Die

Richterin sollte das Glied selbst begutachten. Nicht angetan von der Idee, bei der Verhandlung einen Zollstock anzulegen, entgegnete sie: »Das widerstrebt mir, ehrlich!« Ein Geheimnis sollte die Zentimeter-Anzahl aber auch nicht bleiben, sodass sich nun die Rechtsmedizin des Problems annehmen sollte. Praktisch, dann konnte dort auch gleich geklärt werden, ob die 16-Jährige, wie behauptet, auch die Eichel des Mannes gesehen hatte. Dagegen wandte der Verteidiger nämlich ein: »Das ginge nur, wenn mein Mandant beschnitten wäre.«

Auch wenn die dortigen Mediziner bestimmt neugierig waren, wer nun recht hatte, wurde aus der Vermessung nichts, denn das Verfahren wurde eingestellt. An alle Scherzkekse: nein, nicht wegen Geringfügigkeit, sondern aufgrund einer anderweitigen Verurteilung des Mannes nach § 154 Abs. 1 Nr. 1 Strafprozessordnung. Ob der Paketzusteller damit glücklich ist, bleibt fraglich. Schließlich sei schon in der Verhandlung über eine Einstellung gesprochen worden, die der Beklagte mit der Befürchtung ablehnte, »dass doch immer was hängen bliebe«.

Und andere Länder setzen dem sogar noch eins drauf. So war folgender Strafprozess in Amerika ein Vorreiter der »Penis-Verhandlung«: Ein 17-Jähriger soll seiner 15-jährigen Freundin ein Video geschickt haben, auf dem sein erigierter Penis zu sehen war. Auch wenn die 15-Jährige zuvor selbst freizügige Bilder von sich geschickt haben soll, sah die Mutter den Austausch nicht als bloßes Sexting beziehungsweise als Entdeckung der Sexualität zwischen Jugendlichen an. Sie stellte Strafantrag, und zwar wegen Besitzes und Herstellung von Kinderpornografie. Richtig gehört!

Im daraufhin eingeleiteten Strafverfahren lagen zwar die Bilder des Geschlechtsorgans vor, diese mussten seinem Inhaber aber erst mal zugeordnet werden. Wie das geschehen sollte, ist an Unsinn wohl kaum zu übertreffen. Wenn sich der Junge nicht schuldig bekenne, so die Staatsanwaltschaft, dann sollten Fotos von seinem steifen Penis zum Abgleich geschossen werden. Auf die Frage, wie die Polizei das denn anstellen wolle, soll der Staatsanwalt geantwortet haben, dass man den 17-Jährigen ins Krankenhaus eskortieren und ihm dort eine Dosis Viagra verabreichen werde.

»Feuer mit Feuer bekämpfen« oder zur Bekämpfung der Herstellung von Kinderpornografie selbst welche anfertigen, aber diesmal gegen seinen Willen. Das muss man der amerikanischen Ermittlungsbehörde in diesem Fall wohl unterstellen.

Zu dieser mehr als fraglichen Aktion kam es zum Glück nicht, da die Anwälte schließlich die Ermittler überzeugen konnten, dass ihr Vorgehen unangemessen war.

Wir können wohl ganz froh sein, dass unsere verrückte deutsche Gerichtsverhandlung an Absurdität noch übertroffen wurde …

Zwei Wochen in Reparatur?
Wollen Sie mein Leben
zerstören?!

MEINEN DIE DAS ERNST?! KURIOSE KLAGEN

»DIE WAHRHEIT – So gewinnt ihr einen Kampfjet mit Payback-Punkten«, »UNFASSBAR – Millionensumme für verschütteten Kaffee«, »Nirvana-Baby klagt wegen Kinderpornografie – doch was als Nächstes geschah, glaubt keiner!« – jeder kennt sie: die Clickbaits. Wer in den Medien präsent ist, kommt heutzutage nicht mehr ohne sie aus – zumindest in einer abgewandelten Form. Man nutzt sie, um die berüchtigte Neugierlücke zu schaffen. Gerade so viel Information muss drin sein, um Neugier zu wecken, aber nicht genug, um sie zu befriedigen. Sie sind meist verpönt, denn oft birgt der Clickbait nur die halbe Wahrheit. Und genau darum geht es in diesem Kapitel – na ja, teilweise. So wirken manche Klagen, wenn man im Internet danach sucht, kurioser, als sie sind. Manche sind jedoch noch verrückter, als es eine Überschrift jemals darstellen könnte. Ihr seid gefragt! Sind die Klagen wirklich kurios oder nur die Überschrift? Bei dem berühmten McDonald's-Fall wohl eher Letzteres, aber wie sieht's aus mit dem Fußballfan, der Manchester United wegen Haarausfall verklagen will, oder dem Anwalt, der zu wenig Call of Duty *gespielt hat? Und verleiht* Red Bull *wirklich Flügel?*

Findet es heraus.

§ NEVERMIND – GEHT DIE KLAGE DES SCHWIMMENDEN BABYS INS NIRWANA?

Ihr wisst genau, wie es nach »Hello, hello, hello, how low« weitergeht? Die Bedeutung von »Come as you are« ist euch trotz mangelnder Englischkenntnisse nicht fremd, und »Lithium« kennt ihr nicht nur aus Batterien? Dann seid ihr wahrscheinlich großer Nirvana-Fan und habt nach Rechtsauffassung zumindest einer bestimmten Person vielleicht sogar kinderpornografisches Material zu Hause: das nackte »Nirvana-Baby« auf dem Album *Nevermind*. Bevor ihr jetzt panisch zu eurem Schrank rennt, um das Album-Cover in den Kamin zu werfen: Keine Angst, weder nach deutschem noch amerikanischem Recht ist der Tatbestand des Besitzes kinderpornografischer Inhalte erfüllt.

Aber zurück zum Anfang. Manche Kinder werden behutsam mit Weihwasser in der Kirche getauft – andere hingegen werden in einen Pool geschmissen und dabei abgelichtet. Spencer Elden heißt das schwimmende Baby auf dem Cover des bekanntesten Nirvana-Albums *Nevermind*. Unter Wasser in einem Pool sieht man das Baby splitterfasernackt, wie es nach einer Dollar-Note taucht. Das soll den Kapitalismus insofern kritisieren, als dass sich bereits ab jungem Alter alles ums Geld dreht.

Auch das richtige Baby, heute ein erwachsener Mann, scheint dem Geld nicht sonderlich abgeneigt. Zunächst konnte man lange eher vermuten, dass Spencer ein Nirvana-Fan war und seine ungewollt frühe Prominenz auf diesem Weg zu Geld machen wollte. Nicht nur stellte er das Album-Cover ganze vier Mal zu den Jubiläen – diesmal aber in Badehose – nach, er trägt auch ein großes »Nevermind«-Tattoo auf seiner Brust. Außerdem präsentierte er sich immer wieder medienwirksam als das Nirvana-Baby und verkaufte sogar von ihm unterzeichnete CDs auf eBay. Das Zitat »Ziemlich viele Leute haben meinen Penis gesehen, das ist irgendwie cool, denk ich« sowie Anmachsprüche rund um die Thematik gehen auch auf sein Konto.

Doch von dieser Nummer hatte der mittlerweile 31-Jährige irgendwann wohl genug. In einem Interview von 2016 mit dem *Time Magazine* ärgerte er sich darüber, dass jeder Beteiligte Millionen mit dem

Album gemacht habe und er noch bei seiner Mutter zu Hause wohne und einen Honda Civic fahre. Das Bild, für das seine Eltern einst 200 Dollar erhielten, musste doch inzwischen mehr wert sein, dachte er sich vielleicht.

Im Sommer 2021 legte der US-Amerikaner dann erstmals Klage gegen die lebenden Bandmitglieder und den Nachlassverwalter von Kurt Cobain ein. Ein Vorwurf stand im Raum: Kinderpornografie. Weil man seinen nackten Baby-Pimmel sehen konnte. Durch das Abbild auf dem Album-Cover habe er lebenslange Schäden erlitten, und er sei gezwungen worden, als Minderjähriger an kommerziellen sexuellen Akten teilzunehmen. Was er wollte? Geld. Er forderte 150 000 Dollar von jedem, der daran beteiligt war (außer den Eltern, die dem Foto mündlich zugestimmt hatten).

Dave Grohl, der Schlagzeuger der damaligen Band, der mittlerweile Lead-Sänger bei den Foo Fighters ist, erwiderte zu den Vorwürfen nur trocken: »Er hat ein ›Nevermind‹-Tattoo, ich nicht«, und deutete damit wohl an, dass 30 Jahre vergangen sind und Spencer immer noch hinter dem Geld herschwimmt.

Und was sagte das Gericht zu der Klage? *Nevermind!*, übersetzt: »Vergiss es!« Wegen einer Verfristung wies der Richter die Klage kurzerhand ab. Das sollte aber noch nicht das Ende der Geschichte sein. In einer abgeänderten Form reichte Spencer Anfang 2022 erneut eine Schadensersatzklage ein.

Doch auch diese Klage ging ins Nirwana. Er habe zehn Jahre, nachdem er vom Cover erfahren hatte, Zeit gehabt zu klagen. Deshalb sei eine Klage 30 Jahre nach Album-Release eindeutig zu spät. Neben seinem widersprüchlichen Verhalten in der Vergangenheit spreche auch die nicht sexualisierte Darstellung des nackten Babys gegen einen kinderpornografischen Inhalt. Dazu komme noch die Verjährung. Nach insgesamt drei gescheiterten Versionen seiner Klage musste er also erneut eine Schlappe hinnehmen.

Man muss Spencer jedoch zugutehalten, dass er als Kind nie einwilligte (und auch nicht einwilligen konnte), das Nirvana-Baby zu sein. Um zu klagen, müsste er also zuerst bei seinen Eltern ansetzen, und er hätte früher aktiv werden können. Hätte er sich dann zusätzlich nicht jahrzehntelang als das berühmte Baby gebrüstet, wäre die Klage vielleicht sogar erfolgreich gewesen.

Ist es mit der Entscheidung vorbei? Nein. Getreu dem Zitat von Kurt Cobain »I'd rather be hated for who I am, than loved for who I am not« hat Spencer Elden mit seiner Anwältin auch gegen die neueste Entscheidung Berufung eingelegt und will dem Geld weiter hinterherschwimmen. Denn beliebt macht sich das Nirvana-Baby bei den Fans damit nicht. Kurt Cobain, wäre er noch unter uns, würde sich bestimmt freuen, dass die Botschaft des Album-Covers sich bewahrheitet hat.

§ ZU BESCH...EIDENE LEISTUNG DES FUSSBALLCLUBS: FAN WILL WEGEN HAARAUSFALL KLAGEN

Fußballfans haben es oft nicht leicht. Insbesondere dann nicht, wenn der eigene Verein durch Krisen geht. Zum Haareraufen! Cristiano Ronaldo, Wayne Rooney, Ryan Giggs – Manchester United stand lange Zeit für eines: große Namen und große Erfolge. Jedoch hatten die Anhänger der Red Devils in den letzten Jahren wirklich wenig zu lachen … Seit Trainer und Vereinslegende Sir Alex Ferguson im Ruhestand ist, läuft es nicht mehr so richtig. Die letzte Meisterschaft ist gut zehn Jahre her, die Champions League gewann man zuletzt 2008. Und als wäre all das nicht genug, wird Stadtrivale Manchester City gefühlt jedes Jahr Meister. Früher war die Stadt rot (die Farbe von Manchester United), jetzt ist sie seit Jahren himmelblau (die Farbe von Manchester City). Nicht mal die Rückkehr vom mehrfachen Weltfußballer Cristiano Ronaldo konnte daran etwas ändern (wenn, dann sorgte er nur für noch mehr Chaos).

Der anhaltende Frust war wohl zu viel für die erfolgsverwöhnten Anhänger. Insbesondere für Andrew Tyran. In diesem Fall sorgte die Vereinsliebe für ein Problem der besonderen Art: Dem Fan des englischen Traditionsvereins Manchester United bereiteten die wenig brillanten Spiele seiner Lieblingsmannschaft nämlich nicht nur metaphorisch graue Haare. Ihm fielen – so seine eigene Darstellung – die Haare sogar aus, weil die Mannschaft ihm so viel Stress bescherte.

Also verkündete er in den sozialen Netzwerken, dass er seinen Lieblingsverein für die ausfallenden Haare verantwortlich machen und verklagen möchte. Das war Ende 2021 – bisher gibt es aber noch keine Anhaltspunkte, dass er sein Vorhaben auch in die Tat umgesetzt hat. Alles nur ein kleiner Gag? Oder hat ihn vielleicht sein Anwalt davon abgehalten, seine letzten Haare noch dadurch zu verlieren, dass er ziemlich sicher auf den Kosten für die Klage sitzen bleiben würde?

Ich habe mir mal angeschaut, was in Deutschland passieren würde, wenn beispielsweise ein Fan des Hamburger SV den Club dafür verklagte, dass sie seit Jahren den Aufstieg nicht schaffen und er deshalb eine Glatze bekommen hätte … Nun, mit dieser Klage wäre er ziemlich sicher nicht weit gekommen. Denn es wäre nun wirklich sehr schwer, zu beweisen, dass tatsächlich das schlechte Spielen der Fußballer ursächlich für den Haarverlust eines Mannes in seinen besten Jahren ist. Insbesondere, wenn man bedenkt, dass ein Drittel der Männer bis zum 30. Lebensjahr einen großen Teil der Haare verliert. Zwar kann Haarausfall auch stressbedingt und nicht genetisch sein, hier könnte das aber kaum nachgewiesen werden. Auch an der Frage der Zurechnung würde es scheitern. Haben die Red Devils durch ihre Spiele ein Risiko geschaffen, das sich im Haarausfall realisiert hat? Ganz klar: nein. Frustriert von der eigenen Mannschaft zu sein, ist einfach ein allgemeines Lebensrisiko, dem sich die Anhänger aussetzen. Also kann der Mannschaft der Haarausfall nicht zugerechnet werden. Außerdem haben die Spieler von Manchester United sicherlich kein Interesse daran, dass alle Fans ihre Haare verlieren. Zu verschulden hätten sie es damit sicherlich auch nicht – schließlich spielt niemand absichtlich schlecht, nicht mal Harry Maguire (kleiner Fußballer-Witz). Also, sorry Andrew, deine Haarausfall-Klage stünde juristisch wohl auf sehr wackligen Beinen – *bloody hell*!

Schwere Zeiten für den Anhänger. Die meisten Fußballfans können wohl nachempfinden, wie sich der dauerhafte Frustzustand anfühlt. Bleibt für den jungen Briten zu hoffen, dass ManU zurück zu alter Stärke findet und bald wieder um die großen Titel mitspielen kann. Wenigstens ist er nicht allein auf der Welt. In beispielsweise Hamburg oder Gelsenkirchen sind wohl auch einige Fans anzutreffen, deren Vereine ganz neue Stresslevel in ihnen hervorrufen …

§ PEPSI, WO IST MEIN KAMPFJET?

»Sammeln Sie Payback-Punkte?« – »Ja, klar! Nur noch sechs Millionen Punkte für mein eigenes Flugzeug!« Man stelle sich folgendes Szenario vor: Anstatt verschiedener Wertsachen wie Toaster oder Topfsets gibt es im Tausch gegen gesammelte Punkte mal etwas völlig anderes: einen waschechten Kampfjet. Was man damit anstellen will, ist wohl eher zweitrangig – haben ist schließlich besser als brauchen. Wer sich jetzt denkt: »Da geht Solmeckes Fantasie gerade mit ihm durch!«, der hat wohl den bekannten Werbespot von Pepsi aus den Neunzigern nicht gesehen.

Damals startete der Softdrink-Hersteller eine Werbeaktion. Für jeden Kauf sammelten die Kunden Treuepunkte, die am Ende der Aktion eingelöst werden konnten. »Kaufe Pepsi, bekomme Sachen«, hieß es im Werbespot aus den USA. Für 75 Punkte gab es ein T-Shirt, für 175 eine Sonnenbrille. Aufmerksam auf die Aktion machte damals ein Videoclip. Am Ende des Videos saß ein junger Mann in Pepsi-Klamotten im vermeintlichen Hauptgewinn: einem Kampfjet. Wert? Schlappe 34 Millionen US-Dollar.

Richtig gelesen, für sieben Millionen Punkte hätte es laut Werbespot einen Kampfjet gegeben. Da hatte wohl dummerweise (aus Sicht des Unternehmens) jemand in der Marketingabteilung seine Hausaufgaben nicht gemacht. Denn Punkte konnte man nicht nur durch den Kauf von Pepsi-Dosen sammeln, man kann sie auch einfach käuflich erwerben. Schließlich sollte es am Ende nicht an fünf mickrigen Pünktchen scheitern, um die tolle Pepsi-Sonnenbrille ergattern zu können. Einen Punkt gab es dabei schon für 10 Cent. Die Marke von sieben Millionen konnte also mithilfe von 700 000 Dollar erreicht werden. Vereinfacht gesagt: Treibe 700 000 Dollar auf, um einen Kampfjet im Wert von 34 Millionen US-Dollar zu gewinnen.

Diese simple Rechnung machte dann eines Tages der 20-jährige John Leonard. Er bat Investoren um Hilfe, trieb das Geld auf und forderte den Jet ein. Pepsis Antwort verwies darauf, dass das Flugzeug eher ein Gag sein sollte, um die Werbung lustiger zu machen (der Jet stand auch nicht im Katalog der Werbeaktion, sondern war nur im Clip zu sehen). Trotzdem bedankte sich das Unternehmen für den netten Versuch und schenkte Leonard drei Kästen Pepsi. Nett!

Ganz schön unbefriedigend, wie der 20-Jährige befand, also klagte er auf Herausgabe des Flugzeugs.

Dann folgte – für die USA untypisch – ein recht kurzer Prozess. Laut Ansicht der Richter war der Clip nur ein Spaß und begründete keinen Vertrag. Darüber hinaus sei es rechtlich unmöglich, einen Kampfjet zu überreichen. Der hätte nur überreicht werden dürfen, wenn er »demilitarisiert« gewesen wäre. Leonard ging also leer aus. Na ja, fast. Er bekam drei Kästen Pepsi-Cola, yay! Und er konnte die sieben Millionen Punkte vielleicht für etwas anderes einreichen. Zum Beispiel für rund 150 000 Töpfe und damit einen Topfhandel aufmachen. Oder sehr viele Toastbrote auf einmal toasten.

Immerhin: Aus der Kampfjet-Geschichte wurde sogar 2022 eine Netflix-Serie namens *Pepsi, wo ist mein Jet?*. Also kann der erfolglose Kläger Leonard wenigstens stolz behaupten, mitverantwortlich für eine Serie zu sein. Nicht so cool wie ein eigener Kampfjet, aber besser als nichts …

Trotz des Sieges lernte Pepsi aus seinen Fehlern und baute den Clip so um, dass zukünftig 700 Millionen Punkte nötig wären. Also müssten 70 Millionen US-Dollar für einen Jet in die Hand genommen werden, der gerade einmal halb so viel wert ist.

Übrigens war das nicht die einzige fehlgeschlagene Werbeaktion des Unternehmens: 1992 verursachte Pepsi durch eine Lotterie auf den Philippinen Proteste, die sogar zwei Todesopfer forderten. Damals wurde die Gewinnzahl der Lotterie versehentlich über 800 000 Mal verteilt. Wären alle Gewinne ausbezahlt worden, hätte Pepsi knapp 32 Millionen US-Dollar an die Gewinner verteilen müssen. Pepsi weigerte sich, also protestierten die Menschen. Am Ende zahlte man Abfindungen an die Kunden und musste so »nur« 16 Millionen US-Dollar ausgeben.

§ »RED BULL VERLEIHT FLÜÜÜÜGEL«

Diejenigen, die Sprichwörter und vor allem Werbung zu wörtlich nehmen, haben trotz des fehlenden Kampfjets entweder ein spannendes Leben oder landen im Knast: »Guten Freunden gibt man ein Küsschen« oder »3-2-1-meins« – wer sich nicht wegen sexueller Belästigung oder Diebstahls verantworten will, sollte sich nicht verführen lassen.

Und wer neben dem Gefängnis auch Krankenhausbesuche scheut, der sollte beim Konsum des österreichischen Energydrinks Red Bull nicht zu euphorisch werden und sich die »beflügelnde« Wirkung des Getränks zum Vorbild nehmen. Nein, ganz den Glauben an die Menschheit müsst ihr nicht aufgeben – wörtlich hat hier die Engelsflügel niemand genommen und sich dann mit einem Energydrink statt eines Fallschirms bewaffnet aus dem Flieger gestürzt. »Aber wenn ich schon nicht fliegen kann, dann soll sich die Brause wenigstens so anfühlen«, dachte sich ein Mann aus den USA. Der erfahrene Red-Bull-Trinker erklärte, er habe regelmäßig seit 2002 den Drink konsumiert. Jedoch konnte er tatsächlich keine Leistungssteigerung feststellen.

Und was Amerikaner dem Klischee nach so tun, tat auch er: Er klagte! Seine Klage fand schnell Anhänger, sodass daraus eine Massenklage wurde. Und siehe da: Im Gericht kam heraus, dass die Werbung lügt! Frechheit aber auch! Denn beflügelt wird man wirklich nicht. Sogar weniger Koffein als eine Tasse Kaffee enthält das Trendgetränk. Von einem außerordentlichen Energieschub ist das weit entfernt.

Was allerdings Flügel bekam, war die Rechtsabteilung von Red Bull – und diese gab schnell klein bei. Vermutlich aus Angst, dass der nächste Sprung aus der Stratosphäre nicht mehr mit Fallschirm, sondern flügellos nach einem Schluck des Energydrinks bestritten würde, stellten sie insgesamt 13 Millionen Dollar für die Kläger zur Verfügung, die ein Getränk des Unternehmens gekauft hatten. Heruntergebrochen waren das bei den vielen Klägern aber gerade einmal 10 Dollar – also nur ein kleiner Trost für jeden, der den Traum vom Fliegen in freier Luft noch nicht aufgegeben hat.

§ DIE WÜRDE DES SPORTWAGENFAHRERS IST ANTASTBAR

Oft ist Fahrkomfort nicht alles, was ein Sportwagen bieten kann. Prestige, Status und neidische Blicke sind bei so manchem Luxuskarosseriebesitzer ebenso willkommene Erscheinungen. Umso ärgerlicher, wenn dem Baby aus Blech und Lack etwas zustößt. Während der Reparatur des eigenen Wagens kann dann nur ein Mietwagen Trost spenden – aber bitte mit ebenso viel Flair! Doch ziehen die Gerichte da mit?

Ein leidenschaftlicher Ferrari-Fahrer verlangte Ende 2020 vom Schädiger seines Wagens die Erstattung seiner Mietwagenkosten. Das ist grundsätzlich kein Problem, dafür muss man als Unfallverursacher aufkommen. Die Frage war also nicht, *ob* der nun Ferrari-lose Mann einen Ersatzwagen bekommen sollte, sondern mit *welchem* Wagen er sich zufriedengeben musste. Denn unser Kläger bestellte nicht irgendeinen Mietwagen – nein, es musste ein anderes italienisches Prachtstück sein: ein Lamborghini. Er trug vor, dass nur ein Wagen von solcher Klasse ein ausreichender Ersatz für seinen verunfallten Ferrari sei. Nur: Dafür fielen Mietpreise von 600 bis 700 Euro pro Tag an. Die Frage war also: Musste der unglückliche Ferrari-Schädiger so etwas bezahlen?

Nein, sagte das Oberlandesgericht Celle. Hier sei nun wirklich eine Grenze überschritten. Klar, Komfort kostet, das sah das Gericht durchaus ein. Es verwies den Kläger nicht auf einen Twingo Baujahr 1995, der schon beim Anfahren am Berg halb auseinanderfällt, sondern auf die höchste Fahrzeugklasse in der Fraunhofer-/Schwacke-Liste (das sind Preisspiegel für die durchschnittlichen Kfz-Mietpreise, sortiert nach Baujahr und Alter). Mit den zugesprochenen 174 Euro/Tag wären damit ein Porsche Carrera oder ein 8er BMW durchaus drin gewesen. Solche Fahrzeuge seien in Sachen Ausstattung, Bequemlichkeit und Fahrkomfort gut mit einem Ferrari vergleichbar. Bei dem gemieteten Lamborghini würde allerdings die Grenze zwischen Komfort und Luxus überschritten. »Ansehen« und »besondere Fahreigenschaften« seien zudem nichts, auf das man nicht für einige Tage verzichten könne. In dem Fall waren das übrigens elf Tage.

Etwas anders lag es bei einem Kläger vor dem Oberlandesgericht Frankfurt, dessen Porsche 911 für geschlagene 112 Tage auf der Hebebühne stand. Er wollte hier keinen Ersatzwagen mieten, sondern einen sogenannten Nutzungsausfallschaden geltend machen. Auch das sieht das Gesetz grundsätzlich vor. Denn ist der Geschädigte besonders sparsam – verzichtet also auf den Ersatzwagen und nimmt inzwischen das Fahrrad –, soll diese Sparsamkeit dem Schädiger nicht zugutekommen.

Das Problem hierbei war aber, dass der Kläger nicht ein, zwei oder drei, sondern gleich vier weitere Wagen in der Garage stehen hatte! Bei einem zumutbaren Ersatzwagen ist der Nutzungsausfall nach den Gerichten nicht mehr »spürbar«, sodass ein Schadensersatz eigentlich entfällt. Nun trug der Autoliebhaber vor, dass er die ersten beiden Fahrzeuge nicht als Ersatzfahrzeuge nutzen könne, weil diese von seinen anderen Familienmitgliedern genutzt würden. »Geschenkt«, sagte das Gericht. In der Tat stehen die Fahrzeuge ihm dann im Rechtssinne nicht mehr »zumutbar zur Verfügung«. Das galt auch für das dritte Fahrzeug, das ausschließlich für Autorennen ausgestattet war. Letztendlich scheiterte er aber an seinem vierten Wagen – einem etwas älteren und zugegeben deutlich unspektakuläreren Ford Mondeo. Dieses schwarze Schaf in der Reihe hochkarätiger Karosserien war laut Kläger höchstens noch für Lastenfahrten oder im Notfall für Urlaubsfahrten zu gebrauchen, außerdem sei es zu sperrig für den Stadtverkehr. Das war dem Oberlandesgericht allerdings nicht genug. Wenn man einen Ersatzwagen hat – auch wenn dieser weniger Fahrkomfort bietet –, ist der Schaden durch den Nutzungsausfall trotzdem nicht spürbar und damit nicht ersatzfähig. Der Kläger musste sich also mit dem Mondeo begnügen, bis sein geliebter Porsche wieder zurück war.

Was lernt der geneigte Luxusauto-Liebhaber daraus: Im Ernstfall sollte man lieber »bescheiden« bleiben und sich mit einem Porsche begnügen. Sonst wird es teuer. Beziehungsweise teurer. Aber wer sich einen Ferrari oder gleich vier Luxusschlitten leisten kann, dem tut's am Ende eh nicht sonderlich weh.

Oberlandesgericht Frankfurt am Main, Beschluss vom 21.07.2022, Az. 11 U 7/21

Oberlandesgericht Celle, Urteil vom 25.11.2020, Az. 14 U 93/20

§ MAN(N) DARF SICH NICHT IN JAMES BOND UMBENENNEN

Angeben oder neudeutsch »flexen« kann man nicht nur mit einem teuren Sportwagen: Man stelle sich vor, als Name ist nicht Max Mustermann eingetragen, sondern James Bond. Ein Traum für viele Hardcore-Fans des Geheimagenten und tatsächlich in manchen Ländern möglich. Doch darf ich auch in Deutschland meinen Namen in den eines berühmten Charakters ändern lassen und mir damit eine Lizenz zum Töten verschaffen?

Gestatten, mein Name ist Bond, James Bond. Ein Satz, den (in Deutschland) bislang nur der Geheimagent höchstpersönlich sagen durfte. Ein Mann aus dem Westerwald wollte das ändern, versuchte sein Glück und beantragte eine Namensänderung. Die Ursache hinter dieser Idee lag sowohl in familiären Streitigkeiten als auch in psychischen Problemen, die den Mann zu der Zeit plagten. Diese Probleme waren sogar so gravierend, dass Ärzte zu einer Namensänderung rieten, um das Wohl des Mannes weiterhin gewährleisten zu können.

In England hatte er seinen Namen bereits in James Bond ändern lassen, jetzt sollte Deutschland folgen. Als die Verbandsgemeinde diesen Antrag jedoch ablehnte, griff der Mann zu einem Trick, der eigentlich nicht im Stil des Geheimagenten ist: Nachdem auch der Widerspruch abgelehnt wurde, reichte der Mann eine Klage beim Verwaltungsgericht in Koblenz ein.

Die Richter nahmen dann allerdings die Rolle des Bond-Bösewichts Dr. No. ein. Sie wiesen die Klage ab und machten sich so zum Feind für 007. Die Begründung des Gerichts stützte sich darauf, dass der Kläger nicht ausreichend dargelegt habe, wie die familiären Streitigkeiten durch die Namensänderung wirklich überwunden werden könnten.

Außerdem stelle James Bond eine berühmte Bezeichnung aus Film und Literatur dar.

Der Name werde daher immer mit dem fiktiven Charakter in Verbindung gebracht. Folglich sei auch keine Kombination aus James Bond und dem eigentlichen Vornamen des Mannes möglich. Den eigenen Namen in James Bond zu ändern, ist also keine Option.

Ein kleiner Trost: In Deutschland kann natürlich trotzdem jeder den Martini geschüttelt, nicht gerührt, bestellen. Nur aufpassen, dass er beim Schütteln nicht auf dem Smoking landet!

Verwaltungsgericht Koblenz, Urteil vom 09.05.2017, Az. 1 K 616/16

§ DIE PFLICHT RUFT IN DIE FALSCHE RICHTUNG – ANWALT HAT ZU WENIG *CALL OF DUTY* GESPIELT

»Mission fehlgeschlagen« – das war das Urteil in einem jüngeren Zivilprozess vor dem US District Court in Kalifornien. Anders als im Spiel konnte der Anwalt aber nicht einfach neu starten, nachdem er mit seinem Mandanten den Prozess verloren hatte und dieser für die Kosten aufkommen musste. Warum? Weil beide wohl nicht genug *Call of Duty* (eine Videospielreihe aus dem Bereich Ego-Shooter) gespielt hatten. Was? Ja, richtig gelesen. Manchmal gehört es eben zum Job eines Anwalts, fürstlich bezahlt zu zocken. Und wenn man den Anschaltknopf der Playstation nicht findet, dafür aber der gegnerische Anwalt und das Gericht, zahlt man eben selbst – beziehungsweise der Mandant. Aber der Reihe nach:

Im November 2021 verklagte der CEO von Brooks Entertainment, Shon Brooks, das US-Unternehmen Activision Blizzard Inc. Die beklagte Gesellschaft steht unter anderem hinter dem erfolgreichen Entwicklerstudio Blizzard Entertainment (vielen bekannt wegen Spieletiteln wie *World of Warcraft* oder *Overwatch*) und dem Videospielpublisher Activision. Letzterer brachte im Jahr 2016 einen weiteren Vertreter der Shooter-Reihe *Call of Duty* heraus – *Call of Duty: Infinite Warfare*.

Shon Brooks meinte, es sei glasklar, dass der Protagonist der Einzelspielerkampagne des Spiels, Sean Brooks, von keinem Geringeren als ihm, dem echten Shon Brooks, abgekupfert sei. Das verletze die Urheberrechte seiner Firma. Die hatte nämlich eigene Spiele entwickelt, in denen er selbst die Hauptrolle spiele. Die Klageschrift zog einige Parallelen zu den eigenen Konsolentiteln *Stock Picker* und *Save one Bank*, in denen Brooks sich selbst als Hauptfigur inszenierte. »Wie auch der Sean Brooks in *Infinite Warfare*«, verfüge Shon Brooks über Raketen, insbesondere habe er auch »immer Zugang zu den neuesten Autos, Flugzeugen, Schiffen und Computertechnologien«, was durch die »unbegrenzten Ressourcen« von Sean Brooks kopiert worden sei. Und wem das noch nicht abenteuerlich genug ist, dem kredenzte die Beschwerde weitere Gemeinsamkeiten, die so gut wie jedes Action-Videospiel aufweist: Beide würden

»Diebe zur Rechenschaft ziehen«, »sich durch exotische, actionreiche Locations bewegen« und seien schon einmal zum Mars geflogen. Besonders offensichtlich sei die Urheberrechtsverletzung bei einer Kampfszene in einem Fashion-Einkaufszentrum.

Dafür forderte der Kläger – Fans mögen sich jetzt an ihrer bevorzugten Gaming-Peripherie festhalten – 10 Prozent der Bruttoeinnahmen sowie eine »Verwandlung« von Sean Brooks in Shon Brooks.

Solche Klagen sind nicht unbekannt. Gerade frisch nach dem Release von Games und anderen Medien melden sich gern spitzfindige Kläger, um Geld aus außergerichtlichen Vergleichen zu schlagen. Die Activision Blizzard Inc. ließ das dem Vorbild des bis an die Zähne bewaffneten Marsastronauten, Gerechtigkeitskämpfers und Finanzexperten allerdings nicht durchgehen.

Im Gegenteil: Sie machten sich eine Prozessvorschrift zunutze, nach der ein Kläger besonders sanktioniert werden kann, wenn für die Klage nicht gut genug recherchiert wurde und die Angaben darin grob falsch sind (Rule 11 der Federal Rules of Civil Procedure, der amerikanischen Zivilprozessordnung). Die Sanktion kann etwa eine Strafzahlung an das Gericht oder auch an die Gegenseite sein.

Der Rechtsbeistand auf der Beklagtenseite freute sich, denn es kommt ja nicht alle Tage vor, dass man für die Arbeit ein Videospiel durchzocken kann: »Ich habe die gesamte Einzelspielerkampagne von *Call of Duty: Infinite Warfare* durchgespielt«, hieß es in der anwaltlichen Antwort. Offensichtlich habe man sich auf Klägerseite nicht wirklich mit dem Spiel befasst: Denn zunächst habe Sean Brooks als waschechter »irischer Weltraum-Marinesoldat« keine Ähnlichkeit mit dem afroamerikanischen Finanzberater und Zigarrenverkäufer Shon Brooks. Außerdem sei er nicht einmal der Protagonist. Brooks spiele nur eine unspielbare Nebenrolle, während die Spieler die wahre Hauptfigur, Commander Nick Reyes, steuerten.

Am 12. Juli 2022 bekam Activision Blizzard dann auch recht. Und das Gericht setzte noch einige Aspekte obendrauf, die Brooks Entertainment übersehen hatte. So ist *Infinite Warfare* nicht, wie in der Klage unterstellt, ein »First- und Third-Person-Shooter«, sondern nur ein First-Person-Shooter. Was für Außenstehende nach einem technischen

Detail klingt, ist eigentlich eine Sache, die man gar nicht übersehen kann: Bei einer Third-Person-Perspektive schaut man der Spielfigur von hinten über die Schulter, während man bei der First-Person-Perspektive die Welt direkt durch ihre Augen sieht. Zudem nimmt Sean Brooks in der Einkaufszentrum-Szene überhaupt nicht teil. Diese Fehler seien »mit Leichtigkeit« zu erkennen gewesen, so wie auch »das Gericht sie problemlos innerhalb der ersten anderthalb Stunden des Spielens erkennen konnte«. Manchmal merkt man Richtern eben an, dass sie von einer Prozesspartei die Nase voll haben. Nicht selten stehen dann in Entscheidungen solche unterhaltsamen Seitenhiebe, die tief blicken lassen.

Die besondere Strafe aus der Rule 11 lag hier darin, dass Brooks Entertainment die gesamten Prozesskosten der Gegenseite tragen musste. In Deutschland wäre dies keine besondere Sanktion, denn hier hat der Unterliegende im Zivilprozess immer die Prozesskosten zu tragen. Das beinhaltet die Gerichtskosten sowie vor allem die gegnerischen Anwaltskosten. Eine besondere Sanktion für schlecht recherchierte Klagen, wie in den USA, gibt es hier nicht. Aber natürlich muss der Kläger die Tatsachen, auf die er sich stützen will, gut darlegen – sonst verliert er eben den Prozess und darf blechen.

Vor dem Game-over für Brooks Entertainment haben also sowohl die Gegenseite als auch das Gericht die Gelegenheit genutzt, *Call of Duty: Infinite Warfare* zumindest anzuspielen. Und obwohl der Kläger den Shooter offenbar nicht in der Hand hatte, schoss er trotzdem. Und zwar meilenweit am Ziel vorbei.

Volltext des US-Urteils:

Brooks Entm't v. Activision Blizzard, Inc., 21-CV-2003 TWR (MDD), (S.D. Cal. Jul. 12, 2022)

§ ER WOLLTE DOCH NUR DEALEN: ANWALT VERKLAGT DEUTSCHLAND

»Wann Bubatz legal?« Spätestens seit Beginn der Ampel-Regierung im Jahr 2021 war das wohl eine der am häufigsten gestellten Fragen. Doch auch schon vorher war es in einigen Szenen nicht unüblich, sich hin und wieder einen Joint zu genehmigen, um ein Hoch der Gefühle zu erleben oder einfach zu entspannen.

Der Szeneanwalt Thomas Herzog aus Berlin-Kreuzberg war unserer Zeit voraus und fragte sich schon 2018: Warum ist Cannabis eigentlich illegal? Das war ihm ein Dorn im Auge. Denn während manch einer vom eigenen kleinen Café träumt, plante der 62-Jährige, in seiner Rente selbst Marihuana anzubauen. Schon seit zehn Jahren ist es sein Traum, einen Coffeeshop nach Amsterdamer Vorbild zu eröffnen und gelegentlich auch selbst zu kiffen. Er überlegte, wie er es schaffen könnte, seinen außergewöhnlichen Plan in die Tat umzusetzen – und kam zu folgendem Ergebnis (möglicherweise *under the influence*?): »Da verklage ich doch einfach die Bundesregierung!«

In seinen 30 Jahren als Anwalt hatte Herzog bereits Hunderte Kiffer vor Gericht vertreten, im Hanf Museum Berlin bot er außerdem einmal im Monat eine kostenlose Rechtsberatung an. Seine Stammklientel: die linke Szene. Immer wieder traf der 62-Jährige auf bedauerliche Schicksale, die ihm die enormen Auswirkungen der Kriminalisierung von Cannabis vor Augen führten. Besonders das Leben junger Menschen wurde hiervon oft stark geprägt. Er wurde deshalb schon früh Anhänger der Legalisierungsbewegung mit dem Ziel, Marihuana und Haschisch zu entkriminalisieren. Auch seiner Vision einer von Cannabis geprägten Rente käme eine Entkriminalisierung zugute.

Die Traumlocation für seinen Coffeeshop hatte Herzog schon gefunden, am passenden Ladenlokal sollte sein Plan also nicht scheitern. Die ehemalige Pförtnerloge der Firma Berthold eigne sich mit ihrer Durchreiche wunderbar für die Eröffnung eines Kiosks. Im dahinterliegenden größeren Raum sollten die Pflanzen dann angebaut, getestet und erworben werden. Sogar behindertengerecht wäre sein Lokal gewesen.

Seinem Vorhaben stand aber die Eintragung von Cannabis im Betäubungsmittelgesetz entgegen. In seiner Klage verlangte er von der Bundesregierung deshalb den Erlass einer Rechtsverordnung, die Cannabis endgültig aus dem Betäubungsmittelgesetz streicht. Die Begründung: Das Cannabis-Verbot verletze ihn gleich in mehreren seiner Grundrechte.

Das Verbot stehe insbesondere seiner allgemeinen Handlungsfreiheit aus Art. 2 Abs. 1 GG und der freien Entfaltung seiner Persönlichkeit aus Art. 2 Abs. 2 GG entgegen. Seine Berufsfreiheit aus Art. 12 Abs. 1 GG sei verletzt, weil er so seinem Traumberuf des Dealers nicht nachgehen könne. Letztlich sei auch der allgemeine Gleichheitssatz aus Art. 3 Abs. 1 GG betroffen. Denn Alkohol und Tabak sind im Gegensatz zu Cannabis erlaubt. Dabei sei Alkohol im Vergleich sogar die schlimmere Droge, die außerdem schneller abhängig mache.

Zu der ersten Gerichtsverhandlung war Herzog spät dran. »Der ist noch einen rauchen«, scherzte einer der Zuschauer. Auch sonst war das Verfahren skandalös. In der Verhandlungspause bauten sich Zuschauer im Gerichtsflur vor laufenden Kameras ihre Joints – ziemlich waghalsig angesichts der Überpräsenz an (nicht kiffenden) Anwälten und Richtern im Gerichtsgebäude. Die Frage, ob er selbst kiffe, blockte Herzog übrigens ab: Das könne ihn seine Zulassung als Anwalt kosten.

Schon bald darauf folgte die bittere Enttäuschung: Das Verwaltungsgericht Berlin lehnte die Klage des Anwalts ab. Die Klage sei bereits unzulässig, weil der Anwalt überhaupt keinen Anspruch auf den Erlass der geforderten Rechtsverordnung habe. Außerdem sei die Klage unbegründet. Cannabis sei, entgegen den Behauptungen des Anwalts, eben nicht unumstritten eine harmlose und ungefährliche Droge. Eine Legalisierung sei daher nicht zwingend geboten.

Mit dem Urteil war das Vorhaben des Anwalts vom eigenen Coffeeshop wohl geplatzt, die Träume von einer Kifferrente dahin – vorerst jedenfalls.

Verwaltungsgericht Berlin, Urteil vom 28.11.2018, Az. 14 K 106.15

§ NUTELLA – DAS SUPERFOOD?

»Hast du's drauf?« Die älteren Fußballfans hierzulande kennen vielleicht noch Kevin Kuranyi, wie er mit seinen DFB-Kollegen am Frühstückstisch sitzt und herzhaft von seinem Nutella-Brot abbeißt. Auch in Übersee wird Nutella als ausgewogene Mahlzeit beworben. Mit dem Spruch »Da hast du was drauf« kann eigentlich aber nicht nur die erste

Nuss-Nougat-Creme ihrer Art auf dem Brot gemeint sein, sondern es muss auch um die Kalorien auf der Hüfte gehen, wenn man sich die Inhaltsangaben anschaut: Pro 100 Gramm hat Nutella sogar mehr Kalorien, Zucker und Fett als herkömmliche Schokoriegel.

Für eine Mutter aus San Diego brach trotzdem eine Welt zusammen. Oh Schreck! Wer hätte denn ahnen können, dass Schokolade in Streichform nicht plötzlich gesund ist? Aber mal ehrlich: Einen großen Vorwurf kann man ihr nicht machen. Wenn selbst Profisportler zur wichtigsten Mahlzeit am Tag nur ein Nutella-Brot brauchen, kann es für alle anderen doch nicht so schlimm sein? Aber sollte man Werbung alles glauben dürfen? Ja, sagte die Frau aus Kalifornien und zerrte den USA-Ableger des italienischen Ferrero-Unternehmens vor Gericht.

Und auch die US-Richter haben bestimmt das Nutella-Glas beim Lesen der Klageschrift im Schrank stehen lassen. Wie verärgert die Juristen über die bekannt gewordene Ursache der Gewichtszunahme waren, musste Ferrero nicht erfahren: Denn ein Urteil gab es nie. Vermutlich waren sie so erzürnt, dass Nutella lieber außergerichtlich 3 Millionen Dollar zahlen wollte, als mit den Richtern in einem Raum zu sitzen, die jetzt wohl lieber zähneknirschend Haferschleim frühstücken.

Die Mutter hatte sich bestimmt mehr erhofft, denn das Geld muss der Nuss-Nougat-Hersteller im Rahmen einer Sammelklage an alle zahlen, die seit August 2009 in Kalifornien ein Glas des süßen Brotaufstrichs gekauft haben. Bis zu 4 Dollar pro Glas – leider nur eine bittere Nachricht für die Kalifornierin. Der Bau der neuen Villa muss wohl noch warten.

§ EIN SCHLECHTER MIX: MILCH, ZUCKER UND VERBRANNTE OBERSCHENKEL

Die wohl berühmteste Klage aus den USA wird ja häufig als Aushängeschild für die absurdesten Schadensersatzzahlungen im Land herangezogen: der McDonald's-Kaffee-Fall. Der Titel der Geschichte lautet in etwa: »3 Millionen Schadensersatz für verschütteten Kaffee.« Stella Liebeck heißt die US-amerikanische Klägerin aus New Mexico, die danach bestimmt auf Frappé umgestiegen ist. Nach ihr wurde sogar der

Stella Award benannt, der jedes Jahr die bizarrsten Gerichtsprozesse auszeichnet.

Die Geschichte klingt – mit ein paar zusätzlichen Details – fast wie der Einstieg in einen Roman: Im Februar 1992, an einem sonnigen Wintertag, begleitet die 79-jährige Frau aus Santa Fe ihren Sohn zum Flughafen. Ein kleiner Familienausflug, um Zeit mit den Liebsten zu verbringen, und der Enkel kann sogar noch Fahrpraxis sammeln. So machen sich die drei Generationen auf und verabschieden sich am Terminal. Auf dem langen Rückweg merkt Stella lächelnd und gähnend zugleich an: »Autofahren macht wohl nicht nur den Fahrer müde.« Den Wink mit dem Zaunpfahl versteht sogar Enkel Chris, auch wenn sein Blick konzentriert auf der Straße liegt, um im Feierabendverkehr sicher anzukommen. Ruckartig, aber mit gerade noch angemessener Sorgfalt, schmeißt er den Blinker an und nimmt die nächste Ausfahrt vom Highway. Lange müssen sie nicht suchen: Das große, leuchtende goldene M ist auch von Weitem kaum zu übersehen. Um vor Einbruch der Dunkelheit zu Hause anzukommen, beschließen die beiden, den Drive-in zu nutzen.

»Einen großen Kaffee bitte, mit extra Milch und Zucker«, hört die Person am anderen Ende der Funkanlage Stella Liebeck sagen. »Kommt sofort!«, hört man es nur blechern zurück. Wärme breitet sich in den Händen der 79-Jährigen aus, als sie das Getränk überreicht bekommt. »Halt mal kurz an Chris, ich muss hier noch Milch und den Zucker reinmachen«, bittet Stella. Das Armaturenbrett ist schräg und hat keinen Getränkehalter. Die Milch in der einen, den Zucker in der anderen Hand haltend, zwängt sich die Oma des Jungen den Styroporbecher zwischen die Knie und zieht an dem Deckel. Doch dann geschieht es: Der Verschluss öffnet sich abrupt und gibt den gesamten brennend heißen Inhalt frei. Und mit brennend heiß ist wirklich brennend heiß gemeint. 82 Grad Celsius heiß. Ihre Oberschenkel, ihre Knie, alles ist voll mit der Brühe. Die Flüssigkeit zieht in die Baumwollkleidung von Stella ein. Eine halbe Ewigkeit vergeht, bis alles abkühlt. Doch der Schmerz bleibt. Eine Woche im Krankenhaus und drei Wochen zu Hause muss die Frau fast bewegungslos nach einer Hauttransplantation ausharren. Verbrennungen dritten Grades, so etwas hat der behandelnde Chirurg noch nie gesehen.

Und nun zum Rechtlichen: Es entstanden Heilbehandlungskosten von über 20 000 US-Dollar, und die Tochter von Frau Liebeck nahm unbezahlten Urlaub, um sie zu pflegen. Damals haben die Cheeseburger aber noch 1 Euro gekostet, und McDonald's musste sparen. Anders kann man sich das freche Angebot nicht erklären: 800 Dollar sollen der Frau angeboten worden sein. *No deal!*, Stella wusste, dass ihr *case* mehr wert war, und verklagte die Fast-Food-Kette.

Im Prozess kam dann so manch unliebsames Detail zum Vorschein: McDonald's wusste von den zu hohen Temperaturen verglichen mit anderen To-go-Kaffees. Außerdem war der Becher zu instabil, um in einem Drive-through verkauft zu werden. Bereits 700 vergleichbare Ereignisse dieser Art hatte es bis zum Prozess gegeben. Jedes wurde von dem Unternehmen ignoriert und sogar teilweise in der Verhandlung verheimlicht. Das Verhalten und das ständige Ablehnen des Großkonzerns waren selbst für die Jury zu viel. So kam es zu dem berüchtigten Schadensersatz in Höhe von fast 3 Millionen Dollar.

Zwar dient der Fall bis heute als Beispiel für überzogene Klagen in den USA. Was dabei aber kaum überliefert ist: Das Gericht senkte den Schadensersatz auf knapp über 600 000 Dollar, unter anderem wegen der Mitschuld von Stella. Mehr als die anfangs gebotenen 800 Dollar waren das zwar allemal. Wenn sie im Nachhinein die Wahl gehabt hätte, wäre sie bestimmt dennoch lieber bei einem Starbucks vorbeigefahren. Denn die Verbrennungen nahmen ihr in den letzten Jahren einiges an Lebensqualität.

Mit diesen Hintergrunddetails liest sich die Story: »3 Millionen Schadensersatz für verschütteten Kaffee« ganz anders. Natürlich muss man in seinem Leben auf sich selbst aufpassen. Dennoch hat McDonald's mit seinem Verhalten gezeigt, dass die 600 000 Dollar ein angemessener Betrag für die Frau aus Santa Fe waren. Denn wir alle hätten Stella Liebeck an diesem Nachmittag im Februar sein können. In Deutschland ist eine solche Summe trotzdem kaum denkbar. Das Kuriose an dem Fall ist also, was daraus gemacht wurde.

Falls Sie es noch nicht wussten: Nach § 962 BGB darf ein Imker auch ohne Eintrittskarte ins Schwimmbad!
KASSE

WER HAT DENN DIESE GESETZE ERFUNDEN?

*Rindfleischetikettierungsüberwachungsaufgabenübertragungsgesetz –
das ehemals längste deutsche Wort und Gesetz wurde 2013 gestrichen. Im
Gegensatz zu diesem wichtigen Gesetz zur Etikettierung von Rindfleisch
wurden allerdings über 50 000 Paragrafen nicht gestrichen. Diese sind in
fast 1800 verschiedenen Gesetzen zu finden, und es kommen immer mehr
dazu. Die Standard-Gesetzessammlungen (oder liebevoll »roter Klopper/
Backstein« genannt), die bei keinem Anwalt oder Jurastudenten fehlen
dürfen und nur einen Bruchteil aller Gesetze beinhalten, bringen es zusammen auf fast 10 000 Seiten in kleinster Schrift. Ein kleiner Vergleich:
Die Bibel hat nur zwischen 1500 und 2000 Seiten. Die bekanntesten
Gesetzessammlungen sind das Bürgerliche Gesetzbuch im Zivilrecht, das
Strafgesetzbuch und natürlich das Grundgesetz.*

*Während im Zivilrecht das Verhalten im alltäglichen Leben von einer
gegenüber einer anderen Person festgelegt ist, steht im öffentlichen Recht
überwiegend, was der Staat darf und was er nicht darf. Im Strafrecht
kann man lesen, welche Handlungen man generell nicht an den Tag legen
sollte – so ist zum Beispiel das Klauen nach § 242 StGB oder das Herbei-
führen einer Explosion durch Kernenergie durch § 307 StGB verboten.
Und diese Vorschrift hat mehr Relevanz, als man glauben mag, aber mehr
dazu in einem anderen Kapitel …*

*Aus welchem Gesetz die Rechtsform des wohl neuen längsten deut-
schen Wortes Donaudampfschifffahrtselektrizitätenhauptbetriebswerk-
baubeamtengesellschaft abzuleiten ist … diese Frage habe ich euch und
mir erspart. Denn hier geht es um die wirklich wichtigen Gesetze. Um die
existenziellen Fragen: Gibt es in Hessen eigentlich noch die Todesstrafe?
Und um weniger existenzielle Fragen: Ist Quark Milch oder Käse? Und:
Warum ist die Honigbiene das einzige Tier, das im BGB erwähnt wird?
Lest selbst!*

§ DIE BIENEN UND DAS GESETZ

Das Bürgerliche Gesetzbuch umfasst etwa 2400 Paragrafen. Ganze vier davon beschäftigen sich mit dem »Bienenschwarm-Recht«. Dieses wohl unbedeutendste Rechtsgebiet im gesamten BGB kennt ob seiner Kuriosität sicherlich fast jeder Jurastudent, der im ersten Semester mal durchs Bürgerliche Gesetzbuch geblättert hat.

Das »Schwarmrecht« regelt den sicherlich häufig vorkommenden Fall, dass ein Imker seinen Bienenschwarm verliert. Die §§ 961–964 finden sich direkt hinter »Wilde Tiere«. Diese Normen sind so lustig, dass man sich mindestens einmal mit ihnen beschäftigt haben sollte: Es beginnt mit dem § 961 BGB, Eigentumsverlust bei Bienenschwärmen. Der regelt, wie der Name es schon verrät, was passiert, wenn der Bienenschwarm aus seinem Bienenstock auszieht. Daraus können wir auf einen Fakt schließen, der wohl nur bei rechtlich versierten Imkern bekannt sein dürfte: Der Imker muss fast so sportlich wie ein Olympialäufer sein. Zumindest, wenn er nicht will, dass er das Eigentum an seinen Bienen verliert. Die Honigbiene kann im Flug eine maximale Geschwindigkeit von 32 km/h erreichen und würde nur knapp ein Rennen gegen Usain Bolt verlieren. Falls die Bienen also mal Lust auf Morgensport haben, muss der Imker nach § 961 diese unverzüglich und bis sie schlapp machen, verfolgen. Wenn die Sportschuhe nicht bereitstehen und die Bienen einmal in Freiheit sind, gehören sie niemanden mehr und sind somit wilde Tiere.

§ 962 BGB, Verfolgungsrecht des Eigentümers: Wer schon immer mal nachts in ein Schwimmbad einbrechen wollte, aber Angst vor einer Anzeige wegen Hausfriedensbruchs hatte, sollte vielleicht den Beruf des Imkers anstreben. Natürlich nur, wenn die Bienen genauso viel Lust auf Nachtschwimmen haben wie man selbst. Denn dann greift der § 962. Er gibt dem Imker weitreichende Sonderbefugnisse, um seine ausgebüxten Bienen wieder einzufangen, so auch das Betreten von fremden Grundstücken. Wenn ein Bademeister also eine Person nach Betriebsschluss sieht, die ausnahmsweise nicht vor Bienen davonrennt, sondern diese verfolgt, sollte er vielleicht genau hinschauen, bevor er zu Unrecht die Polizei ruft.

§ 963 BGB, Vereinigung von Bienenschwärmen: In der Landwirtschaft haben sprichwörtlich die dümmsten Bauern die dicksten Kartoffeln. Das meint, der Erfolg des Kartoffelanbaus hängt nicht vom Können des Landwirts ab. Bei der Imkerei dürfte das Gegenteil der Fall sein: Der schnellste Imker hat die meisten Bienen, denn Bienenschwärme mehrerer Bienenzüchter können sich verbinden. Dabei werden nur diejenigen anteilig Eigentümer, die diese verfolgt haben. Wenn jedoch ein Imker die anderen abgehängt hat, gehören ihm beim Einfangen des Schwarms alle Bienen allein, sodass der nächsten großen Honigbestellung nichts mehr entgegensteht.

§ 964 BGB, Vermischung von Bienenschwärmen: Wer denkt, nur Katzen suchen sich ihren Besitzer aus, liegt daneben. Wenn man der Tierexpertise des damaligen Gesetzgebers vertraut, soll dies auch für Bienen gelten. Ob dies tatsächlich in freier Natur häufiger vorkommt oder ob die Gerichte einfach keine Lust hatten, zwischen zwei streitenden Imkern zu entscheiden, wem jetzt welche Biene gehört, spielt dabei keine Rolle. Jedenfalls war es so wichtig, dass es einen von etwa 2400 Paragrafen im BGB darstellt.

Dass dieses Rechtsgebiet nicht gerade das wichtigste in unserem BGB ist, zeigt sich schon dadurch, dass es seit dem Jahr 1900 gerade einmal drei Fälle dazu gegeben hat – und zwar aus der Zeit der Weimarer Republik.

Nun, warum gibt es diese Paragrafen dann überhaupt, wenn sie denn so unwichtig sind? Normalerweise versuchen Gesetze doch, so allgemein wie möglich zu sein, um auf möglichst viele Sachverhalte Anwendung zu finden. Warum ist die Biene dann das einzige Tier, das im BGB gesondert erwähnt wird?

Böse Zungen behaupten, die explizite Regelung über Bienenschwärme sei der damaligen großen Imkerlobby geschuldet. Vielleicht war auch einfach einer der Gründungsväter des BGB Hobbyimker. Doch auch wenn der Gedanke daran lustig ist, dass die Imker den Gesetzgebern einst angedroht haben könnten, die Juristen müssten zukünftig auf Honig zu ihrem morgendlichen Toastbrot verzichten, sofern die Bienenzüchter nicht ausreichend rechtlich geschützt würden, hatte die Regelung wohl einen anderen Grund:

Der 5. Untertitel des BGB, also die §§ 958–964, beschäftigen sich mit der Aneignung von herrenlosen Sachen, also dem Eigentumserwerb von Dingen, die keinem gehören. Tiere sind zwar keine Sachen, werden aber nach § 90a BGB so behandelt. Anders als Haustiere sind wilde Tiere nach § 960 BGB immer herrenlos, außer wenn sie gefangen oder gezähmt werden.

Also ist doch eigentlich alles in dem Paragrafen zu den wilden Tieren geregelt, oder?

Nicht ganz, der Clou ist, dass Bienen sich von anderen Wildtieren maßgeblich unterscheiden. Würden sie als wilde Tiere zählen, könnte ein Imker nur Eigentümer werden, wenn er sie gefangen oder gezähmt hat. Bienen zählen jedoch nicht zu gefangenen Tieren, weil sie für ihre »Arbeit« täglich wegfliegen müssen. Bienen sind auch anders als Katzen und Hunde nicht zähmbar, weil sie sich von keinem außer ihrer Königin etwas vorschreiben lassen. Durch diese Einzigartigkeit wäre es ohne die Bienengesetze also kaum möglich, ihr Eigentümer zu werden. Das wäre ein großes Problem, denn die Bienen sind schließlich die Lebensgrundlage eines Imkers.

Also haben die Bienen einen ganz besonderen Platz im BGB bekommen, als wohl wichtigstes Tier im Gesetz.

Allein die Vorstellung, wie ein Imker seinem Schwarm hinterherrennt, ist es doch wert, dass es diese lustigen Paragrafen gibt.

Und zuletzt ein kleiner Schwenk, den nur der Imker kennen dürfte: Die Norm aus § 964 BGB ist wohl sowieso Quatsch. Sie regelt ja, dass der Imker Eigentümer der Bienen wird, die in seine Wabe einziehen, wenn darin schon vorher seine eigenen Bienen wohnten. Nur: Dieser Fall dürfte so gut wie nie vorkommen, da ein fremder Schwarm üblicherweise erst gar nicht von den Wächterbienen in die besetzte Bienenbehausung hineingelassen wird.

§ DIE EHE UND DAS GESETZ

»Bis dass der Tod uns scheidet« dauert so manchem Ehepaar zu lang. Schließlich ist nicht jedem bekannt, was die Heirat in tatsächlicher, aber auch in rechtlicher Hinsicht bedeutet. Für den einen gehört der sonntägliche Kaffeeklatsch bei den Schwiegereltern zum absoluten Pflichtprogramm. Für den anderen liegt die Ehepflicht eher darin, dass der gemeinsame Putzplan fair aufgeteilt wird. Wer sich primär aus steuerrechtlichen Gründen das Jawort gibt, kann schnell überrascht werden, denn die Ehe gibt nicht nur Rechte, sondern begründet auch Pflichten. So übernimmt man nicht nur finanzielle Unterhaltspflichten für den Ehepartner, sondern ist auch ein Garant für ihn in strafrechtlicher Sicht. Man kann sich über die unterlassene Hilfeleistung nach § 323c StGB hinaus sogar des Totschlags durch Unterlassen schuldig machen, wenn man den Partner in einer Notsituation nicht rettet.

Doch was macht man, wenn man morgens verkatert im *Hangover*-Stil in einem Hotel in Las Vegas aufwacht und das Erste, was man neben der anderen im Bett liegenden Person sieht, ein Ehering am Finger ist? Ist die Ehe überhaupt wirksam, oder ist das nicht eh egal, weil man die Ehe innerhalb eines Jahres annullieren kann? Nicht ganz! Letzteres ist ein weitverbreiteter Rechtsirrtum. Wenn die Ehe einmal wirksam geschlossen wurde, kann man sie nicht so einfach beenden. Erste Option ist die allseits bekannte Scheidung. Bei dieser muss aber ein sogenanntes Trennungsjahr eingehalten werden. Muss ich jetzt also mit der Person, die ich erst seit einem halben Abend am Las Vegas Strip kenne, noch ein ganzes Jahr auskommen?

Unter gewissen Umständen zum Glück nicht. Das regelt der kuriose § 1314 BGB mit skurrilen Aufhebungsgründen. Zwar bleibt die Heirat erst einmal wirksam, kann aber jederzeit durch richterliche Entscheidung aufgehoben werden.

So liegt ein Grund in Abs. 2 Nr. 1 vor, wenn »ein Ehegatte sich bei der Eheschließung im Zustand der Bewusstlosigkeit oder vorübergehenden Störung der Geistesfähigkeit befand«.

Hä, wie soll denn das gehen? Kann ich mich etwa im Schlaf oder unter Hypnose trauen lassen? So richtig erklären können das nicht mal die Profis. Diese vermuten deshalb, dass die vorübergehende Störung der Geistesfähigkeit wohl ausschließlich alte Fälle erfasst. Eine Hypnose im Uri-Geller-Style scheidet auf jeden Fall aus, weil man dann keine willentlichen Erklärungen vornehmen kann. Eine schlechte Nachricht für alle, die schon die erste Stunde Hypnose-Unterricht genommen haben, um ihren heiratsscheuen Traumpartner herumzubekommen. Auch kann man die Spontan-Hochzeit aufheben, wenn man bei der Trauung viel zu tief ins Glas geschaut hat und nicht an »Liebe auf den ersten Blick« glaubt.

In Nr. 2 wird es noch verrückter. Dort heißt es, ein Aufhebungsgrund liegt außerdem vor, »wenn ein Ehegatte bei der Eheschließung nicht gewusst hat, dass es sich um eine Eheschließung handelt«.

Der Traum von einer hypnotisierenden Hochzeit hat sich erledigt, offen für Neues läuft man aus dem Gebäude, in dem man die Kündigung der Hypnose-Stunden eingeworfen hat, und bemerkt eine spirituelle Heilpraktikerpraxis, welche mit einer »Fußreflexmassage, die alle Probleme löst« wirbt. So eine schöne Fußmassage hat man sich jetzt verdient, denkt man. Nachdem man nach Ablauf der Zeit sichtlich entspannter ist und die Massage tatsächlich geholfen hat, wird einem noch eine afrikanische traditionelle *huwelik* angeboten. Da der Bus erst in 45 Minuten fährt, lässt man sich darauf ein. Ihr vermutet, es handelt sich um eine spezielle Meditationstechnik, da man sich zu rhythmischen Klängen bewegen und immer mal wieder ausländisch klingende Wörter wiederholen muss. Was ihr nicht wusstet: Das 45-minütige Prozedere war eine Hochzeitszeremonie, und ihr habt gerade eine euch fremde Person geheiratet, die anscheinend sehr angetan von euren Füßen und dem Rest von euch war.

Der Fall ist zwar fiktiv, kann aber durchaus eintreffen. Wenn man sich als Deutscher im Ausland auf eine religiöse Zeremonie einlässt, kann nach dem dortigen Ortsrecht eine zivilrechtliche Ehe wirksam zustande kommen. Auch wenn ihr als frisch Volljährige die Starrolle der Julia zugeteilt bekommen habt, müsst ihr aufpassen, dass Romeo sich nicht zu sehr in euch verliebt. Auf jeden Fall solltet ihr bei der Generalprobe oder Aufführung sichergehen, dass beide nur im Stück heiraten wollen. Falls ihr eine *red flag* zu viel übersehen habt, könnt ihr trotzdem aufatmen. Auch dann gilt die Nr. 2.

Man kann die Ehe nach § 1314 Abs. 2 Nr. 3 weiterhin aufheben lassen, wenn man von seiner großen Liebe arglistig getäuscht wurde und bei Kenntnis der verschwiegenen oder falschen Tatsache gar nicht erst die Hochzeitsnacht mitgemacht hätte. Möglicher Grund dafür ist wohl nicht ein verheimlichter Lottogewinn. Eher infrage kommen zum Beispiel das Täuschen über eine Schwangerschaft oder über den angegebenen Beruf, eine Unfähigkeit zum Geschlechtsverkehr, das Verschweigen von ansteckenden Krankheiten, eine längerfristige Prostitution oder voreheliche Kinder.

Man sollte also den Partner mit Bedacht wählen, wenn man den Bund der Ehe eingeht. Auch wenn in Ausnahmefällen die Möglichkeit einer Eheaufhebung besteht, muss man dem gutgläubigen Ehepartner möglicherweise einen Unterhaltsanspruch gewähren. Also Vorsicht, Kostenfalle! Die Hochzeitsfeier und die anschließenden Flitterwochen sind schließlich teuer genug.

§ DAS DEUTSCHE REICH UND DAS GESETZ

Verkehrsanstalten des Reichs, Reichsbehörden, Reichsanstalten oder Reichsfiskus, das alles sind Wörter, die man womöglich in einer nächtlichen Dokumentation schon im Halbschlaf gehört hat. Das alles sind aber auch Wörter im heutigen BGB, genauer finden sie sich in den §§ 979–982 BGB. Aber warum stehen diese Begriffe noch im Gesetz? Dafür muss es doch einen rechtlichen Grund geben. Oder beziehen sie sich nur auf den in Berlin stehenden Reichstag, der einfach wegen geschichtsträchtigen Hintergründen so heißt?

Die Wörter sind für einen jeden sogenannten Reichsbürger ein gefundenes Fressen. Aber warum wir nach weit über einem halben Jahrhundert nach Ende des Deutschen Reichs noch Reichsbehörden laut Gesetz haben, hat wohl nur einen Grund: Faulheit.

Und zwar die Faulheit des Gesetzgebers. Dieser hat es bislang nicht für nötig gehalten, die im Jahr 1900 geschriebenen Gesetze anzupassen. Zugegebenermaßen bestand bisher auch keine Eile. Die Anwendungsfälle der §§ 979, 981 und 982 BGB sind begrenzt. So steht in einem berühmten juristischen Handkommentar – quasi die Bibel der Gesetzesübersetzung für Juristen – fast nur, dass man statt »Reich« nun »Bundesrepublik« lesen sollte.

Und das hat schließlich was zu bedeuten. Sonst stehen in diesen Kommentaren zu den Gesetzen meist Texte in wirklich biblischen Ausmaßen. Dazu kommt, dass die kleine Schrift des Kommentars nur mit Lupe zu entziffern ist und man beim Entschlüsseln der Abkürzungen Glücksrad spielen kann. Ich kaufe ein »e« und ein »n« und ganz viele weitere Buchstaben, denkt man sich, wenn man Kürzel wie »Eigt« für »Eigentum« liest. Das Thema, ob der Handkommentar als Waffe oder zumindest gefährliches Werkzeug nach dem Strafgesetzbuch zählt, nachdem er auf den kleinen Zeh gefallen ist, will ich gar nicht weiter ausdiskutieren.

Zu der unterstellten Faulheit muss man also ein Auge zudrücken. Bevor man die Paragrafen ändert, kann man sie fast schon ganz streichen.

Jedenfalls hätte es ein Gutes: Man könnte die Anzahl der Leute reduzieren, die meinen, die Bundesrepublik sei nur eine Firma, was ja gut zum *Personal*ausweis passt. Vielleicht kann man im selben Atemzug gleich erklären, dass das Grundgesetz eine Verfassung ist, auch wenn es nicht so heißt.

§ DER TOD UND DAS GESETZ

Wie sagt man so schön: Zwei Dinge sind im Leben eines Deutschen unausweichlich, die Steuern und der Tod. Wenig überraschend findet sich der Tod deshalb auch in unseren Gesetzen wieder – schließlich muss manchmal auch das Ableben geregelt sein. Blicken wir gemeinsam auf gesetzliche Kuriositäten, die den Tod zum Thema haben.

Die Todesstrafe – zum Glück kein Thema mehr in Deutschland. Die letzte Vollstreckung eines Todesurteils in der BRD fand am 11. Mai 1949 in Westberlin statt. Kurze Zeit später trat unser Grundgesetz in Kraft, eine Todesstrafe ist seither nicht mehr möglich – schließlich ist die Würde des Menschen unantastbar, und auch die körperliche Unversehrtheit ist für alle gewährleistet. Kleine Randnotiz: Für die DDR galt das Grundgesetz nicht, dort fand die letzte Hinrichtung 1981 statt, 1987 wurde die Todesstrafe dann auch im Osten abgeschafft.

Aber Achtung, manch einer wird es vielleicht in den Medien mitbekommen haben: In Hessen wurde die Todesstrafe erst 2018 aus der Landesverfassung gestrichen. Wie ist das möglich? Und wurden in Frankfurt, Viernheim, Wiesbaden und Co. weiterhin heimlich Todesstrafen vollzogen? Keine Sorge, natürlich nicht. Schließlich gilt Bundesrecht vor Landesrecht, das Grundgesetz hat oberste Priorität. Also sahen die Hessen sich einfach nicht in der Not, das Gesetz zu streichen, weil es ohnehin nie angewendet werden würde.

Anders ist das bekannterweise in den USA, wo die Staaten selbst festlegen können, ob Hinrichtungen möglich sind oder nicht – und das schockierenderweise noch heute.

Nun aber der Schwenk vom Tod zu den Steuern und zu dem, was viele Menschen kraft Überarbeitung in die letzte Ruhestätte treibt: die Arbeit. Wir Deutschen gelten schließlich als fleißig. Manch einer würde wohl über den Tod hinaus arbeiten, wenn er könnte. Und witzigerweise sieht es auch das Gesetz so. Denn wer tot ist, gilt nicht automatisch als berufsunfähig. Exakt so ist es zwar nicht formuliert, aber tatsächlich stand im *Bundessteuerblatt*, dass der Tod eines Steuerpflichtigen nicht als Berufsunfähigkeit nach § 16 des Einkommensteuergesetzes verstanden werden kann. Sonst könnte nämlich der erhöhte Freibetrag abgezogen werden. Wenig verwunderlich ging es hier also um Steuern. Kurz gesagt sollten durch das Ableben keine Steuervorteile geltend gemacht werden können. Tja, in Deutschland ist nun mal wirklich alles geregelt.

Aber nicht alle sind so streng. Die Bundeswehr stellte nämlich ihrerseits das Verhältnis von Tod und Arbeit fest: In einem ihrer Amtsblätter hieß es, dass der Tod »die stärkste Form der Dienstunfähigkeit« sei. Zwar konnte man sich das schon irgendwie denken, trotzdem schadet es wohl nicht, dass jemand das mal abschließend festgehalten hat.

Übrigens: Nicht nur Deutschland ist manchmal eigen, was den Umgang mit dem Tod angeht. In Frankreich verbot eine Gemeinde im Jahr 2000 den Einwohnern das Sterben ohne vorherige Reservierung eines Grabes – der Friedhof war einfach zu voll. Vielleicht war der Verantwortliche des Friedhofs früher ein Gastwirt und hatte verwechselt, wie der Betrieb in einem Restaurant und der Betrieb eines Friedhofs so laufen.

Wir stellen wieder mal fest: Steuern und Sterben sind wohl die einzigen beiden Elemente des Lebens, auf die wir Deutschen uns immer verlassen können …

§ DIE FÜNF KURIOSESTEN EU-GESETZE

Ach ja, unsere Freunde aus Brüssel … Nicht nur die Deutschen haben Spaß an Regeln. Tatsächlich hagelt es nicht selten Kritik am Regulierungsdrang des Bürokratie-Monsters, das auf den Namen Europäische Union hört. An manchen Stellen ist wahrscheinlich sogar etwas Wahres an den Vorwürfen dran. Jedoch ist nicht jede Kritik berechtigt. Bei genauerem Hinsehen stellt sich nämlich heraus, dass nicht alle angeblich von der EU erlassenen Gesetze auch wirklich aus Brüssel stammen.

Um aber einen kleinen Faktencheck vorwegzunehmen: Ja, die EU erlässt tatsächlich sehr viele Gesetze (in Form von Richtlinien oder Verordnungen). Es scheint manchmal wie ein Hobby der Verantwortlichen zu sein, neue Normen zu erlassen – kein Wunder, dass manchmal auch unsinnige Regelungen dabei sind. Kleines Ratespiel: Wie viele EU-Gesetze und Richtlinien gibt es? A: 800, B: 3500, C: 12000, D: über 20000.

Die Antwort D ist richtig. Tatsächlich sind es über 20000, verschriftlicht in 24 Amtssprachen.

Dann werfen wir jetzt einen Blick auf fünf der kuriosesten Normen, die für besonders unsinnig gehalten werden, und überprüfen, ob manche der Kritikpunkte nicht vielleicht doch auf Mythen basieren.

1. Das Seilbahngesetz
Man stelle sich folgendes Szenario vor: Die Bundesregierung erlässt ein Gesetz darüber, wie die Stadt Mannheim mit den Bären im Wald umzugehen hat. Mannheimer werden sich jetzt denken: Moment mal, wir haben keine Bären in unseren Wäldern. Warum sollte dann ein Gesetz erlassen werden? Schließlich werden sich so schnell auch keine Bären

nach Mannheim verirren. So ähnlich ist es beim Seilbahngesetz der EU. Dieses verlangt, dass die Sicherheitsstandards bei Seilbahnen geregelt werden. Wahrheit?

Ja! Also das Gesetz über die Mannheimer Bären habe ich erfunden, aber das Seilbahngesetz gibt es wirklich. Tatsächlich mussten Berlin, Mecklenburg-Vorpommern und Schleswig-Holstein solche Regelungen treffen, obwohl es in keinem dieser Bundesländer eine Seilbahn gibt – und es wird wohl auch keine kommen. Schließlich handelt es sich bei den drei Ländern eher um flache Regionen. Eine Seilbahn wäre hier also so überflüssig wie ein Rasensprenger für einen Kunstrasen.

Würde man die Überflüssigkeit des Gesetzes von eins bis zehn bewerten, hätte es die volle Punktzahl verdient. Jetzt kommt das große Aber: nur auf den ersten Blick! Tatsächlich ist Deutschland selbst nicht ganz unschuldig daran, dass die drei Bundesländer jeweils für ihr Land ein Seilbahngesetz ausarbeiten mussten. Aufgrund einiger Unfälle mit Seilbahnen beschloss der Europäische Rat im Jahr 2000, dass alle Staaten eine Richtlinie über Seilbahnen auszuarbeiten haben – also auch Deutschland. In Deutschland ist die Gesetzgebung in vielen Fällen aber Sache der Bundesländer selbst. So eben auch bei den Seilbahnen. Und da jeder Staat, der der EU angehört, die EU-Richtlinien umsetzen muss, waren alle Bundesländer gehalten, ein Seilbahngesetz zu verschriftlichen. Auch die Bundesländer, die keine haben. Die Länder haben den Aufwand aber gering gehalten, sie haben nämlich einfach das bayerische Gesetz übernommen.

Also ist das Seilbahngesetz eigentlich eine gute Sache, die der Sicherheit dienen soll. Und für die betroffenen Bundesländer, die keine haben, war es wirklich keine massive bürokratische Hürde, mal eben das Gesetz der Kollegen aus Bayern zu übernehmen. Plötzlich wirkt das alles gar nicht mal so unsinnig, oder?

2. Der richtige Sitz für den Traktor
1977 hat die EU sich etwas Feines einfallen lassen: die »Richtlinie des Rates zur Angleichung der Rechtsvorschriften der Mitgliedstaaten über Umsturzvorrichtungen für land- und forstwirtschaftliche Zugmaschinen auf Rädern«. Klingt spannend … Für uns interessant: Darin

befindet sich eine Norm, die man sinngemäß auch einfach so hätte beschreiben können: »Wir sagen euch, wo und wie ihr den Sitz eures Traktors anzubringen habt.« Stimmt das?

Ja, auch das stimmt. Den Wortlaut der Vorschrift ersparen wir uns hier, da er nur schwer verständlich ist. Ob die Traktorenhersteller selbst überhaupt verstanden haben, was da von ihnen verlangt wurde? Hoffen wir es mal.

Aber auch hier gilt: Zu früh gefreut, liebe EU-Kritiker. Denn jemand anderes trägt zumindest eine Teilschuld an diesem Kauderwelsch. Und zwar, wer auch sonst, Bayern! Ein pfiffiger Gründer aus unserem größten Bundesland erfand einen Überrollbügel für Traktoren, der aber nur funktioniert, wenn die Sitze an einer bestimmten Stelle angebracht sind. Also musste die EU eingreifen und eine Regelung treffen. Dieses schöne Gesetz geht also nicht nur auf die Kappe der EU, unser Freistaat Bayern hat ebenfalls seine Finger im Spiel.

3. Dirndl-Dekolleté-Verbot im Biergarten

Und schon wieder Bayern – diesmal in freizügig – oder auch nicht. Rettet die bayerische Kultur und Lebensfreude, nieder mit dem EU-Gesetz! Ob jemand genau diesen Wortlaut benutzt hat, ist ungewiss. Tatsächlich waren unsere bayerischen Freunde aber sehr empört über einen ganz bestimmten Einfall der EU: Eine Richtlinie der Union hat den Schutz vor UV- oder Laserstrahlung zum Inhalt. Zweifelsohne eine gute Sache, schließlich ist die Gefahr für Augen und Haut durch UV-Strahlen nichts, was es zu unterschätzen gilt.

Diese Richtlinie gibt es zwar, sie wurde aber etwas fehlinterpretiert. Wer die letzten Sommer im Biergarten war, dem wird vielleicht aufgefallen sein, dass die Dekoletés nicht verpflichtend zu bedecken sind. Also, was hat es mit der Richtlinie auf sich? Ganz einfach: Für Arbeitnehmer wird während der Arbeit keine Kleidung zur Bedeckung von Augen und Haut vorgeschrieben. Der Arbeitgeber ist aber verpflichtet, auf das Risiko hinzuweisen, wenn keine Bedeckung getragen wird. Wer mag, kann das Dekolleté bedecken. Wenn nicht, dann nicht. Demzufolge war auch hier die Aufregung über die EU-Richtlinie etwas überzogen.

4. Die Einheitsgröße für Kondome

Wahrscheinlich eine der bekanntesten EU-Normen: eine Einheitsgröße für Kondome. Wie bitte? Sind in Europa etwa alle Zipfel gleich groß? Nein, sagen Statistiken. Die Durchschnittsgrößen variieren teilweise sogar um ein paar Zentimeter. Das wäre also, als würde die EU sagen, dass alle T-Shirts, die für Männer produziert werden, die gleiche Größe haben müssen. Nur mit dem feinen Unterschied, dass ein zu großes oder kleines T-Shirt deutlich weniger Folgen haben würde als ein Verhüterli, das nicht sitzt. Die Kondomkäufer werden es vielleicht wissen: Man kann nach wie vor unterschiedliche Größen kaufen.

Was hat es dann also mit der Einheitsgröße auf sich? 1993 erließ die EU eine Anordnung über medizinische Vorrichtungen, wozu auch Kondome zählen. Im Zuge dieser Anordnung musste das Europäische Komitee für Normen die Kondome spezifizieren. Daraus entsprang dann eine Mindestgröße: 16 Zentimeter – und keinen Millimeter kürzer! Außerdem darf die Weite nicht mehr als zwei Millimeter vom angegebenen Wert abweichen. Zu guter Letzt: Das Kondom muss fünf Liter Fassungsvermögen haben. Wir sparen uns an dieser Stelle mal einen Witz …

Das war's auch schon. Alles Weitere dürfen die Hersteller selbst entscheiden. Auf den zweiten Blick ist die Regelung zwar nicht ganz so witzig, wie sie anfangs wirkte. Aber: Dass überhaupt solch eine Regelung zu den Parisern getroffen wurde, ist auf einen Wunsch der Franzosen zurückzuführen. Und dieses erfüllte Klischee ist irgendwie schon witzig. ;)

5. Die ideale Gurkenkrümmung

Ein letztes EU-Gesetz haben wir noch im Repertoire – den Klassiker. Hand aufs Herz: Wer hat sich mal Gedanken darüber gemacht, wie krumm (oder eben nicht krumm) manche Gurken sind? Tja, wer sich an geraden Gurken besonders erfreut, der darf sich bei der EU bedanken. 1988 wurde nämlich die im Volksmund sogenannte Gurkenkrümmungsverordnung erlassen, die festlegt, dass Gurken auf zehn Zentimeter Länge nur noch zehn Millimeter gekrümmt sein dürfen. Ansonsten können sie nämlich nur als »Handelsklasse II« und nicht als »Handelsklasse I« klassifiziert werden.

Diese Richtlinie wurde aber nicht einfach so erlassen, weil einer der Verantwortlichen unter der Dusche einen Geistesblitz hatte. Sie geht auf den Wunsch der Händler zurück. Gerade Gurken seien nämlich deutlich leichter zu verpacken als krumme. Durch ein vereinheitlichtes Bild dessen, was ein Landwirt zu liefern hat, gab es tatsächlich weniger Probleme. Also doch zumindest halbwegs sinnvoll, wenn man mal die Lebensmittelverschwendung an krummen Gurken beiseitelässt.

Trotzdem wurde die Verordnung 2009 außer Kraft gesetzt, obwohl sich eine Mehrheit der EU-Mitgliedstaaten sowie Handels- und Bauernverbände für die Vorschrift ausgesprochen hatten.

Einige Bauernorganisationen protestierten sogar gegen die Abschaffung. Also war die Norm, die für Außenstehende eher wie ein Späßchen klingen mag, in Wahrheit bei einem Großteil der Beteiligten sehr beliebt. Nichtsdestotrotz halten sich viele der Landwirte auch heute noch daran – eine Art ungeschriebenes Gesetz also.

Funfact: Gurken sind nicht das einzige Lebensmittel, das normiert ist oder war. Bananen zum Beispiel (keine Sorge, hier gibt es keine Regel über die Krümmung) müssen mindestens 14 Zentimeter lang und 27 Millimeter dick sein. So sollen die Qualität und der reibungslose Transport der Früchte gewährleistet werden. Für Kritik sorgt die Regelung bei den Bananen trotzdem, weil sie den freien Handel mit ausländischen Anbietern erschwert. Man kann es aber auch nie allen recht machen!

Ein Fazit: Zwar klingen Regelungen wie »Gurkenkrümmungsverordnung« und »Einheitsgröße für Kondome« sehr amüsant, im Endeffekt sind sie aber lange nicht so unsinnig, wie sie vermuten lassen. Alles andere wäre auch erschreckend, schließlich machen sich unsere Freunde aus Brüssel hier und da tatsächlich Gedanken, bevor sie Verordnungen auf die Union loslassen. In diesem Sinne: Weitermachen! Und auf hoffentlich weitere 20 000 Regelungen, von denen die eine oder andere bestimmt wieder für einen Lacher gut sein wird.

§ SONNENMILCH, SCHEUERMILCH, SOJA... DRINK!

Bist du vegaaan für Rosalinde oder brutal gegen sie? Dann greif statt zur Kuhmilch lieber zur Sojamilch ... ähhh, zum Sojadrink, meine ich! Denn Milch darf man das Ganze nicht nennen. Der Europäische Gesetzgeber und der Gerichtshof meinen nämlich, das würde die Menschen zu sehr verwirren. Da denkt wohl jemand, dass Verbraucher Idioten sind, die nicht lesen können.

Vor ein paar Jahren zog meine Kanzlei WBS.LEGAL, mit meinem Partner, Herrn Beuger, an der Spitze, in den Kampf vor den Europäischen Gerichtshof. Dort kloppten wir uns rund um das Thema der Bezeichnung von veganen Alternativen.

Okay, ich gebe zu, ganz so brutal war es vielleicht nicht. Aber hitzig war die Angelegenheit allemal. Unser Mandant TofuTown stellte Produkte wie »Tofu-Butter« und »Rice-Spray-Cream« her. Ihr könnt es euch schon denken: Milch von Kühen war da keine drin. Und das war dem Verband sozialer Wettbewerb ein Dorn im Auge. Prompt hatte unser Mandant eine Klage am Hals. Denn auch wenn Soja-, Reis- und Hafermilch in aller Munde sind, sind Begriffe wie Milch, Butter, Käse oder Joghurt nur den aus »Eutersekretion« (igitt, wie eklig klingt das bitte?!) gewonnenen Produkten vorbehalten. Das ist in Art. 78 Nr. 1 der Verordnung Nr. 1308/2013 der EU fest geregelt. Der EuGH hat deshalb entschieden, dass »Tofu-Butter« und »Rice-Spray-Cream« als Bezeichnung verboten sind. Es wäre nicht einmal dann erlaubt, wenn man sie als »vegan« kennzeichnet. Die Verwechslungsgefahr wäre für Verbraucher einfach zu groß. Für wie dumm halten die uns eigentlich?

Komischerweise sind Wörter wie Kokosmilch, Sonnenmilch und, ja, sogar Scheuermilch aber kein Problem. Und das, obwohl nichts davon Milch aus Eutersekretion enthält. Sie stehen nämlich aus historischen Gründen auf der Ausnahmeliste im Beschluss 2010/791/EU der EU-Kommission und dürfen ihren Namen deshalb behalten. Bescheuert, oder? Es wäre doch viel schlimmer, wenn jemand die Scheuermilch mit der Kuhmilch verwechselt, als wenn jemand versehentlich Sojamilch kauft. Scheuermilch wäre im Zweifel tödlich!

Veggie-Schnitzel und Co. sind übrigens auch kein Problem. Der Verbotsplan ist hierbei gescheitert: Die große Mehrzahl der Abgeordneten des EU-Parlaments war gegen ein tatsächlich geplantes Verbot. An alle Vegetarier und Veganer: Ihr dürft also immer noch beruhigt in euren Veggie-Burger beißen. Hier bestehe keine Verwechslungsgefahr für die Konsumenten. Hm, bei Milch aber schon, ja?

Die vegane Industrie war in der Folge des EuGH-Urteils natürlich verunsichert. Wie darf man die Produkte denn jetzt überhaupt noch benennen? Durch die Bezeichnung möchte man den Verbrauchern ja eigentlich klarmachen, welche tierischen Produkte man ersetzen und wie man mit dem veganen Produkt in der Küche leckere Gerichte zaubern kann. Wie soll man eine pflanzliche Milch nennen, die aussieht wie Milch, schmeckt wie Milch und ins Müsli kommt wie Milch? Manche Firmen werden hier richtig kreativ: Jetzt gibt es Nilk oder Not M*LK statt Milk, Sojagurt statt Sojajoghurt und noch vieles mehr. Aktuell reicht es aber auch aus, einfach »Alternative« hinter den Ursprungsbegriff zu schreiben. Also zum Beispiel: »Milch-Alternative« oder »Käse-Alternative«. Bei unserem Mandanten Happy-Cheeze, der veganen Käse herstellt, haben die Gerichte das zumindest erlaubt.

Wenn es allerdings nach den Agrarverbänden ginge, wäre sogar das verboten worden – und noch schlimmer: Sie hatten gefordert, die Bewerbung pflanzlicher Milchalternativen derartig einzuschränken, dass nicht einmal Bezüge zu Milchprodukten hergestellt werden dürften. Dann hätte womöglich die werbliche Abbildung einer Tasse Kaffee mit Schaum als verbotene Anspielung auf Milchkaffee interpretiert werden können. Der Hersteller Oatly hat dazu einen »Idiotentest« unter dem Titel »Are You Stupid?« ins Netz gestellt, um die Absurdität des Ganzen zu verdeutlichen. Anhand von Fragen wie »Was ist die Banane, was der Apfel?« wollte man zeigen, dass Verbraucher keineswegs so dumm sind, Hafermilch nicht von Kuhmilch unterscheiden zu können. Nachdem das EU-Parlament 2020 tatsächlich geplant hatte, das mit diesem Test kritisierte absurde Gesetz umzusetzen, entschied es am Ende nach immensen Protesten gegen »Änderungsantrag 171«, diesen im Mai 2021 zurückzuziehen.

Aber all diese noch strengeren Verbotsanträge zeigen, mit welch harten Bandagen hier gegen den Markt veganer Lebensmittel gekämpft wird. Denn mal ganz ehrlich: Findet ihr, ihr müsstet vor der gefährlichen Verwechslungsgefahr einer HaferMILCH geschützt werden? Nee, oder? Und da fragt man sich natürlich: Warum gibt es ein so absurdes Gesetz in Zeiten der Klimakrise überhaupt noch? Und wie kann man ernsthaft darüber nachdenken, es auch noch zu verschärfen? Ich meine, es wäre ähnlich sinnvoll, Herstellern von Elektroautos zu verbieten, ihre Vehikel als »Autos« zu bezeichnen, weil sie ja keinen Verbrennungsmotor haben. Wir wollen hier ja niemandem etwas unterstellen, *hust* … aber für uns stinkt es gewaltig nach etwas zu offenen Ohren gewisser EU-Politiker für eine gewisse Lobbygruppe. Aber nein, schon klar, alles aus Gründen des Verbraucherschutzes natürlich. Prost, darauf ein leckeres Glas Scheuermilch!

Europäischer Gerichtshof – Urteil vom 14.06.2017,
Aktenzeichen C-422/16
Landgericht Stade – Urteil vom 28.03.2019,
Aktenzeichen 8 O 64/18
Oberlandesgericht Celle – Urteil vom 06.08.2019,
Aktenzeichen 13 U 35/19

§ LEMONAID HAT ZU WENIG ZUCKER – DER ABSOLUTE WARNSINN!

Die Limonade Lemonaid hat ein großes »Problem«: Sie enthält zu WENIG Zucker und sollte deshalb zunächst verboten werden. Bitte was?

Limonade neu zu erfinden, das war das Ziel der Gründer der Lemonaid Beverages GmbH. Dafür hängten sie 2008 ihre alten Jobs an den Nagel und entwickelten eine Limonade, wie sie sein sollte. Im Hamburger Karoviertel pressten sie Limetten aus, stampften Rohrzucker und rührten Mineralwasser hinzu. Das Ergebnis: eine Limo aus frischem Saft und fairen, biologischen Zutaten, die von zertifizierten Kleinbauern stammten, und das alles auch noch für einen guten Zweck. Außerdem mit möglichst wenig Zucker.

Begeistert von ihrem Produkt wurde dieses bereits ein halbes Jahr später in einem professionellen Betrieb abgefüllt, um so Flasche für

Flasche die Welt ein Stückchen besser zu machen. Die beiden Gründer bauten sich mit Lemonaid eine Marke auf, die sich schon bald einer beträchtlichen Bekanntheit erfreute. So weit, so lecker. Bis 2018 ging alles gut, doch dann flatterte ein Brief herein, der alles ändern sollte.

Denn nicht alle waren von der Limo begeistert. Darunter das Bezirksamt Hamburg, welches in dem Brief anprangerte, dass die Limo zu wenig Zucker enthalte. Ja, ihr habt richtig gelesen: zu WENIG Zucker! Der muss in einer Limo nämlich mindestens 7 Prozent betragen, damit sie als Limonade bezeichnet werden darf. So hat die Lebensmittelbuch-Kommission es in den Leitsätzen für Erfrischungsgetränke festgeschrieben. Diese Leitsätze haben zwar nicht die Kraft eines Gesetzes, aber Behörden und andere Player auf dem Limonadenmarkt halten sich daran. Ziel dieser Leitsätze ist es, Produkte nicht zu stark von dem abweichen zu lassen, was ein Verbraucher von ihnen erwartet. Und bei Limonade erwartet man nun mal, na klar: jede Menge Zucker. Kein Wunder, dass die Bevölkerung immer übergewichtiger wird.

Lemonaid war mit knapp 6 Prozent Zuckergehalt nicht süß genug, sozusagen zu gesund, um Limonade zu sein. Das Bezirksamt ließ den beiden Gründern nun zwei Optionen: Entweder sie fügten dem Getränk mehr Zucker hinzu, oder sie sollten die Limo in »Erfrischungsgetränk« umbenennen und den Markennamen ändern.

Aber »Erfrischungsgetränk-aid« hört sich ja wohl nicht halb so gut an wie Lemonaid, und mehr Zucker hinzuzufügen kam für die Gründer nicht infrage. Beide Möglichkeiten wären für Lemonaid eine Katastrophe gewesen. Die beiden Gründer hielten die Forderungen des Amts zunächst für einen schlechten Scherz. Das Ernährungsministerium hatte doch zuletzt noch eine nationale Strategie zur Reduktion von Zucker in Fertigprodukten entwickelt und darin unter anderem gefordert, dass Getränke weniger Zucker enthalten sollten! Ziemlich gegensätzlich zu den Vorwürfen gegenüber Lemonaid. Einen solchen Widerspruch konnte man sich nur mit chronischer Überzuckerung der damaligen allseits unbeliebten Ernährungsministerin Julia Klöckner erklären.

Selbstverständlich wehrten sich die beiden Gründer: Das wollten sie so nicht auf sich sitzen lassen! Und es gelang ihnen, mit ihrer »Süßtemkritik«, wie sie sie selbst nannten, etwas zu bewirken. Nach langen

Protesten, auch von den Konsumenten selbst, drückte das Bezirksamt noch einmal ein Auge zu. Lemonaid darf weiter Lemonaid heißen, und am wichtigsten: Der Limonade muss nicht noch mehr Zucker hinzugefügt werden.

Doch zu früh gefreut! Der Kampf sollte weitergehen, denn Anfang September 2020 flatterte bereits der nächste Beschwerdebrief ein. Diesmal war es das Amt für Verbraucherschutz der Stadt Bonn, das sich wegen des ungeheuerlich niedrigen Zuckergehaltes in der Maracuja-Limonade beklagte.

Die beiden Gründer standen erst einmal unter (Zucker-)Schock. Das kann doch nicht wahr sein! Statt süß wurden sie nun richtig sauer, und so protestierten sie kurzerhand mit einer Julia-Klöckner-Statue aus purem Zucker vor dem Ernährungsministerium. Ein Denkmal, ganz im Sinne von »Denk mal!«. Denn mit dem Protest wollten sie der Ministerin einen Denkanstoß geben, die 7-Prozent-Regel endlich zu ändern. Unterstützung fanden die Lemonaid-Gründer diesmal auch in der ranghohen Hamburger Politik. Die Hamburger Senatorin für Justiz und Verbraucherschutz, Anna Gallina, schickte je ein Schreiben an Julia Klöckner und die deutsche Lebensmittelbuch-Kommission, in dem sie eine Änderung der Zucker-Untergrenze verlangte.

Die Aktion hinterließ anscheinend einen gewissen Eindruck. Anfang Februar beschloss die Lebensmittelbuch-Kommission bei einer Tagung, die Leitsätze umfassend zu überarbeiten. Der irrsinnige Mindestzuckergehalt von Limonade solle gestrichen werden und die 7 Prozent stattdessen nur noch als »üblicher Zuckergehalt« bezeichnet werden. Eine endgültige Regelung gibt es jedoch bis heute nicht.

Stattdessen stand zwischenzeitlich folgender absolut »großartiger« Plan im Raum: Im März 2021 hieß es, die Leitsätze sollten folgendermaßen geändert werden: Auf Limonaden mit weniger als 7 Prozent Zucker sollte einfach vor dem geringen Zuckeranteil gewarnt werden. Langsam reichte es den beiden Gründern. Denn wenn diese Regelung in Kraft getreten wäre, hätte das Folgendes bedeutet: Weil die Lemonaid-Flaschen einen unveränderlichen Keramikdruck direkt auf dem Glas haben, kann man die Aufschrift nicht einfach verändern. Es hätte also die Wahl gegeben: entweder die bisherigen Mehrwegflaschen vernichten und stattdessen viele Millionen neue Flaschen teuer produzieren – ein »ökologischer Wahnsinn«, wie die Gründer selbst schreiben. Oder mit Stickern vor dem unverschämt niedrigen Zuckergehalt warnen. Nun gut, dachten sie sich in vorauseilendem Gehorsam – machen wir doch einfach bei dem »Warnsinn« mit! Und so klebten sie auf die Getränkeflaschen Aufkleber mit dem Hinweis »Achtung, wenig Zucker«. Die Sticker erinnerten dabei an die Warnungen, wie man sie auch auf Zigarettenpackungen findet. Zigaretten und zuckerreduzierte Limo, natürlich beides gefährliche Produkte und absolut zu vergleichen! Sonst kauft nachher noch jemand eine Limonade, die zu gesund ist.

Inzwischen sehen die Flaschen wieder ganz normal aus – doch Sicherheit gibt es für die gesunde Limonade nicht, denn es gibt noch keine finale (und sinnvolle) Regelung der Leitsätze. Die endgültige Entscheidung darüber wurde wegen der Corona-Pandemie immer wieder vertagt, das ganze Verfahren ruht gerade bis zur Entscheidung eines unabhängigen Gremiums. Bislang ist Lemonaid also offiziell zu wenig süß und damit »illegal« – auch wenn die Situation gerade offiziell geduldet wird. Hoffen wir mal, dass der ganze »Warnsinn« irgendwann ein Ende hat. Bis dahin: Prost!

§ SUBWAY-SANDWICH IST KEIN BROT, SONDERN KUCHEN

Lust auf ein Sandwich von Subway? In Irland wäre diese Frage, zumindest juristisch gesehen, falsch gestellt. Sie müsste nämlich lauten: Lust auf Süßigkeiten bei Subway? Jedenfalls laut Urteil des irischen Supreme Courts. Hier stellt sich das Zuckerproblem nämlich gerade umgekehrt als bei Lemonaid.

Die meisten kennen Subway auch hier in Deutschland. Die (aktuell noch) größte Fast-Food-Kette der Welt hat Filialen in über 100 Ländern – und viele Fans auf dem gesamten Globus. In diesen Filialen werden Sandwiches verkauft, die sich die Kunden selbst zusammenstellen können.

Aber Achtung, Schocker: Laut dem Irischen Supreme Court handelt es sich bei den Broten von Subway nicht um Brote. Das Problem für Subway in Irland ist, dass die Brote zu viel Zucker enthalten. Der Zuckeranteil ist sogar fünfmal höher, als es für ein Brot in Irland zulässig ist. Warum das überhaupt relevant ist und sogar gerichtlich festgestellt werden musste? Ganz einfach. Hier ging es nicht etwa darum, ob Subway seine Sandwiches als Sandwiches bewerben darf, oder Ähnliches. Hier ging es um Steuern. Denn in Irland sind Grundnahrungsmittel von der Mehrwertsteuer ausgenommen – also unter anderem Brot.

Der Zuckeranteil darf maximal 2 Prozent des Mehlgewichts ausmachen, bei Subway sind es aber 10. Also hatte die Klage keinen Erfolg. Subway war nämlich der Ansicht, dass die Sandwiches von der Steuer ausgenommen werden sollten, und strebte daher eine Rückzahlung an. Einen Versuch war's wert!

Dem Kunden wird es letztlich egal sein, ob er bei Subway gerade offiziell gesehen ein Sandwich, einen Kuchen oder was auch immer isst, solange es schmeckt. Immerhin gibt es bei der Bestellung des »Sandwiches« bei den meisten sowieso noch den obligatorischen Schoko-Cookie mit dazu, da macht der Zuckeranteil des Brotes den Kohl auch nicht fett. Trotzdem ist diese Geschichte einen Schmunzler wert und der Beweis, dass es nicht nur in Deutschland beim Thema Steuern sehr bürokratisch und kleinlich zugeht.

§ IST QUARK MILCH ODER KÄSE?

Anschnallen bitte, auch wenn der Gurt von dem letzten »Subway-Kuchen« noch drückt! Denn heute klären wir eine der Fragen, die die Menschen in den vergangenen Jahren wirklich bewegt hat. Handelt es sich bei Quark um Milch oder doch um Käse? Bestimmt haben wir alle eine Meinung zu dieser brisanten Thematik. Tatsächlich stritten sich zwei Parteien vor Gericht ganz real über diese Frage. Ich persönlich wäre nur ungern dabei gewesen, wenn sich Anhänger vom Team Milch und Anhänger vom Team Käse auf der Straße begegnen. Schauen wir mal, ob das Oberlandesgericht Celle Teil der »Käser« oder der »Milcher« ist … und warum zum Teufel denn das überhaupt relevant ist.

Um das Ende zu verstehen, muss natürlich erst der Anfang beleuchtet werden. Ein Spediteur transportierte mit einem LKW 20 Tonnen Magerquark. Nachdem er angehalten und kontrolliert worden war, sollte der Fahrer ein Bußgeld in Höhe von knackigen 2000 Euro zahlen. Warum? Weil er an einem Sonntag gefahren ist und somit das Fahrverbot missachtet hat. Doof gelaufen.

Jetzt schrecken alle Fans vom Team Milch auf, denn für Milchprodukte gilt eine Ausnahmeregelung. Diese dürfen nämlich auch sonntags transportiert werden. Der Fahrer der Ladung gehörte selbst klar zum Team Milch. Folglich war er der Ansicht, seine Ware unter einer Ausnahmeregelung transportiert zu haben, was nicht mit einem Bußgeld hätte bestraft werden dürfen. Also zog der Mann vor das Amtsgericht Stadthagen, das eher so Team Käse war. Von der Ausnahmeregelung sind laut Ansicht des Richters nur Produkte umfasst, die leicht verderblich sind und eine geringe Haltbarkeit aufweisen. Der Quark wäre noch über einen Monat haltbar gewesen, leicht verderblich war er also nicht.

Doch wie ein Fan für sein favorisiertes Fußballteam kämpfte der Spediteur dafür, dass Quark Milch sein muss – wahrscheinlich auch, weil er auf Zahlung des Bußgeldes getrost verzichten konnte. Bis vor das Oberlandesgericht Celle zog der tapfere LKW-Fahrer. Da griffen die Richter zu einem Kniff: Sie warfen einen Blick in die Milcherzeugnisverordnung. Unter uns: Wer ist wirklich verwundert, dass es so etwas in Deutschland gibt? § 1 der Verordnung schreibt nämlich genau vor, was ein Milchprodukt ist – sogar mit Auflistung. Quark? Fehlanzeige! Möchte man Quark finden, muss ein Blick in die Käseverordnung geworfen werden. Also ist es sogar gesetzlich festgelegt, dass Quark keine Milch, sondern Käse ist.

Dass der Fahrer einem Irrtum unterlag, half ihm in diesem Fall nicht. Schließlich hätte er einfach einen Blick in die Verordnungen werfen können, um sich darüber zu informieren, was Quark eigentlich ist. Das Bußgeld blieb also bestehen und damit ist ein für alle Mal geklärt, dass es sich bei Quark um Käse und nicht um Milch handelt!

Wer demnächst wieder beim Pub-Quiz glänzen will, sollte sich das merken.

Oberlandesgericht Celle, Urteil vom 26.06.2017, Az. 1 Ss (OWi) 15/17

DIE POLIZEI, DEIN FREUND UND HELFER?

Tatütata! Moment, das war die Feuerwehr. Wiuwiu! An manchen Orten sind sie gefürchtet, an anderen ersehnt. Oft sind sie hoch angesehen, nicht selten werden sie kritisiert. Von den einen erfahren sie Hass, von den anderen Liebe und Dankbarkeit. Mal erledigen sie langweilige Schreibtischarbeit, mal stürzen sie sich ins unerwartete Abenteuer.

Es geht natürlich um die blauen Ordnungshüter: die Polizei. Was bringen einem Staat, Regeln und Gesetze, wenn sie nicht durchgesetzt werden? Genau dafür ist die Exekutive da. Wenn ihr in den Medien oder in diesem Buch von einem kuriosen Fall lest, dann waren die Frauen und Männer in Uniform die Ersten am Tatort. Das hat den Nachteil, dass sie sich ständig in Gefahr begeben, beleidigt und sogar angegriffen werden. Das hat aber auch einen riesigen Vorteil: Sie tun Gutes – häufig jedenfalls … Denn auch unter Polizeibeamten findet sich so manches schwarze Schaf, das in diesem Buch zumindest für Lacher sorgen darf.

Doch auch die Beamten haben oft gute Gründe, sich an den Kopf zu fassen oder einfach mal laut loszulachen. Das beweisen die folgenden kuriosen Polizeifälle. Mal sind sie skurril, mal lustig und fast immer unglaublich. Hier geht es um Pimmel, massiven Darmwind und oscarreife Ausreden. Außerdem: Kann ich mit einem echten Polizeiauto auf den Straßen mein Unwesen treiben? Ist »Du Mädchen!« eine Beleidigung? Kann ich die Ordnungshüter mit einem netten Gedicht davon überzeugen, mein »Flensburger Punktekonto« unbefleckt zu lassen? Und welche Strafe blüht mir, wenn ich einen Polizisten anfurze? Das ist der Alltag der Polizei.

§ SAG MAL »CHEESE« – GESCHICHTEN VOM BESTEN FREUND DES DEUTSCHEN: DEM AUTO

Geblendet vom Blitzlicht wird man nicht nur auf dem roten Teppich. Über vier Millionen Verstöße im Straßenverkehr gab es allein im Jahr 2021. Dabei hat das Punktesammeln in Flensburg eines mit Payback gemeinsam: Wenn man genug Punkte hat, gibt es ein Fahrrad. Doch auch wenn man mittlerweile mit den Payback-Punkten bestimmt sogar ein E-Bike einlösen kann, wollen die meisten ihre vier Räder nicht aufgeben. So müssen sich Polizisten und Richter mit – zugegebenermaßen – immer kreativeren Ausreden auseinandersetzen: Ein Handy als »wärmender Akku« gegen Ohrenschmerzen, der Gurt konnte nicht angelegt werden, weil er zu sehr auf die Nippelpiercings drückte, oder die Ausrede: »Ich habe nicht telefoniert, sondern mir mit einem Akkurasierer den Bart gestutzt und dazu Radiomusik mitgesungen.« Mal sind sie lustig, mal glaubhaft und oft sehr dumm, denn ich weiß nicht, ob es besser ist, sich auf der Autobahn den Bart zu rasieren, als zu telefonieren.

Aber wenn es einen Preis für die kuriosesten Ausreden gäbe, dann stünde eine Gruppe Verkehrssünder ganz oben: die Raser. »Das Radargerät hat nicht mein Auto gemessen, sondern den Jet über mir« oder »zu starker Rückenwind« sind Ausflüchte, die von einem Richter keine Sekunde gewürdigt werden. Auch wenn die Geschwindigkeitsüberschreitung nur passiert sei, weil man sonst den Berg nicht hochgekommen wäre, ist eine Flunkerei doch sehr wahrscheinlich.

Aber was ist, wenn ich tatsächlich einen berechtigten Grund hatte, den Bleifuß auszupacken? Mit einem solchen Flitzer musste sich das Oberlandesgericht Hamm befassen. Der Verkehrssünder hatte fast 30 km/h zu viel auf dem Tacho. Das aber nicht ohne guten Grund. So soll er nach einer Prostataoperation an starkem, schmerzhaftem Harndrang gelitten haben. Na, na, nicht so schnell, meinten die Richter. Es sei nur in Ausnahmefällen gerechtfertigt, zu rasen, um das stille Örtchen noch zu erreichen. Wenn der Mann sogar wusste, dass die Probleme auftreten, hätte er sich um Vorkehrungen kümmern müssen. Ob das Gericht jetzt eine Windel, eine leere Flasche unter dem Beifahrersitz oder eine Bettpfanne fürs Auto empfiehlt, ist nicht erwähnt worden. Jedenfalls reichte dem Gericht die Ausrede – selbst wenn sie wahr gewesen wäre – nicht, um das Bußgeld und Fahrverbot aufzuheben.

Aus klein mach groß, dachte sich ein anderer Autofahrer, der mehr als 60 km/h zu schnell war, aber diesmal unter »starkem Stuhldrang« litt. Aber auch das Amtsgericht Lüdingshausen erkannte die Notstandslage nicht an und brummte dem Mann eine saftige Geldstrafe samt Fahrverbot auf. Genügend Zeit auf dem Thron wird er bestimmt haben, um die Urteilsgründe komplett durchzulesen.

Das Oberlandesgericht Zweibrücken reagierte weitaus einfühlsamer. Bestimmt standen die Richter auch schon mal in einem Stau, bei dem die nächste Raststätte noch Kilometer entfernt war. Der Vorsitzende sagte, man müsse zwischen dem Schamgefühl des Fahrers und der Sicherheit im Straßenverkehr abwiegen. Wenn es keine andere Möglichkeit gibt, dürfe man mal etwas schneller zum nächsten Parkplatz fahren, um dort seine Notdurft zu verrichten.

Ausreden, selbst wenn sie der Wahrheit entsprechen, lohnen sich also nicht immer. Besser ist manchmal eine aufrichtige Entschuldigung. Wenn man dann auf eine Behörde stößt, die nicht zum Lachen in den Keller geht, kann sich das durchaus strafmildernd auswirken. So hat ein Mann bestimmt schon seine Gedichtanalysen aus der 7. Klasse gewälzt, während er, nach einem unfreiwilligen Foto auf der Autobahn, auf den Bußgeldbescheid wartete:

»*Ich fuhr zu schnell, welch ein Schlamassel!*
Mein Führerschein muss jetzt nach Kassel.
Für einen Monat, welche Pein,
werd' ich jetzt ohne ihn hier sein.
Die Folge, das kann jeder sehen,
muss ich auf Schusters Rappen gehen (…)«

Das schrieb er nach Hessen – und erhielt prompt Antwort:

»*Es tut mir leid und fällt mir schwer,*
doch Klagen helfen hier nichts mehr.

Ein Bußgeld hab' ich nun erteilt,
weil Sie sich haben so beeilt.«

Das Land der Dichter und Denker dichtet und denkt sich also allerhand Ausreden zusammen. Vor allem, wenn man dicht ist, muss man jedoch daran denken, das Auto einfach mal stehen zu lassen. Und denkt dran: Die Gerichte haben schon alle Ausreden gehört.

Amtsgericht Lüdinghausen, Urteil vom 17.02.2014,
Az. 9 OWi 89 Js 155/14-21/14
Oberlandesgericht Zweibrücken, Beschluss vom 19.12.1996,
Az. 1 Ss 291/96
Oberlandesgericht Hamm, Beschluss vom 10.10.2017,
Az. 4 RBs 326/17

§ MIT STINKEFINGER UND DÖNER AM BLITZER VORBEIRASEN – EINE GUTE IDEE?

Blitzerfotos sind gemeinhin selten eine lustige Sache für die Geblitzten – wohl aber manchmal für diejenigen, die sich die Fotos anschauen. Oftmals sehen sie gerade dann besonders lustig aus, wenn man nicht damit gerechnet hat, dass gleich ein rotes Licht erscheint. Lustige Bilder können aber auch dann entstehen, wenn man sich absichtlich blitzen lässt und auf den Moment vorbereitet ist. Aber wer macht das schon?

Es gibt da tatsächlich jemanden. Ein 23-jähriger Mann aus Nordrhein-Westfalen tat nämlich genau das, und das fast täglich. Bei den Fotos ließ er sich immer etwas Neues einfallen. Mal zog er Grimassen, mal zeigte er den Stinkefinger. Einmal hielt er triumphal einen Döner in die Kamera. Das Ganze war ja irgendwie ganz witzig, aber auch ziemlich gefährlich: Teilweise wurde der Raser mit fast 130 km/h in einer 70er-Zone erwischt. Ach ja, ganz vergessen zu erwähnen: Einen Führerschein hatte er natürlich nicht.

Also warum das Ganze? Auch Menschen ohne Fahrerlaubnis wissen, dass es teuer wird, wenn es blitzt. Der Mann dachte aber, er könnte sich das leisten, ohne auch nur einmal zu bezahlen – weil er den perfekten Weg gefunden hätte, um seinem Chef zu schaden. Er nahm nämlich – irrtümlich – an, dass sein Arbeitgeber für die Knöllchen aufkommen müsse und nicht er selbst. Und, noch viel wichtiger, er dachte, nicht identifiziert werden zu können. Den Wagen hatte eine Firma von einer Autovermietung als Dienstwagen geleast – und besagte Firma hatte zwischenzeitlich ihre Geschäftstätigkeit eingestellt. Da also kein Ansprechpartner mehr vorhanden war, meinte der junge Mann, weiterhin ungestört Ordnungswidrigkeiten begehen zu können.

Leider machte er die Rechnung jedoch ohne den Wirt. Logischerweise war er der Behörde schon längst aufgefallen, weshalb sie nach seinem Wagen Ausschau hielt. Und siehe da, eines Tages entdeckte eine Mitarbeiterin das Auto auf der Straße. Da hatte es sich für den Mann dann ganz schnell ausgeblitzt. Immerhin war der Unruhestifter kooperativ und gestand die Taten sowie seine Absicht, seinen Chef in die Pfanne zu hauen. Dann kam für den jungen Mann ein weiterer Plottwist: Für die Knöllchen muss nämlich der Fahrer des Wagens und nicht der Halter zahlen. Das war dann wohl ein Schuss in den Ofen … Autsch!

§ MEIN KÖRPER BRAU(CH)T ALKOHOL

»Mein Körper braucht Alkohol« ist eine Ausrede, die traurigerweise von Polizisten oft gehört wird und sogar den Tatsachen entsprechen kann. Schließlich kann sich der Körper eines Alkoholkranken so sehr an die Droge gewöhnen, dass er ohne Alkohol schlechter funktioniert. In dem Fall sollte man das Auto erst recht stehen lassen, so die Empfehlung der Ordnungshüter.

»Mein Körper braut Alkohol« ist eine Ausrede, die Polizisten hingegen noch nicht so häufig gehört haben. Wie bitte? Der Körper als Bierbrauerei? Diese Ausrede ist doch wirklich der Gipfel der Dreistigkeit – oder?

Eine Frau in New York geriet in eine Polizeikontrolle, weil ihr Reifen einen Platten hatte und sie die letzten Meter noch auf drei

Reifen nach Hause fahren wollte. Bei der routinemäßigen Alkohol-kontrolle hatte sie dann einen vier Mal höheren Wert, als das dortige Recht erlaubte. Mehr als verdutzt behauptete die Frau, sie habe zwar Alkohol getrunken, aber nur in geringen Mengen, und das sei auch schon mehr als sechs Stunden her. Die Ausrede ließen die Polizisten nicht gelten, schließlich stand die Promillezahl klipp und klar auf dem Gerät. Damit kann sich das Gericht dann rumschlagen, dachten sie wahrscheinlich.

Die Frau fühlte sich ungerecht behandelt und stellte Nachfor-schungen an, und tatsächlich: Sie leidet an einer seltenen Krank-heit, die eigentlich ein gefundenes Fressen für jeden Temposünder ist – dem »Eigenbrauer-Syndrom«. Wenn man sich komplett falsch ernährt oder Antibiotika einnimmt, kann in sehr seltenen Fällen die Darmflora so gestört werden, dass Hefepilze sich vermehren. Dann setzt eine alkoholische Gärung ein. Der Körper ist sozusagen seine eigene Brauerei. Und besoffen wird man dann nicht nur durch Bier, sondern auch durch Pizza, Pommes und Nudeln.

Nur knapp 20 bestätigte Fälle soll es bisher davon gegeben haben. Oftmals unentdeckt werden die von der Krankheit Betroffenen als Lügner und Alkoholkranke abgestempelt. So wurde auch ein Mann 2011 mit über 2 Promille ins Krankenhaus gebracht, obwohl er felsen-fest versicherte, keinen Schluck getrunken zu haben. Bei ihm wurde Alkoholsucht in Verbindung mit psychischer Krankheit diagnostiziert. Nachdem die Antidepressiva keine Wirkung zeigten und versteckter Alkohol im Zimmer ausgeschlossen wurde, folgte auch bei ihm die Diagnose: Sein Körper braucht keinen Alkohol, um betrunken zu sein.

Mit dem medizinischen Befund erschien die New Yorkerin schließ-lich vor dem Richter – und dem blieb nichts anderes übrig, als die An-klage fallen zu lassen. Bis zur Heilung der Krankheit darf die Frau nun trotzdem kein Auto fahren, außer sie misst vorher ihre Promille. Aber selbst dann muss sie sich auf skeptische Polizisten einstellen, wenn sie sagt: »Mein Körper braut Alkohol.«

Bevor jetzt Nachahmer den Freifahrtschein für ihre Alkoholeska-paden sehen: Ohne amtsärztliches Attest kommt ihr nicht weit. Und die Ärzte lassen sich sicherlich keinen Bären aufbinden.

§ POLIZEI WILL 2331 EURO FÜR KENNZEICHEN

Ein Kennzeichen kann man schon ab 10 Euro käuflich erwerben – wenn man persönliche Wünsche wie DU:MM 0815 oder SE:XY 69 hat, kostet es schon ein bisschen mehr. Doch in diesem Fall sollte ein Mann über 2000 Euro für sein Nummernschild zahlen. Wie konnte das sein? Was ergibt 333 multipliziert mit 7? Keine Sorge, wir machen hier keinen Matheunterricht.

Diese Rechnung ist für diesen Fall aber relevant. 7 Euro kostet es nämlich pro Tag, wenn das eigene Kennzeichen bei der Polizei verwahrt wird. Passiert das 333 Tage lang, kann es teuer werden. 2331 Euro verlangte die Polizei von einem Autofahrer dafür, dass sein Kennzeichen knapp elf Monate lang aufgehoben wurde.

Das Nummernschild hatten die Beamten Anfang 2021 einkassiert, weil der Fahrer die EU-Kennung abgeklebt hatte und keine Stempelplakette vorhanden war (das ist vor allem in der Tuning-Szene verbreitet). Das Originalkennzeichen führte er jedoch immer im Fahrzeug mit sich. Als er von den Polizisten aufgefordert wurde, dieses zu montieren, erklärte der Mann nur: »Das kann ich zwar tun, aber nach der Kontrolle kommt wieder das nicht Gestempelte dran.« Das Vorhaben ging den Beamten gehörig gegen den Strich, und zack, war das abgeklebte Kennzeichen sichergestellt.

Im Dezember 2021 flatterte dann der besagte Brief ins Haus des völlig überraschten Mannes. Die Begründung: Er sei schon vorher aufgefordert worden, einer Entsorgung des Nummernschildes zuzustimmen, und habe nicht reagiert. Jetzt wolle die Polizei Nägel mit Köpfen machen und das Schild endgültig loswerden.

Wahrscheinlich hatte der Empfänger der Forderung ein großes Fragezeichen über der Stirn, als er den Brief empfing. Er gab an, geglaubt zu haben, dass das Kennzeichen schon längst vernichtet worden sei. Außerdem gab er an, nie einen Brief mit einer Warnung erhalten zu haben.

Der Mann klagte gegen das Land Rheinland-Pfalz und bekam recht. Der Gebührenbescheid wurde aufgehoben, er sei nämlich schlicht unverhältnismäßig. Das Land müsse in Fällen wie diesem verhindern, dass geringwertige Sachen, an denen erkennbar niemand ein »ideelles Interesse« habe, derart lange aufbewahrt werden. Im Falle eines Kennzeichens wäre eine Verwahrung von maximal zwei Wochen völlig ausreichend gewesen – 333 Tage seien bei Weitem zu viel. Der Fall konnte also wieder zu den Akten gelegt werden.

Und was wurde aus dem fast teuersten Nummernschild der deutschen Geschichte? Nun, wahrscheinlich wurde es jetzt endgültig den ewigen Altmetallgründen zugeführt. Immerhin musste der Autobesitzer dafür nicht blechen.

Verwaltungsgericht Trier, Urteil vom 27.07.2022,
Az. 8 K 10881/16. TR

§ ACHTUNG, POZILEI! ÜBER AUTOTUNING, KARNEVAL UND ABGESCHRECKTE EINBRECHER

Was wollt ihr später mal werden? Neben Pilotin, Feuerwehr, Tierarzt, Fußballer, Astronautin oder mittlerweile Influencerin steht seit Jahrzehnten ein Berufswunsch ganz oben: der Gesetzeshüter. Die Männer und Frauen, die inzwischen blaue statt grüne Uniform tragen, genießen in Deutschland ein hohes Ansehen. Der Traum von der Uniform kommt aber nicht für jeden infrage. Neben gesundheitlichen Anforderungen gibt es zahlreiche Ausschlussgründe, die eine Dienstlaufbahn verhindern können. Jedes Bundesland bestimmt die Voraussetzungen eigenständig. Dabei kann man schnell durch das Raster fallen. Zu klein, zu dick, zu dünn, Asthma, Allergien, schlechte Augen und sogar ungesunde Zähne – das alles können Gründe sein, die polizeiärztliche Untersuchung nicht zu bestehen. Und dann stehen noch zahlreiche Eignungstests an, gefolgt von einer zweijährigen Ausbildung. Das kann so manchen »Law-&-Order«-Fan so stark abschrecken, dass letztlich Golfballtaucherin oder Foodstylist (ja, diese Berufe gibt es wirklich) auf dem Lebenslauf stehen. Doch die »Midlife-Crisis« kommt bestimmt. Anders kann man sich die Begegnungen nicht erklären, wenn echte Polizisten auf Hochstapler treffen.

Die Polizei-Uniform:
Fasching steht vor der Tür und mal wieder keine Kostümidee? Kann ich mir die Uniform meines Polizeifreundes ausleihen und am 11.11. Polizist spielen?

Halt, Stopp! Vorsicht vor den echten Beamten. Die könnten euch dann nämlich in echt mit Handschellen in Berührung bringen – nur anders, als ihr euch das vorgestellt hattet. Zwar dürft ihr euch an Fasching als Polizist verkleiden, ihr dürft euch aber nicht als Polizist ausgeben. Es muss immer für einen Außenstehenden klipp und klar sein, dass ihr kein echter Polizist seid.

Dass dabei nicht unbedingt Karneval sein muss, lernte ein Mann aus Ostwestfalen. Er trug eine dunkelblaue Hose und eine Jacke mit silbernen Reflektorstreifen. Darauf stand groß die Aufschrift »Pozilei«. Nun, allein dies kann sogar noch in Ordnung gehen. Jedoch nahm er seine Rolle zu ernst und verwarnte die Fahrweise der Verkehrsteilnehmer auf seinen regelmäßigen Pedelec-Touren. Aufgrund seiner Handlungen war laut Gericht die Verwechslungsgefahr mit einem echten Fahrrad-Polizisten zu hoch, und er musste 1650 Euro wegen Missbrauchs von Titeln und Berufsbezeichnungen gem. § 132a StGB zahlen. Der Amtsanmaßung hat er sich nur deshalb nicht strafbar gemacht, weil er sich nicht ausdrücklich verbal als Polizeibeamter ausgab.

Das (Pozilei-)Auto-Tuning:
Nur weil ich kein echter Polizist bin, heißt es doch nicht, dass ich nicht in einem echten Polizeiauto fahren darf, oder doch? Zumindest meinen alten Fiat kann ich doch etwas »aufpeppen«. Verwunderlicherweise gibt es tatsächlich gebrauchte Behördenfahrzeuge zu ersteigern. Perfekt! Dann stehe ich morgens nie wieder im Stau, einfach das Martinshorn an und Abfahrt.

Moment, nicht so schnell! Erstens wissen wir alle, wie gut das mit der Rettungsgasse in Deutschland funktioniert, und zweitens gibt es da einige Gesetze, die etwas gegen eure Vorhaben einzuwenden haben. Nach § 19 Straßenverkehrs-Zulassungs-Ordnung erlischt mit dem Ausscheiden aus der Behörde auch die Betriebserlaubnis! Das heißt, ihr müsst das Fahrzeug neu zulassen. Dabei gibt es aber einige Hürden:

§ 52 der StVZO gestattet nur besonderen Einsatzfahrzeugen, wie eben von Polizei, Feuerwehr und Co., das blaue Blinklicht. Nur weil ihr in einem ehemaligen Polizeiauto sitzt, ist eure Fahrt zum Bäcker, um euch ein Schokohörnchen zu kaufen, noch lange kein Einsatz. Auch wenn der Magen schon grummelt!

Was weiterhin den Behördenfahrzeugen vorbehalten ist, sind reflektierende Folien. Das schreibt sogar das EU-Recht vor. Eine Ausnahme sieht die Regelung jedoch vor: 3,5-Tonner dürfen zu Sicherheitszwecken auch an bestimmten Stellen die rückstrahlende Folie anbringen. Da besteht immerhin auch keine Verwechslungsgefahr – ich habe zumindest noch keinen LKW der Polizei auf der Straße gesehen. Das wäre auch sehr untauglich – der verliert jedes Verfolgungsrennen gegen einen Smart!

Halten wir also fest: Blaulicht und reflektierende Folie, also alles Blinkende ist verboten. Sofern ihr die Stellen jedoch abklebt oder nicht funktionstaugliche Blaulichter montiert, kann dies im Einzelfall sogar erlaubt sein. Das kommt ganz auf die Behörde an, bei der ihr die Zulassung bestätigen müsst.

Übrigens: In einem echten Polizeiauto zu fahren, ist nicht verboten – ihr müsst aber erst einmal einen Polizisten finden, der euch das erlaubt. Na gut, aber von Weitem sieht man ein ausgeschaltetes Martinshorn sowieso nicht, und genügend Licht, um von der Folie zu reflektieren, gibt es auch nicht immer. Ist es möglich, wenigstens die blaue Lackierung und den »Polizei-Schriftzug« beizubehalten? Teils, teils. Gegen die blaue Polizeilackierung kann keiner etwas sagen. Schließlich gibt es keinen rechtlichen Schutz darauf, einen blauen Streifen am Auto zu tragen. Was jedoch nicht geht, ist der offizielle Polizei-Schriftzug.

Zwar verbietet kein spezielles Gesetz das Unterfangen, aber der Begriff »Polizei« als solches ist durch das Namensrecht geschützt. Er steht für die dahinterstehende Behörde. Das entschied das Oberlandesgericht Hamm, zwar in einem Verfahren zur Nutzung einer Internetdomain, das sollte aber auf den Autoschriftzug übertragbar sein.

Strafbar könnt ihr euch deswegen nicht machen, aber mit einer Unterlassungsklage ist zu rechnen. Ihr könnt also nur so lange Polizei spielen, bis euch die echte Polizei erwischt.

Was euch jedoch keiner verbieten kann, ist ein ähnlicher Schriftzug wie etwa »Pozilei«. Das nutzen natürlich einige Nachahmer in täuschend echten Polizeifarben sofort aus: Die grüne »Polente« auf einer Ente, der Brauereischriftzug eines Bierbrauers oder der »Malerei«-Aufdruck eines Malereibetriebs. Wie ihr seht, sind den Wortspielen keine Grenzen gesetzt. Es kann euch auch niemand davon abhalten, ein originales amerikanisches *police car* nach Deutschland zu schippern und auf den öffentlichen Straßen zu fahren. Nur über eines dürft ihr euch in eurem täuschend echten »Pozilei«-Auto nicht wundern: Bei einer Verkehrskontrolle seid ihr die Ersten, die von der echten Polizei aus dem Verkehr gezogen werden, um zu überprüfen, ob ihr alle Vorschriften eingehalten habt.

Der Einbrecherschreck:
Welch eine Abschreckungswirkung Polizeiautos haben, weiß jeder. Schnell wird kleinlich darauf geachtet, keinen Stundenkilometer in der 30er-Zone zu schnell zu fahren. Bei der Ampel wird ausnahmsweise wirklich bei Gelb gehalten und nicht bei »Kirschgrün« drübergefahren. Die Vorfahrt überlässt man gern dem Entgegenkommenden, und die Blinker funktionieren tatsächlich auch. Wahrscheinlich wäre es gar nicht so schlecht, wenn ein paar mehr Nachahmer auf den Straßen wären, sodass die Leute sich an das hielten, was man bei der Prüfung für den Lappen gelernt hat.

Diese Abschreckungswirkung nutzte ein Berliner Unternehmer für sich aus. Und er konnte sich nach einem *Galileo*-Beitrag kaum vor Anfragen retten. Normalerweise vermietete er Polizeiautos für Filmdrehs, bis er auf eine neue Geschäftsidee kam. Für 29 Euro pro Tag kann man die Polizeiwagen-Placebos nun mieten. Diese sollen Einbrecher abschrecken, wenn man zum Beispiel im Urlaub ist. Aber Moment mal, wir haben doch gerade gelernt, dass man mit echten Polizeiautos eben nicht am Verkehr teilnehmen darf. Fahrzeuge ohne Polizei-Aufschrift und Sirene haben doch kaum Abschreckungswirkung. Genau deswegen demontiert der Autovermieter das Blaulicht und klebt den Schriftzug unkenntlich ab. Am Leistungsort montiert er die Legitimationszeichen dann wieder dran. Auf privaten Grundstücken ist zumindest das

Abstellen eines echten Polizeiautos erlaubt. So treffen mögliche Gauner im Innenhof auf ein waschechtes Polizeiauto und machen schnell wieder die Biege – so zumindest die Theorie, wenn sie noch nicht von der Geschäftsidee Wind bekommen haben.

Nachahmer der Staatsgewalt finden sich also überall; ob getunte Autos, Kostüme beim Karneval oder einfach als Abschreckung während des Urlaubs. Zwar kann dies straflos sein, für eine reibungslose Durchführung muss man aber fast so viele Gesetze kennen wie ein echter Polizist. Ob sich das Polizei-Spiel überhaupt noch lohnt oder man nicht mit einem Karrierewechsel einfacher fährt? Das soll jeder selbst entscheiden.

Wer aber nach diesem Kapitel entscheidet, dass die blaue Uniform höchstens an Karneval attraktiv ist, für den habe ich großes Verständnis. Wenn es nur bei Beleidigungen wie in dem nächsten Fall bleiben würde …

§ VON POLIZISTEN, MÄDCHEN UND BULLEN

Den Ausruf »Du Mädchen!« haben die meisten – wenn überhaupt – zuletzt im Kindergarten gehört. Höchstens pubertierenden Jugendlichen könnte man noch Verständnis entgegenbringen, »Mädchen« als Beleidigung zu benutzen. Dennoch wurde einem Polizeibeamten aus Düsseldorf dieser Begriff beleidigend an den Kopf geworfen. Im Dienst hielt er zum Zwecke der Verkehrskontrolle ein Auto samt Ehepaar an. Nachdem er den männlichen Fahrer auf seinen scharfen Bremsvorgang hingewiesen hatte, soll die Beifahrerin ihres Mannes laut »Du Mädchen!« gerufen haben. Der Polizist war der Frau vielleicht nicht »hart« genug für den Großstadtdschungel Düsseldorf.

Wer hier jedoch hart und durchsetzungsfähig war? Wohl eher der Beamte mit einem kurzen Draht zur Strafverfolgung. Getreu dem Motto »Anzeige ist raus« kam es recht bald zu einem Strafprozess vor dem Amtsgericht Düsseldorf.

Ähnlich einem Streitschlichter in der Schule musste der Richter nun entscheiden, was die Frau wirklich gesagt hatte, ob die Aussage der Frau als Beleidigung gilt und, wenn ja, wie schwerwiegend diese ist.

Wie man aber in der Streitschlichter AG lernt, muss man immer zuerst beide Seiten anhören. Die Ehefrau stritt natürlich alles ab, sie habe nur »'n Märchen« gesagt. Laut den drei Polizisten war es aber die Frau, die nun anfing, sich Märchen auszudenken.

Doch nun zum Highlight: Bei der Bewertung, ob die Frau wirklich »Märchen« gesagt hatte oder nur Märchen erzählte, kam ihr Ehemann im Zeugenstand zu Hilfe. Heroisch und energiegeladen verteidigte er seine Frau mit den Worten: »Sie würde so etwas nie zu einem Bullen sagen!«

Tja, nun ist es so, dass die Bezeichnung »Bulle« für einen Polizeibeamten früher schon häufiger als Beleidigung gewertet wurde. Zumindest, wenn es nicht als umgangssprachliches Synonym für Polizist, sondern gezielt als Ehrenkränkung gemeint ist. Hier dürfte der Mann noch einmal mit einem blauen Auge davongekommen sein, denn ganz offensichtlich meinte er dies ja wertschätzend.

Doch ob die Aussage seiner Frau wohl geholfen hat oder vielleicht eher nicht, könnt ihr gern selbst bewerten. Meines Erachtens erfreut sich die Redewendung »Das Gegenteil von gut ist nicht schlecht, sondern gut gemeint« eines neuen Beispiels. Das Ehepaar sollte vielleicht einmal grundlegend seine Einstellung zur Obrigkeit überdenken.

Und wie hat wohl das Gericht entschieden? Tja, zum einen glaubte es der Frau die Märchengeschichte vom Märchen nicht. Und zum anderen befand es, dass die Aussage »Du Mädchen!« zumindest in diesem Kontext als Beleidigung zu werten war, weil sie gezielt dazu gedient habe, den Polizisten in seiner persönlichen Ehre herabzusetzen. Die Frau wurde also zu einer Geldstrafe von insgesamt 200 Euro verurteilt.

Und die Moral von der Geschicht'? Trau deinem losen Mundwerk nicht!

§ #PIMMELGATE – HAUSDURCHSUCHUNG WEGEN »PIMMEL«-TWEET

Die Moral der letzten Geschichte ist auch hier relevant: Dieser Kommentar eines Hamburger Twitter-Nutzers sorgte im Juni 2020 für einige Aufregung. Sein Inhalt kurz, knapp, pointiert: »Du bist so 1 Pimmel.«

Ziel des Postings war der Hamburger Innensenator Andy Grote (SPD), der sich in einem seinerseitigen Tweet über das Partytreiben im Hamburger Schanzenviertel empört hatte. Grundsätzlich war das zwar durchaus berechtigt inmitten der Corona-Pandemie, nur hatte er selbst zuvor gegen geltende Corona-Auflagen verstoßen, indem er anlässlich seiner Wiederernennung als Senator 30 Personen in eine Bar in Hamburg eingeladen hatte. Für ein saftiges Bußgeld in Höhe von 1000 Euro! Jetzt aber Feiernde auf der Schanze wegen Verstoßes gegen Corona-Regeln als »dämlich« und »ignorant« zu bezeichnen, macht die Empörung des Twitterers angesichts der Scheinheiligkeit des Innensenators irgendwie nachvollziehbar.

Nun ist das Internet kein rechtsfreier Raum, und in der Tat sollte es das auch nicht sein. Dennoch kurios, dass es gerade dieser Kommentar war, der eine Strafanzeige nach sich zog. Drei Monate später standen sechs Polizisten vor einer Tür im Stadtteil St. Pauli, um sich des Smartphones des Kommentarschreibers zu bemächtigen – des Corpus Delicti, mit dem eine Beleidigung begangen worden sei.

Die beweissichernden Beamten übersahen allerdings, dass der Verfasser des Tweets inzwischen schon nicht mehr in der Wohnung lebte. Stattdessen öffnete die Ex-Freundin des Gesuchten die Tür und war nicht schlecht überrascht, als man dennoch die gesamte Wohnung auf den Kopf stellte und einige elektronische Geräte sicherstellte.

Ein Shitstorm brach herein, der sich in großen Lettern »Verhältnismäßigkeit« auf die Fahnen geschrieben hatte. Wie sieht es aus mit der rechtlichen Lage um die Suche nach dem Pimmel-Handy? Diese Frage besteht tatsächlich aus zwei Teilen: Ist der Tweet überhaupt eine Beleidigung nach dem Strafgesetzbuch? Und war die Durchsuchung angebracht?

Für eine Beleidigung nach § 185 StGB reicht nicht jede negative Äußerung gegenüber einer Person. Laut den Juristen muss sie so stark sein, dass sie die persönliche Ehre oder das Ansehen der Person verletzen oder herabsetzen kann. In einer Zeit der »Ehrenmänner bzw. -frauen« ist der Ehrbegriff unklarer denn je. Zur Abgrenzung von bloßen Taktlosigkeiten muss man sich die Aussage deshalb im Einzelfall ansehen – besonders wichtig ist der Kontext der Aussage. Personen des öffentlichen Lebens müssen etwa nach der Ansicht mancher Gerichte einiges einstecken und insgesamt mit mehr Kritik umgehen können als Privatpersonen. Das gilt auch, wenn die Kritik etwas polemischer oder geschmackloser ausfällt, als man sich wünschen würde. Dennoch, Fäkalbegriffe und Schimpfwörter wie »Fotze« oder »Arschloch« sind in einem entsprechenden Kontext meist beleidigend, auch wenn der Beleidigende einen vermeintlich guten Grund hat. Andersherum können auch harmlose Begriffe eine Beleidigung sein, wenn offensichtlich ist, dass sie beleidigend gemeint sind. (Etwa »Du Jude!« gegenüber einem unliebsamen Klassenkameraden.)

Bei »Du bist so 1 Pimmel« muss man vor diesem Hintergrund also vielleicht zweimal hinsehen. Einerseits ist »Pimmel« ein umgangssprachliches Wort für das männliche Geschlechtsteil und könnte sich so durchaus in die Riege der oben genannten Begriffe einreihen. Andererseits ist die gesamte Aussage eher in einem flapsigen Stil gehalten, der in den Social Media üblich ist. Gerade das Ersetzen des »ein« durch »1« (gesprochen: »eins«) spielt hier durchaus eine Rolle, denn diese Art der Formulierung ist längst ein Internet-Meme und findet seine Wurzel in einer vom österreichischen Rapper Money Boy geprägten Kunstsprache. Letztere wird auf sozialen Plattformen eindeutig selbstironisch verwendet und hat in den meisten Fällen eine scherzhafte Konnotation. Es wäre also durchaus vertretbar, dass der Tweet zwar gegen Grote gerichtet war und diesen auch ein wenig angreifen wollte, die Schwelle zwischen Taktlosigkeit und Ehrverletzung allerdings nicht überschreitet.

Wie ein Strafgericht die Pimmel-Aussage gewertet hätte, werden wir nie erfahren. Denn das Verfahren wurde wegen »mangelnden öffentlichen Interesses an der Verfolgung« eingestellt. In einem anderen Verfahren vor dem Landgericht Hamburg jedoch, in dem es um die anschließende Hausdurchsuchung ging, schrieb das Gericht vage: Die Schwere der Beleidigung sei angesichts Grotes Verhaltens eher am unteren Rand der Erheblichkeitsschwelle einzustufen.

Doch auch wenn »1 Pimmel« als eine (harmlose) Beleidigung zu werten ist, wäre die Hausdurchsuchung nicht automatisch rechtmäßig gewesen. Sie dient der Beweissicherung im Ermittlungsverfahren. In der Tat braucht es erst einmal nur einen Tatverdacht, um einen entsprechenden Durchsuchungsbeschluss anzuordnen. Der lag nach der Ansicht der Staatsanwaltschaft vor. Das ist aber nicht alles. In einem Rechtsstaat muss staatliches Handeln immer auch das Gebot der Verhältnismäßigkeit beachten. Das heißt, der Zweck einer staatlichen Handlung (hier: das Sicherstellen des Handys) darf mit den eingesetzten Mitteln (hier: Durchsuchung der gesamten Wohnung einer unbeteiligten Person) nicht außer Verhältnis stehen. Und an diesem Punkt hatten die Öffentlichkeit und inzwischen auch das Landgericht Hamburg kein Verständnis: So entschied das Gericht, dass die Durchsuchung der Wohnung in St. Pauli unverhältnismäßig war.

Von dem Ergebnis haben allerdings weder der Verfasser noch die Ex-Freundin wirklich viel. Eine pauschale Entschädigung abseits vom Ersatz schon entstandener Schäden – etwa wegen des Stresses durch die Strafverfolgung – sieht das Gesetz nicht vor.

Doch auch Andy Grote dürfte über die ganze Angelegenheit wenig lachen, denn er kann den Begriff »Pimmel« wohl schwerlich von seinem öffentlichen Image wischen. Er ist Opfer des »Streisand-Effekts« geworden: des nach Barbra Streisand benannten Phänomens, wenn der Versuch, eine unliebsame Information zu unterdrücken, das Gegenteil erreicht und so viel öffentliche Aufmerksamkeit erzeugt, dass niemand jemals mehr die Angelegenheit vergessen wird. Dass dies nicht geschieht, dafür sorgen bis heute entsprechende Sticker, Plakate und Graffiti, die Hamburgs Innenstadt zieren. Oder dass #Pimmelgate immer wieder bei Twitter trendet.

Landgericht Hamburg, Beschluss vom 26.07.2022, Az. 631 Qs 17/22

§ MIT NATÜRLICHEM GIFTGAS GEGEN POLIZISTEN: DIE PUPS-RECHTSPRECHUNG

Was man besonders in der Corona-Zeit gelernt hat: Riecht man den Furz, ist der Abstand zu kurz. Ob peinlich oder nicht, jeder muss mal pupsen. Es ist aber wie oft nicht eine Frage des Ob, sondern des Wie. Wer also unbedingt Dampf ablassen muss, sollte das der körpereigenen

Funktion wegen tun und nicht, um damit seine Wut rauszulassen. Aber was passiert, wenn ich das trotzdem mache und einen Polizisten anfurze? Würde das für ein strafrechtliches Echo sorgen, oder wäre die Androhung einer Bestrafung nur heiße Luft?

Verwunderlicherweise gibt es mehr Sesselfurzer in freier Wildbahn, als man glauben mag.

Der Wiener Walzer:
Keine Darmflaute, sondern einen Darmwind hatte ein Mann aus Wien. Zwecks Identitätsfeststellung wurde der Mann, der gerade auf einer Parkbank saß, von zwei Polizisten angesprochen. Statt seinen Hintern anzuheben, um den Geldbeutel mit den Papieren zu holen, hob er seinen Hintern an, um mächtig einen abzuknattern. Er lachte, seine Freunde auf der Parkbank lachten, und die Polizisten ... Die lachten nicht, was ein Wunder. 100 Euro Geldstrafe für die »Verletzung des öffentlichen Anstands« lautete die Strafe im Nachbarland.

Der Friedrichshainer Furzer:
Wieder bei einer Personenkontrolle, diesmal in einem Auto, konnte ein Berliner nicht anders, als seinem Unmut freien Lauf zu lassen. Nicht nur flatterte seine Muffe, sondern sie sauste danach auch, als er merkte, dass seine Flatulenzen wohl nicht wegignoriert wurden. Die Folge: ein Strafbefehl über 900 Euro. Die Beleidigung nach § 185 StGB soll neben dem Gestank in der Luft gestanden haben. Der Mann legte Einspruch dagegen ein. Die Story schaffte es schnell in die Schlagzeilen, sodass er von einer Soligruppe, die den Namen »Viel heißer Wind um nichts« trug, unterstützt wurde. Als es zu dem Gerichtstermin kam, war der Ansturm, das Spektakel live zu sehen, groß. In nur wenigen Minuten wurde der Prozess aber eingestellt. Eine große Show gab es für die Schaulustigen also nicht.

Der Leipziger Leibwind:
Auch in Leipzig ist die »Beleidigung von Polizeibeamten durch gezieltes in deren Richtung Flatulieren« kein Fremdwort. Neben dem Mittelfinger sollen nämlich auch wieder die berühmt-berüchtigten Darmwinde

zur Ehrabsetzung benutzt worden sein. Allerdings wurde auch hier das Verfahren eingestellt.

Flatulenzen am Frankfurter Flughafen:
Nicht nur auf der Straße muss man als Beamter Angst vor Verdauungsproblemen haben, nein, auch am Flughafen. Bei einer Zollkontrolle soll die unverzollte Luxusuhr eines ehemaligen japanischen Nationalspielers beschlagnahmt worden sein. Neben wüsten Beleidigungen sollen auch absichtliche »Giftgasangriffe« in Form von Fürzen in die Amtsstube der Zollbeamten entwichen sein. Dafür sollen ihm 250 Euro Strafe aufgebrummt worden sein.

Der Steiermarker »Schas«:
Eine Gefährdung der Sicherheit des Landes und ein Verstoß gegen das Landessicherheitsgesetz, das wird einem Österreicher aus Steiermark vorgeworfen. Was sich sehr bedrohlich anhört, ist auch wieder nur viel heiße Luft. 50 Euro soll er zahlen – oder wahlweise einen Tag ins Gefängnis gehen, weil er gegen den umstrittenen Anstandsparagrafen verstoßen hat. Auch wenn die Knastgespräche unter den Mithäftlingen bestimmt amüsant wären – A: »Weswegen bist du im Knast? Mord? Banküberfall?«, B: »Nein, weil ich gefurzt hab« –, entschied sich der Mann für die 50 Euro Strafe.

Für ein Echo ihresgleichen haben die Fürze wohl nicht gesorgt, nur heiße Luft waren sie jedoch auch nicht. Man kann also nicht nur bestraft werden, wenn man mit dem Mund beleidigt. Auch nonverbale Körperfunktionen können – wie wir in den Fällen gesehen haben – nicht nur den Bauch, sondern auch den Geldbeutel entleeren. Das Motto »Alles raus, was keine Miete zahlt« sollte nicht in jeder Situation gelten. Also aufgepasst! Erbsen, Bohnen und Linsen können in Zukunft ein teurer Spaß werden, und damit sind nicht die steigenden Supermarktpreise gemeint. Da ist nämlich »Tränengas natural« vorprogrammiert.

§ 500 KILOGRAMM BESCHLAGNAHMTES CANNABIS VERSCHWUNDEN – POLIZIST: »DAS WAREN DIE MÄUSE!«

Diese Geschichte ist doch zum Mäusemelken! In Argentinien wurden 6000 Kilogramm Cannabis von der Polizei beschlagnahmt. Eines Tages fiel dann auf, dass 540 Kilo davon fehlten. Plötzlich war die Polizei in der Hauptstadt Buenos Aires in Erklärungsnot.

Was wohl dabei rauskommt, wenn Beamte schnell eine Erklärung für verschwundene Drogen brauchen? In diesem Fall wurden die Polizisten kreativ. Ein Schuldiger, in diesem Fall mehrere Schuldige, wurde schnell gefunden: Mäuse! Ja, kleine Nagetiere sollten für das Abhandenkommen des »Stoffs« verantwortlich sein. Dass eine solch erhebliche Menge von den Mäusen verschlungen wurde, ließ sich schließlich mit dem Sprichwort »Beißt die Maus einmal am Käse, so kommt sie wieder« erklären.

Irgendwie unglaubwürdig, dachte sich der neue Polizeichef. Also beauftragte er die Universität Buenos Aires mit einem Gutachten. Die Akademiker kamen dann relativ schnell zu einem Ergebnis: Es sei fast ausgeschlossen, dass die Nager für das mysteriöse Verschwinden zuständig seien. Zum einen würden sie das Gras nicht als Nahrung in Erwägung ziehen. Zum anderen wäre das auch tödlich für die Tiere ausgegangen. Es hätten viele tote Mäuse in der Asservatenkammer gefunden werden müssen, was aber nicht der Fall war.

Also gab es zwei Optionen: Entweder war die Studie der Universität Quatsch und Cannabis in hohen Mengen bringt die Nagetiere nicht um, sondern transformiert sie zu Supermäusen, die erst Gras verzehren und sich dann unbemerkt aus dem Staub machen können (tatsächlich kann Cannabis die Hirnleistung alter Mäuse verbessern). Oder aber einige der Ordnungshüter hatten doch mehr mit den fehlenden Drogen zu tun, als sie zugeben wollten. Option eins schien nach wahrscheinlich kurzer Abwägung doch zu abenteuerlich.

»Aus die Maus«, hieß es also für die acht in der Asservatenkammer beschäftigten Polizisten. Sie wurden entlassen und mussten sich vor Gericht verantworten.

VON GEWITZTEN BETRÜGERN, ABZOCKERN – UND DENEN, DIE DARAUF REINFALLEN ...

Der Enkeltrick, Phishing-Mails, Love-Scamming – Kleinbetrüger lauern hinter jeder Ecke. Doch die Betrüger und Abzocker im Folgenden sind nicht nur Kleinkriminelle – und die, die auf sie reinfallen, nicht nur die geliebte Omi oder der Opi von nebenan. Schachgroßmeister, Hellseher, Schwerverbrecher und sogar die AfD. Doch auf welcher Seite stehen sie jeweils? Und wem würdet ihr am ehesten vibrierende Analperlen zuordnen?

Warum etikettiert ein Mann, der über 20 000 Euro im Monat verdient, Kalbsleber als günstigeres Obst um? Kann ich in einem Bordell mit selbst gedrucktem Geld zahlen? (Spoiler: Nein!) Wie viele Jahre dauerte die wohl längste Glückssträhne beim Fahren ohne Führerschein?

Eines kann ich vorwegnehmen: Die Strafen der Richter sind anders als die Preise bei eBay-Kleinanzeigen wirklich nicht verhandelbar. Stellt euch ein auf Lug, Trug und kreative Hochstapler.

§ MIT VIBRIERENDEN ANALKUGELN ZUM SCHACHBETRUG?

Das Spiel der Könige hat seit Corona-Beginn einen regelrechten Boom erlebt. Gelangweilt saßen die Leute zu Hause und zogen Figuren, die fast jeder aus der Kindheit kennt. Die gängigsten Onlineseiten verzeichneten höchste Nutzerzahlen, berühmte YouTube- und Twitch-Stars wurden durch Schachgroßmeister »gecoacht« und traten gegeneinander an. *Das Damengambit* auf Netflix erreichte Rekordklicks, und nun das. Wohl einer der größten Schachskandale in dem über 1500 Jahre alten Spiel breitet sich aus. Diese Schachstory geht jetzt schon in die »An(n)alen« der Geschichte ein. Selbst diejenigen, die Bauern nur vom Acker und Königinnen nur aus Großbritannien kennen, haben wahrscheinlich davon gehört: Hans Niemann, Magnus Carlsen und die vibrierenden Analkugeln.

Magnus Carlsen ist aktueller Weltmeister und wird als der beste Spieler bezeichnet, der jemals überhaupt am Schachbrett saß. Er ist so gut, dass er 2023 seinen Schachtitel nicht mehr verteidigen will – wahrscheinlich, weil ihn das Gewinnen mittlerweile langweilt. Deshalb erschütterte auch eine Niederlage die ganze Schachwelt: Hans Niemann, ein 19-jähriger frischer Großmeister schlägt Carlsen, der vorher 53 Spiele lang ungeschlagen war, im »Sinquefield Cup« mit den schwarzen Spielsteinen. Das ist etwa so, als würde FC Bayern München gegen den Kreisliga-Klub SC Holzhausen einen Gegentreffer kassieren. Zwar ist Niemann eine aufsteigende Schachgröße, dennoch war die Niederlage in 57 Zügen mit Startvorteil ein Novum für den Norweger Carlsen.

Der Tweet vom Weltmeister am nächsten Tag brachte den Stein ins Rollen. »Schlechter Verlierer« oder »Riesen-Eklat« lauteten die Stimmen danach. Er kündigte seinen Rücktritt aus dem Turnier an und fügte nur ein kryptisches Video von Fußball-Trainer José Mourinho mit seinen berühmten Worten »*I prefer really not to speak. If I speak, I am in big trouble*« an. Carlsen steht schon lange genug in der Öffentlichkeit, um zu wissen, dass er nur einen Krümel hinwerfen muss, und das Internet macht den Rest. Für alle war klar, was er damit meinte: Niemann hat betrogen. Schnell teilten sich die Fans in zwei Lager: Die einen vertrauten dem berühmtesten Spieler der Neuzeit und suchten Hans Niemanns Spiele nach Unregelmäßigkeiten ab, die anderen sahen in Hans ein Wunderkind und einen kommenden Superstar. Beim nächsten Spieltag standen die Reporter schon Schlange, um aus dem Jungstar etwas rauszubekommen: In einem emotionalen und ehrlich wirkenden Interview gab er tatsächlich Betrügerei in der Vergangenheit zu, aber diese sollte schon lang zurückliegen und nur im »Onlineschach« passiert sein und nie am Brett. Einen Betrug gegen Magnus wies er vehement von sich.

Es stand also Aussage gegen Aussage, und die Theorien und Verschwörungen erreichten jede Mainstream-Zeitung. Wie sollte man denn im Schach cheaten? Das war die Frage, die sich jeder stellte. Extreme Überwachung und sogar Metalldetektoren gibt es bei jedem offiziellen FIDE-Turnier. Zuerst überlegte man, ob ein Knopf im Ohr des Rätsels Lösung sei. Schließlich hatte Niemann seine Haare auffällig lang wachsen lassen. Jedoch wird der Oberkörper beim Einlass vollständig gescannt. Doch dann waren sich das Internet und viele Schachspieler einig: Des Pudels Kern musste weiter unten liegen. Die Hinternregion wird nie genau untersucht, und so konnte es nur eine Möglichkeit geben: Mit einem Sexspielzeug, genauer Analperlen, sollen Signale gemorst worden sein, und dies habe Hans Niemann zum Sieg gebrummt. Sogar Elon Musk konnte es sich nicht verkneifen, einen Tweet zur Popo-Theorie abzugeben. Auch den Organisatoren der offiziellen Turniere ging die Theorie nicht am Arsch vorbei. So untersuchten sie Niemann beim nächsten Spiel ganz genau, ja, auch an seinem Hinterteil. Zumindest mit dem Detektor fanden sie jedoch nichts. Vielleicht ist aber auch nichts dran an der Vermutung. Niemann bot selbstsicher an, sogar nackt spielen zu wollen. Dankend lehnte die verklemmte Schachcommunity diesen Vorschlag jedoch ab. Bei Carlsen herrschte immer noch Funkstille.

Alle warteten auf die nächste Begegnung der beiden Kontrahenten. Das nächste Turnier stand bereits im selben Monat an. In der Vorrunde war es dann endlich so weit, Carlsen erschien, zog einen Springer nach vorn, gab auf und lief wieder davon. Viel zu analysieren gab es in der Partie nicht, falls der Mythos von Hummeln im Hintern wahr sein sollte. Klarer kann eine Message nicht sein, er war sich so sicher, gegen einen Schummler verloren zu haben, dass er sich weigerte, weiter gegen ihn anzutreten. Trotz der schnellen Niederlage bezwang der amtierende Weltmeister das restliche Teilnehmerfeld und gewann das Turnier ohne große Mühen.

Dann brach er endlich das Schweigen: In einem Statement nannte er das Kind beim Namen. Niemann sei ein Betrüger. Nur ein Problem hatte das Statement: Handfeste Beweise gab es nicht. Er führte die Tatsache an, dass der 19-Jährige einen ungewöhnlichen und fast unvergleichbaren Sprung an die Weltschachspitze gemacht hatte. Außerdem meinte er, dass Niemann in kritischen Stellungen nicht angespannt war. Für die Verfechter der Sexkugeln-Theorie war das auch verwunderlich, denn wer kann so ruhig sitzen bleiben, wenn man einen brummenden Schachcomputer im Hintern hat? Doch mehr als Intuition und Gefühl gab das Statement des Großmeisters nicht her.

Dann verdichteten sich jedoch die Beweise. Chess.com, die größte Schachseite im Internet, welche auch mit der Play Magnus AG verbunden ist, knallte einen 72-seitigen Bericht auf den Tisch. Dort gingen sie Niemanns Aussagen über seine Cheating-Vergangenheit nach und warfen ihm über 100 Betrüge vor – statt seiner angegebenen zwei. Diese sollen jedoch alle nur online stattgefunden haben. Zwar lieferte die Schachseite auch Statistiken und Anomalien zu seinem Offline-Brett-Spiel, diese waren jedoch wieder nicht sicher erwiesen.

Das ließ der junge Amerikaner nicht auf sich sitzen. Mit seinen berühmten Worten »*Chess speaks for itself*«, die er normalerweise nur nach guten Schachpartien verwendet, tweetete er übersetzt leicht ironisch: »Meine Klage spricht für sich.« Eine Klage über 100 Millionen Dollar gegen die Betreiber von Chess.com, Magnus Carlsen und sogar Schach-Streamer, die auf den Skandal aufgesprungen waren. Die Gelder waren selbst für die Brettsportler keine Peanuts. Zwar sollte Magnus mittlerweile ausgesorgt haben, trotzdem übersteigt die Summe die gesamten Gewinne aller Top-100-Spieler zusammen.

Doch wie wäre in Deutschland die Rechtslage? Zuerst hat die FIDE ihr eigenes Sanktionssystem, nach dem Niemann wahrscheinlich nie wieder ein Turnier spielen dürfte, sollte sich die Geschichte bewahrheiten. Aber auch strafrechtlich stünde der Betrug aus § 263 StGB im

Raum, wenn durch den Sieg ein Geldvorteil erzielt wurde. Wenn der Norweger mit seinen Anschuldigungen unrecht hätte, dann könnte er sich der üblen Nachrede oder sogar einer falschen Verdächtigung strafbar gemacht haben. Und auch eine saftige Strafe von der Disziplinarkommission der FIDE wäre zu erwarten.

Alles hängt jedoch davon ab, wie man das alles beweisen soll. Niemann antwortet weiterhin auf die Frage, wie oft er gegen Carlsen betrogen hat, mit: Nie, Mann! Ob Carlsens Anschuldigungen also ein schlechter Zug waren, wird sich spätestens bei der Gerichtsverhandlung klären, sofern die Klage angenommen wird. Dann wird die wichtigste Figur nicht mehr der König oder die Dame sein, sondern die Richterin oder der Richter. Spannend bleibt also weiterhin: Wer wird am Ende schachmatt gesetzt?

§ TELEFONABZOCKE: »KÖNNEN SIE MICH HÖREN?«

Die menschliche Kreativität ist grenzenlos – insbesondere, wenn es darum geht, andere um ihr Geld zu betrügen. Das »BVO Branchenverzeichnis online« – ein äußerst »vertrauenswürdiges« Unternehmen mit noch »vertrauenswürdigerem« Sitz in Gran Canaria – kam hier im Jahr 2017 auf eine glorreiche Idee. Einigen Mandanten bereiteten Telefonate mit diesem Unternehmen gehörige Kopfschmerzen. Dabei ging es um Gespräche, die den Kunden sogar per MP3-Datei zu Beweiszwecken zugeschickt worden sind:

BVO: »(...) dann starte ich jetzt die Bandaufzeichnung. Ich spreche mit (...)«

Mandantin: »Genau.«

BVO: »Ich rufe Sie laut Vereinbarung mit unserem Herrn (...) zurück. Mein Name ist (...) von der Kontrollabteilung BVO Branchenverzeichnis. Nach dem Fernabsatzgesetz zeichnen wir heute, den 18. Juni 2013, diesen Neuauftrag zu Ihrer und auch zu unserer Sicherheit auf. Damit sind Sie einverstanden (...)?«

Mandantin:	»Ja, ich bin einverstanden.«
BVO:	»Sie werden bei uns eingetragen unter Friseursalon (...) in (...) mit der Anschrift (...), Telefonnummer ist die (...), Schwerpunkt Friseursalon/Haarstudio, das Ganze mit einer Laufzeit von einem Jahr mit automatischer Kündigung, sodass der Eintrag im Juni 2014 automatisch rausfällt zum Preis von 299 Euro. Ist das alles so korrekt (...), sind Sie damit [unverständlich].«
Mandantin:	»Ja, das ist alles korrekt, ja.«
BVO:	»Dann danken wir für den Neuauftrag, wünschen Ihnen weiterhin gute Geschäfte, und die Post haben Sie so in drei bis vier Tagen im Haus, ja?«
Mandantin:	»Alles klar.«
BVO:	»Danke Ihnen, tschüss.«
Mandantin:	»Tschüss.«

Eine klassische Kaltakquise also. Das Unternehmen ruft ohne bisherigen Kontakt beim Verbraucher an, und der Vertrag wird im besten Fall direkt am Telefon geschlossen.

Ein wenig überraschend war in diesem Fall allerdings, dass sich keiner der Betroffenen so wirklich an dieses Gespräch erinnern konnte. Ein Anruf war ihnen im Gedächtnis – aber mit einem völlig anderen Inhalt. Und natürlich haben auch die Mandanten recht, wenn sie sagen, ein derartiges Gespräch noch nie geführt zu haben. Denn der reizende Dialog von oben war einfach nur ein dreister Zusammenschnitt. Man muss den Neukunden nur so oft wie möglich dazu bringen, am Telefon »Ja« und »Ich bin damit einverstanden« zu sagen, und schon lässt sich digital ein wunderbares Verkaufsgespräch zusammenzimmern, das die BVO als ordentlichen Gläubiger dastehen lässt. Eine beliebte Frage zu Anfang des Gesprächs ist hier: »Können Sie mich hören?«

Ein ähnliches Spiel trieb ein Anbieter namens BIZZONE und verlangte Überweisungen in Höhe von 499 Euro – teils garniert mit einer saftigen Mahnung von insgesamt über 670 Euro.

Diese Masche ist natürlich ein strafbarer Betrug, und zahlen muss man selbstverständlich auch nicht, schließlich ist nie ein Vertrag zustande gekommen. Aber wie so häufig im Geschäftsleben, wird oftmals lieber gezahlt, als das rechtliche Prozedere durchzustehen. Denn auf manche mag es so gewirkt haben, als hätten sie selbst den Fehler gemacht und sich auf einen Vertrag eingelassen, und den müssten sie jetzt erfüllen, sonst landeten sie in Teufels Küche. Nun, die Armen, die das Geld gezahlt haben, konnten es natürlich zurückverlangen – mit dem nötigen anwaltlichen und notfalls gerichtlichen Druck. Mit einer Strafanzeige und etwas Glück wurden die zuvorkommenden Branchenverzeichnisvertreter aber am Ende vielleicht tatsächlich gehört – nur eben vor Gericht.

Und für Gewerbetreibende gilt wie so oft: Misstrauen zahlt sich aus.

§ »WIR HABEN SIE IM SACK!« – SKYS KRASSE ANTWORT AUF ABO-KÜNDIGUNG

Wenn Deutschland eine Servicewüste ist, so hat ein Sky-Kunde und WBS-Mandant im Jahr 2017 einen besonders trockenen Tag erwischt. Als Fußballfan ließ auch er sich von dem Werbeslogan des Bezahlsenders überzeugen, der »alle Spiele – alle Tore« der Fußball-Bundesliga versprochen hatte. Doch in der Saison 2017/18 erledigte sich dieses Versprechen: Discovery-Tochter und Privatsender Eurosport sicherte sich die exklusiven Übertragungsrechte für 45 Bundesligaspiele. Sky-Kunden guckten damit bei einigen Freitagsspielen (20.30 Uhr) sowie bei fünf Sonntagsspielen, Montagspartien und Relegationsspielen in die Röhre. Wer als Fan dann ein zusätzliches Abonnement braucht, um alle Spiele seines Lieblingsvereins sehen zu können, verliert damit gern mal die Lust.

So auch unser Mandant, der daraufhin ein Kündigungsschreiben verfasste, um das Abo aufgrund der Programmänderung mit einem Sonderkündigungsrecht zum nächstmöglichen Zeitpunkt zu beenden.

Daraufhin wurde der Sky-Kundenservice ungehalten: »Sie haben kein Sonderkündigungsrecht!!«, heißt es in der Antwort mit einer Überpräsenz an Ausrufezeichen. Unabhängig vom Werbeslogan sei, wenn man die AGB lese, völlig klar, dass jede Programmänderung hinzunehmen sei, solange nur der »Gesamtcharakter« des Kanals erhalten bleibe. So weit nämlich stehe Sky die Anpassung der Kanäle frei. Der Mandant sei nun einmal Kunde von Sky und bezahle für die gebuchten Pakete. »Was Sie danach machen, geht uns nichts an. Wir bieten das Bundesliga-Fernsehen an – 93 Prozent aller Spiele, falls Sie diese sehen möchten, steht es Ihnen frei, dieses Programm zu buchen oder eben nicht. Vielleicht reicht Ihnen ja auch der Empfang von 7 Prozent aller Spiele bei unserem Konkurrenten Eurosport?« Das »Gerede« um Verbrauchertäuschung sei »alles Kokolores ohne Relevanz«. Da die AGB jederzeit gelesen werden könnten und der Vertragsschluss nicht widerrufen worden sei, kam es zu der beeindruckend forschen Feststellung: »Somit haben wir Sie im Sack.« Anschließend wurden in Sky-Manier noch »weiterhin viele besondere Momente« gewünscht.

Ein besonderer Moment für den Verbraucherschutz war dieses Schreiben allerdings nicht. Ganz im Gegenteil, denn es wird gern verkannt, wofür AGB überhaupt gedacht sind. Sie sollen Geschäfte, die in großer Anzahl abgeschlossen werden, vereinfachen, indem vorformulierte Klauseln auch Teil des Vertrages werden können. Sie sind gerade nicht nur »das Kleingedruckte« mit einer Tendenz zur Knebelung und Verbraucherfeindlichkeit. Nicht umsonst schauen sich Gerichte AGB-Regelungen gern genauer an. Denn um wirklich wirksam zu sein, müssen diese einigen Anforderungen genügen. Sie dürfen etwa nicht besonders überraschen oder den Vertragspartner unangemessen benachteiligen. Bei den gerichtlichen Entscheidungen steht der Verbraucher häufig an erster Stelle. Der sehr vage Begriff des »Gesamtcharakters« des Kanals hatte hierbei eher schlechte Chancen.

Die sprachliche Entgleisung in dem Antwortschreiben ist also nicht nur höchst unseriös, sondern auch noch rechtlich fehlerhaft. Ein anderer Teil der Sky-AGB war hierbei eher einschlägig, und zwar jener, der ein Sonderkündigungsrecht bei Änderungen aus Lizenzgründen vorsieht. Da eher die Klausel mit dem »Gesamtcharakter« Kokolores ist als das Gerede um Verbrauchertäuschung, bestand hier das Sonderkündigungsrecht also durchaus.

Das sah auch Sky selbst letztendlich ein. Eine höhere Instanz innerhalb des Unternehmens entschuldigte sich für das Verhalten des Servicemitarbeiters. Dessen zwischenzeitliches Angebot, das Abonnement vergünstigt weiterzuführen, vergaß das Unternehmen zwar später flugs wieder. Stattdessen beendete der Sender, ohne die Antwort des Kunden abzuwarten, das Abonnement rückwirkend entsprechend sofort – inklusive Rückerstattung des bereits zu viel gezahlten Beitrags. Nun, unserem Mandanten wäre das nach dem Eklat eh egal gewesen. Für ihn war das nur ein Tropfen auf den heißen Stein, der den Durst nach gutem Fußball am Ende nicht stillte. Er hat seinen Willen bekommen und konnte seinen Vertrag endlich wirksam kündigen.

Ob der entsprechende Mitarbeiter ebenfalls gekündigt wurde, ist uns nicht bekannt – es wäre aber durchaus nachvollziehbar, denn sein Verhalten hat uns, die wir als Anwälte wirklich schon viel erlebt haben, tatsächlich einmal sprachlos gemacht.

§ NACH 70 JAHREN AUFGEFLOGEN: MANN FÄHRT OHNE FÜHRERSCHEIN, SEIT ER 12 IST!

Auch diese Geschichte ließ im Jahr 2014 in Deutschland den einen oder anderen sprachlos werden: Nationalspieler Marco Reus wurde dabei erwischt, jahrelang ohne Führerschein gefahren zu sein. Tatsächlich hatte er sich im Alter von 18 Jahren bei einer Fahrschule angemeldet, eine Fahrprüfung hatte er aber nie abgelegt. Knapp sieben Jahre fuhr er also ohne Fahrerlaubnis. Darüber kann ein Mann aus dem englischen Bulwell wahrscheinlich nur schmunzeln, denn er trieb das Fahren ohne Führerschein noch deutlich weiter auf die Spitze …

Es war ein großer Tag für die Polizei der Gemeinde Bulwell im Zentrum Englands. Bei einer gewöhnlichen Verkehrskontrolle machten die Beamten nämlich einen Fund, der einem goldenen Los glich: Sie hielten einen älteren Herrn an und baten ihn um Fahrzeugpapiere und Führerschein. 50 Prozent der Forderung konnte der Mann nachkommen, einen Führerschein hatte er aber nicht. Und damit ist nicht gemeint, dass der Fahrer ihn zu Hause vergessen hatte … Tatsächlich besaß der Rentner nie einen Lappen, weil er nie eine Fahrprüfung abgelegt hatte. Laut eigener Aussage fuhr er Auto, seit er zwölf Jahre alt war – und zum Zeitpunkt der Kontrolle war er 83. Über 70 (!) Jahre lang machte der Mann aus Bulwell also die Straßen ohne Fahrerlaubnis unsicher. Glücklicherweise nicht im wahrsten Sinne des Wortes, denn er hatte sich in der gesamten Zeit nicht einmal etwas zuschulden kommen lassen. Der Rentner baute nie einen Unfall, verletzte nie eine andere Person und verursachte keinerlei finanziellen Schaden – eine beeindruckende Quote! Vielleicht fuhr er immer besonders vorsichtig, um nicht angehalten zu werden? Übrigens war dies nicht sein einziges Vergehen. Das Auto (ein Mini) war zudem nicht versichert …

Wie dem auch sei – Marco Reus erhielt für seine Fahrten eine Strafe in Höhe von 540 000 Euro. Gut, damit muss der Rentner nicht rechnen, schließlich wird die Strafe (zumindest in Deutschland) abhängig vom Gehalt gemacht. In England kann das Fahren ohne Führerschein aber auch zu Strafen bis zu mehreren Tausend Pfund führen, außerdem erhält man sogenannte *penalty points* – ein System, das unseren Punkten in Flensburg ähnelt. Wenn man aber nie einen Führerschein hatte, führen die *penalty points* natürlich ins Leere … Trotzdem ist das Ganze mehr als ein Kavaliersdelikt, es drohen nämlich bis zu sechs Monaten Haft. In Deutschland droht sogar eine Freiheitsstrafe bis zu einem Jahr oder eben wie im Fall von Marco Reus eine Geldstrafe.

Also merken wir uns: Lieber nur dann ans Steuer setzen, wenn auch eine Fahrerlaubnis besteht. Durch neue Kennzeichenerkennungssysteme fliegt man heutzutage ohnehin deutlich schneller auf. Fahrt in *Grand Theft Auto* gern ohne, auf den echten Straßen aber nur mit Lappen!

§ DER GIERIGE BÜRGERMEISTERKANDIDAT IM KÖNIGSMANTEL

Hier eine witzige Idee, um schnelles Geld zu verdienen: Bei der nächsten Einladung auf eine Party stellt ihr euch alle hin und singt einen tollen Song, beispielsweise »Africa« von Toto. Für die Karaoke-Darbietung verlangt man dann einen x-beliebigen Betrag. Sagen wir, 5000 Euro. Warum das eine schlechte Idee ist? In meinem Fall weiß ich, dass ich mit dieser dreisten Forderung keinen Erfolg hätte (wahrscheinlich würden die anderen eher auf Schmerzensgeld gegen mich klagen). Und zum anderen würde mich danach niemand mehr einladen. Also lasse ich das lieber. Ein Mann aus Stuttgart allerdings hatte eine ähnliche Idee, und er verlangte für seinen Auftritt das 60-Fache …

Egal, ob auf Bundesebene oder doch nur für das eigene Dorf: Wer für ein politisches Amt kandidiert, führt einen Wahlkampf. Dabei lassen sich die Politiker und deren Berater oft skurrile oder witzige Ideen einfallen, um potenzielle Wähler von sich zu überzeugen. Ein Mann aus dem Rems-Murr-Kreis blieb mit seiner Art der Wahlkampfführung wohl vielen Leuten im Gedächtnis: Der Baden-Württemberger nahm nämlich im Königsmantel an Podiumsdiskussionen teil – er selbst interpretierte sich und sein Dasein als »Lebensberater, Künstler und Unterhalter«. Glücklicherweise ist Deutschland ein freies Land. Wenn also jemand im Königsmantel kandidieren will, dann darf derjenige das auch.

Warum hat es diese Geschichte nun ins Buch geschafft? Gute Frage! Keine Sorge, jetzt wird es nämlich wild: Der »König« schien sehr überzeugt von sich und seiner Wirkung auf andere Menschen zu sein. Er kandidierte nicht für sich, nein. Er tat mit seinen Auftritten den Bürgern einen »Gefallen«. Wäre ja unerhört, wenn er dafür nur mit Wählerstimmen belohnt werden würde. Viel angemessener wäre eine finanzielle, na ja, nennen wir es »Aufwandsentschädigung«. Zusammengefasst: Wir haben also einen Mann, der sich im Königsmantel präsentiert und dafür Geld verlangt. Und zwar 300 000 Euro. Guter Stundenlohn! Sollte irgendwo eine Ausbildung zu diesem Job angeboten werden, würden sich sicher viele dort eintragen. Das Problem: Niemand war wirklich bereit, dem Mann diese Summe zu zahlen – oder allgemein irgendeine finanzielle Entschädigung zu entrichten. Und mal unter uns: Wie kam er bitte auf genau diese Summe? Des Weiteren forderte der royale Kandidat übrigens auch einen Schadensersatz dafür, dass durch die Veröffentlichung seines Auftritts im Internet sein Persönlichkeitsrecht und sein Recht am Bild verletzt wurden.

Das Oberlandesgericht Stuttgart machte seine Hoffnungen auf das Geld aber zunichte. Für seine Auftritte sei kein Vertrag geschlossen worden, also bestehe auch kein Anspruch auf eine Gage. Nur weil sich jemand auf eine Bühne stellt und (ohne vorherige Vereinbarungen über eine Gage) eine Show abliefert, bedeutet das noch lange nicht, dass derjenige auch vergütet wird – geschweige denn mit 300 000 Euro.

Auch gegen die Bildaufnahmen konnte der Kandidat nichts unternehmen, weil sein Recht am eigenen Bild nicht verletzt gewesen sei. Danach bedarf es zwar grundsätzlich einer Einwilligung in die Veröffentlichung von Fotoaufnahmen. Dies gilt jedoch nicht bei bestimmten Ausnahmen aus dem Kunsturhebergesetz. Eine davon sind Aufnahmen aus dem Bereich der »Zeitgeschichte«, bei denen das öffentliche Interesse schwerer wiegt als das Persönlichkeitsrecht. Und der Mann bezeichnete sich ja sogar selbst als »Person der Zeitgeschichte«. Seine Äußerungen und die Art seines Auftretens führten jedenfalls zu einem erhöhten öffentlichen Interesse. Genau wie die Podiumsdiskussion, an der der Mann teilnahm. Somit überwog hier das Interesse der Medien das Persönlichkeitsrecht des Mannes im Bademantel. Ups, ich meine natürlich Königsmantel, mea culpa …

Der Mann stritt zwar stets ab, dass es sich bei der ganzen Sache um einen Spaß gehandelt habe. Trotzdem haben wahrscheinlich viele Menschen was zum Lachen gehabt.

Oberlandesgericht Stuttgart, Urteil vom 24.06.2020, Az. 4 U 561/19

§ »TAKE THE MONEY AND RUN!« IST DAS KUNST ODER KRIMINELL?

Für den einen ein Schrotthaufen oder sinnloses Gekritzel – für den anderen die sinnstiftende Anordnung von Ästhetik, geeignet, um partielle Gehirnbereiche derart zu reizen, dass ein verblüffendes »Woaah!« nicht unterdrückt werden kann. Kunst liegt im Auge des Betrachters. Das macht jedes Kunstwerk einzigartig. Aber wo liegt die Grenze zur Kunst, und wo fängt Strafbarkeit wegen Betrugs an? Diese Grenze zu finden, scheint für viele Künstler die höchste Form der künstlerischen Entfaltung überhaupt zu sein. Anders kann man manche Aktionen in der Vergangenheit wohl nicht nachvollziehen: Eine Banane – als Kunstinstallation –, welche der Aktionskünstler nach dem Verkauf in Höhe von 120 000 Dollar selbst verspeiste. Skulpturen, die der Bildhauer ins Meer schmiss, sodass sich die Fische an der Ausstellung ergötzen konnten. Oder ein Hammer an der Wand unter dem Arbeitstitel *Do it yourself*.

In diese Reihe an abstrusen Kunstwerken hat sich neben Banksy mit der geschredderten *Balloon-Girl*-Malerei nun auch der Däne Jens Haaning eingereiht: Ein Kunst-Museum beauftrage den Mann, unter dem Ausstellungsnamen *Work it out* – eine Ausstellung über unser Verhältnis zur Arbeit und zum Geld – zwei Gemälde anzufertigen. Dazu stellten sie Haaning umgerechnet 74 000 Euro in Scheinen zur Verfügung, die dieser – ähnlich seinen vorherigen Kunstwerken – veredelt in ein ästhetisches Kunstwerk verwandeln sollte. Als dann am Stichtag das Werk im Museum eintraf, staunte der Museumsdirektor nicht schlecht. Zwei Bilderrahmen bekam er zurück. Aber nicht mit den erhofften Banknoten, sondern mit komplett leerer Leinwand. Das Staunen galt also nicht dem Werk, sondern dem Bankkonto des Museums, das nun um 74 000 Euro leichter war. Wie das Werk heißt, ließ Haaning den Direktor per E-Mail wissen: *Take the Money and Run*. Anschließend berichtete er, dass er für den Auftrag nur etwa 1300 Euro erhalten habe. Das deckte nicht mal ansatzweise seine Arbeitskosten, sodass er passend zur Ausstellung dachte: »Warum mache ich keine Arbeit über meine eigene Arbeitssituation?« Volltreffer! Thema getroffen, musste sich auch das Museum eingestehen und hängte die beiden leeren Rahmen, samt Erklärung, in der Ausstellung auf. Die Arbeit ist für Haaning keine brotlose Kunst, irgendwie muss er davon leben können.

Aber wie verträgt sich das Recht mit der Kunst? Muss Haaning die Banknoten vielleicht doch noch zurückgeben, oder ist alles von der Kunstfreiheit gedeckt?

Zuerst stellt sich natürlich die Frage: Was ist Kunst? Wenn es bei Künstlern unendliche Interpretationsspielräume gibt, dann gibt es unter Juristen unendliche Gründe, sich zu streiten. So auch über den Kunstbegriff aus Artikel 5 Abs. 3 des Grundgesetzes. Neben dem formalen Kunstbegriff, welcher sich nur nach bestimmten Werktypen richtet, gibt es den materiellen und den offenen Kunstbegriff. Der materielle besagt, dass ein Werk den Ausdruck der freien schöpferischen

Gestaltung des Künstlers beinhalten muss. Der offene Kunstbegriff geht noch weiter und sagt, dass Kunst nicht definierbar ist. Kurz gesagt, getreu dem Zitat von Ernst Fischer: »Die Kunst muss nichts. Die Kunst darf alles.« Das sollte mal meine ehemalige Lehrerin hören, dann hätte sie mir für mein »Nicht identifizierbarer Versuch eines Sonnenaufgangs« wohl keine 4– gegeben!

Aber zurück zu *Take the Money and Run*. Das Werk ist nach allen Begriffen rechtlich als Kunst zu verstehen. Bleibt das Museum also auf seinen Kosten sitzen? Wahrscheinlich nicht. Die Kunst darf zwar alles, rechtfertigt aber nicht alles. Strafgesetze zum Schutz des ebenfalls grundrechtlich geschützten Eigentums schränken den Schutz der Kunstfreiheit ein. So darf man auch nicht einfach nachts einen Zug auf einem verlassenen Bahnsteig besprühen, nur weil einen die Muse küsst. Ob Haaning das Geld behalten darf, richtet sich nach dem zwischen ihm und dem Museum geschlossenen Vertrag. Nun könnte man natürlich der Auffassung sein, dass der Museumsdirekter diesen als erfüllt ansah, weil er ja die Bilder in der Ausstellung aufhängte. So jedenfalls sieht es der Künstler. Nur hatte der Museumsleiter bis zuletzt gehofft, dass es sich um einen PR-Gag handelte und sein Auftragnehmer das Geld am Ende der Ausstellung zurückgeben werde. Weit gefehlt! Nach Ende der Ausstellung Anfang 2022 fehlte von den Scheinen weiter jede Spur. Deshalb hat das Museum eine Zivilklage gegen den Künstler eingereicht.

Nach deutschem Recht könnte obendrein noch eine strafbare Unterschlagung nach § 246 StGB im Raum stehen, also eine Art Diebstahl, nur ohne Wegnahme. Das Museum war immerhin naiv genug, ihm das Geld zu überreichen. Jens Haaning dagegen ist sich keiner Schuld bewusst. Er habe nichts Kriminelles gemacht, sagte er den Medien. Er habe nur einen Vertrag nicht eingehalten – nun, genau da liegt juristisch betrachtet eben das Problem, lieber Freigeist.

Wie schon einst Picasso zu sagen pflegte: »Das Geheimnis der Kunst liegt darin, dass man nicht sucht, sondern findet.« Gefunden hat der Museumsdirektor die Kunst allemal, nur auf die Suche hätte er sich lieber nicht gemacht. Denn unterm Strich lag der Etat der Ausstellung weit über seinem zur Verfügung gestellten Budget.

§ AFD FÄLLT AUF SATIRE-AKTION REIN: ZERSCHREDDERTE PARTEIWERBUNG ALS KUNST?

»Zur Verfügung gestelltes Budget« ist nicht nur der wunde Punkt des Museumsdirektors aus dem vorherigen Fall, er ist es auch bei der AfD, wenn es um die Bundestagswahl 2021 geht.

Kurz vor der anstehenden Wahl sollten 72 Tonnen Werbematerial in Form von AfD-Flyern in die Briefkästen der deutschen Wähler finden – bevor sie dann bei den meisten, nach einem kurzen Blick auf die Überschrift, im Müll landen würden. Doch die Flyer wanderten ohne den Umweg des Briefkastens direkt in den Müll. Und zwar gebündelt in einem großen Container, dessen Inhalt anschließend zu großen Teilen geschreddert wurde ... Hoppla! Wie kam es dazu?

Das Zentrum für Politische Schönheit (ZPS), das bereits in der Vergangenheit mit Kunstaktionen gegen Rechtsextreme wie zum Beispiel Björn Höcke auffiel, erstellte die Webseite »Flyerservice Hahn«. Darüber boten sie zahlreichen Kreisverbänden der AfD ihre Dienste an. Und siehe da: Gelockt von den günstigen Preisen wurde dem fiktiven Unternehmen Flyerwerbung von ganz Deutschland geschickt. Sogar aus Schleswig-Holstein sollen Flyer nach Mainz geschickt worden sein, nur um diese wieder in Schleswig-Holstein zu verteilen. (Da hätte man doch mal Verdacht schöpfen können, oder?) Auch, dass das Unternehmen nicht im Handelsregister stand, hielt viele Verbände nicht ab, dort zu bestellen und den Flyerservice Hahn sogar als Geheimtipp auf Parteiveranstaltungen anzupreisen. Die Flyer nahm die »Firma« gern an. Nur, wie vorher ausgemacht, ausgeteilt wurden sie nicht. Zum Leid der AfD, die natürlich viel Geld in die Wahlwerbung gesteckt hatte.

Wenige Tage nach der Bundestagswahl dann die Auflösung. Das ZPS bekannte sich zu der Aktion und bezeichnete sich als »Weltmarktführer im Nichtverteilen von Nazi-Flyern«. Es gebe keinen Unterschied, ob man auf Parteiveranstaltungen einen Flyer entgegennehme und diesen anschließend wegschmeiße oder die Sache, wie hier, etwas größer aufziehe. Der Vorgang sei lediglich etwas »industrialisiert« worden.

Direkt nach der Aktion leitete die AfD rechtliche Schritte ein. Doch was könnte den Aktionskünstlern drohen? Sie behaupten immerhin, es sei alles von der Kunstfreiheit gedeckt.

Auf der anderen Seite steht die AfD, welche – zwar durch ihre eigene fehlende Sorgfalt – viele Steuergelder und eventuell sogar einige Stimmen durch die Aktion verlor. Parteien stehen unter besonderem Schutz, so wird die Vorgehensweise des ZPS von Politikwissenschaftlern als »problematische Aktion« betitelt, da alle (noch) nicht verbotenen Parteien im Wahlkampf die gleichen Chancen haben müssen. Auf der anderen Seite muss man anmerken, dass die AfD ihre Chancen durch eigene – seien wir ehrlich – Doofheit verspielt hat.

Lassen wir mal die politischen Einschätzungen weg, wie sieht das Ganze nüchtern betrachtet rechtlich aus? Klappern wir das StGB und das BGB mal ab:

Was natürlich ganz laut aus dem Strafgesetzbuch ruft, ist ein Betrug nach § 263 StGB. Dafür bräuchten die Betreiber der Plattform aber eine sogenannte Bereicherungsabsicht. Daran fehlt es dem ZPS wahrscheinlich, da sie sich nicht unmittelbar finanziell bereichern wollten und, laut eigenen Angaben, keinerlei Geld angenommen haben.

Die Flyer wurden jedoch nicht nur in Mülltonnen gelagert. Über fünf Millionen Flyer wurden geschreddert. Dies sollte zweifelsfrei eine Sachbeschädigung darstellen, sofern die AfD nach der Wahl nicht freiwillig auf das Eigentum der Flyer verzichtet hat. Eine Rechtfertigung durch die Kunstfreiheit ist eher unwahrscheinlich, da die Grenze meist bei der Strafbarkeit endet und aufseiten der AfD auch Grundrechte stehen wie etwa die Parteienfreiheit nach Art. 21 GG.

Eventuell könnte weiterhin eine Unterschlagung im Raum stehen. Dafür müsste aber ein Zueignungsvorsatz bestanden haben. Daran könnte es scheitern, weil das ZPS bei einer AfD-Demonstration die geschredderten Flyer mit einer Konfettimaschine über die Demonstranten schoss und sie so »wieder zurückgegeben wurden«. Dazu hat das Zentrum folgenden Facebook-Post abgesetzt, der mich kurz stutzig werden und schließlich ein bisschen schmunzeln ließ:

»BREAKING: AFD-Teilerfolg gegen Flyerservice Hahn!

Vor einem internen Schiedsgericht des Zentrums für Politische Schönheit hat die ›Partei‹ AFD heute einen Sieg gegen den Flyerservice Hahn erzielt. Der vorsitzende Richter entschied, dass der Flyerservice Hahn der AFD umgehend sämtliche noch verbliebenen Reste des unterschlagenen Wahlkampfmaterials aus der Bundestagswahl 2021 zurückgeben muss: ›Die Rückgabe hat vollständig und sofort zu erfolgen‹, ordnete Richterin Ursula Böcke an.

›Uns bleibt keine Wahl‹, so Stefan Pelzer, Mehrheitseigentümer der Flyerservice Hahn GmbH (iG/iL). ›Wir haben keine technischen Mühen gescheut, um die Rückgabe sofort zu ermöglichen. Die verbliebenen 612 Kilogramm an geschredderter brauner Wahlkampfpropaganda wurden der AFD im Rahmen ihrer heutigen Demonstration auf einen Schlag – mithilfe des ›Hahnblaster 10 000‹ – zurückgegeben.‹«

Außerdem seien die Flyer der AfD direkt nach der Wahl auch im Ganzen zur Abholung angeboten worden. Das lehnte die AfD natürlich ab, da sie nun den Zweck der Wahlwerbung nicht mehr erreichen konnte. Und Konfetti hätten sie bestimmt auch günstiger bekommen.

Am 13.01.2022 gab es dann trotzdem eine Razzia der Staatsanwaltschaft Berlin. Der Vorwurf lautete: § 269 StGB – Fälschung beweiserheblicher Daten, das digitale Äquivalent zur Urkundenfälschung. Durch eine falsche Webseite und ein falsches Impressum könnte das ZPS sich strafbar gemacht haben. Es wurden Gebäude des ZPS durchsucht und Daten sichergestellt. Die Ermittlungen dauern an.

Bei der zivilrechtlichen Frage, ob die AfD das Geld für die Flyer vom ZPS zurückbekommen kann, ist entscheidend, was genau in den einzelnen Gesprächen der AfD-Verbände und des Flyerservice Hahn ablief. Zwar wird ein Vertrag – anders als das ZPS behauptet – in den meisten Fällen zustande gekommen sein. Das geht nämlich auch mündlich beziehungsweise durch schlüssiges Verhalten wie die Annahme der Flyer. Viel problematischer ist jedoch, was genau der Schaden ist, der ersetzt werden müsste. Geld hat das ZPS nicht genommen. Deswegen könnte man nur darüber nachdenken, sämtliche Vorgänge von der Flyerherstellung bis zur Werbekampagne als »verschwendete Aufwendungen« geltend zu machen. Dafür müsste die AfD in einem Zivilprozess viele Details über Parteispenden und Ähnliches offenlegen, was laut ZPS wohl nicht in ihrem Interesse wäre. Spannend bleibt es also auch hier.

Für welche rechtliche Seite wird sich also das Gericht entscheiden, wenn es zu einer zivilrechtlichen Klage oder strafrechtlichen Anklage kommt? Wir können gespannt auf den Ausgang warten.

§ NICHT WASSER ZU WEIN, SONDERN KALBSLEBER ZU OBST – ÜBER 200 000 EURO STRAFE!

Der Sparfuchs dieses Falls schummelte bei einer Selbstbedienungskasse, indem er einfach Kalbsleber als billigeres Obst umetikettierte und so zwischen 13 und 47 Euro sparte. Dreimal hatte er mit dieser Aktion Erfolg. Hätte er es doch bei »aller guten Dinge sind drei« belassen, wäre ihm sehr großer Ärger erspart geblieben. Um Shakespeare in Bezug auf die Tat zu zitieren: »Seine Diebereien waren zu offenbar …« Der vierte Versuch war der letzte, der Bandit wurde erwischt. Und landete vor dem Amtsgericht München. So weit, so normal. Kurios ist jedoch die Strafe: Er wurde zur Zahlung von 208 000 Euro verdonnert – kein Witz! Wie konnte das passieren?

Nun, eigentlich wurde der 58-Jährige wegen Diebstahls nur zu einer Zahlung von 260 Tagessätzen verurteilt. Das ist auch nichts Ungewöhnliches. Der Mann hatte während der Verhandlung nämlich nicht nur seine vier vorherigen Taten zugegeben. Bei der Festlegung der Tagessätze wurden auch seine Vorstrafen berücksichtigt, die Kalbsleber war nämlich nicht die erste im Führungszeugnis festgehaltene Straftat des Mannes. Er war in der Vergangenheit unter anderem wegen Steuerhinterziehung zu einer Freiheitsstrafe und einer Geldstrafe von 400 000 Euro verurteilt worden. Zu seinen Lasten sei auch die nicht unerhebliche kriminelle Energie bei seinem Vorgehen zu berücksichtigen.

Doch wie kommt man von 260 auf 208 000 Euro? Nun, indem man den Tagessatz mit 800 multipliziert. Das nämlich wird das sein, was der gute Mann am Tag verdient, also rund 24 000 Euro im Monat – hoppla!

Wenn man so ein Einkommen hat, warum hat man es dann nötig, beim Fleischkauf zu »sparen«? Nun, ein Motiv für seine Diebstähle konnte der Kaufmann nicht nennen. Vielleicht war es der Nervenkitzel? Langeweile? Kleptomanie? – Die wäre allerdings meist strafmildernd zu berücksichtigen. Ob hier die Gelegenheit die Tat verursacht hat? Einer britischen Studie nach hat jeder Fünfte schon mal an sogenannten SB-Kassen geklaut. Es scheint, als würde die Digitalisierung immer mehr Langfinger ans Tageslicht bringen. Es gibt sogar Foren, in denen neue Möglichkeiten vorgestellt werden. Besonders beliebt ist der »Banana-Trick«: Hier wird das Etikett von teuren mit dem von billigen Bananen getauscht.

Was auch immer das Motiv unseres Mannes war, wir werden es wohl nicht erfahren. Vielleicht wusste er es selbst nicht. Was wir auf jeden Fall lernen: Auch wenn es einfach geht, so ein Diebstahl ist zur Nachahmung nicht empfohlen, selbst wenn ihr keine 24 000 Euro im Monat verdient.

Amtsgericht München, Urteil vom 10.01.2018,
Az. 864 Ds 238 Js 223135/17

§ VODAFONE-VERTRAG MIT HERRN GYSMO

Alles fing mit einem dieser Telefonate an, in denen irgendeine Callcenter-Mitarbeiterin eine Frau zur Erweiterung ihres bestehenden Vodafone-Vertrags bewegen wollte. Es war wohl ein nettes Gespräch, bei dem beide Frauen auch über den Kater der Angerufenen redeten, dem einzigen anderen Bewohner im Haushalt. Doch auch wenn die Kundenberaterin sicherlich mit Engelszungen auf die Dame einredete, diese ließ die Klinken- bzw. Telefonhörer-Putzerin abblitzen. Die enttäuschte Mitarbeiterin von Vodafone hatte dann jedoch eine mehr als raffinierte Idee, um doch noch die Provision abzugreifen: Sie gaukelte ihrem Arbeitgeber einfach vor, tatsächlich einen Vertrag für eine Internet- und Telefon-Flatrate inklusive TV-Paket abgeschlossen zu haben, und zwar mit einem mysteriösen Herrn Gysmo. Wer das war? Der bereits erwähnte geliebte Kater der Angerufenen. Die Provision muss es wirklich in sich gehabt haben, wenn auf solche Mittel zurückgegriffen wird!

Ein Vertrag mit einer Katze – klingt absurd. Ist so etwas vielleicht tatsächlich durch ein Hintertürchen möglich? Machen wir es kurz: Nein, das geht (natürlich, mag man schon sagen) nicht. Verträge können nur mit Menschen abgeschlossen werden. Und selbst wenn: Die Katze hatte dem Vertrag ja nicht einmal mit einem Miauen zugestimmt – geschweige denn ihre menschliche Katzenmama.

So weit, so gut, sollte man meinen. Da kein wirksamer Vertrag zustande gekommen ist, hätten der Kundin aus Bremen auch keine Rechnungen mehr gestellt werden dürfen. Ganz so einfach war es aber leider nicht. Vodafone hielt nämlich am Vertrag fest, sandte weiterhin Rechnungen raus und buchte regelmäßig die vermeintlich vereinbarten Summen ab. Das ärgerte Gysmos Halterin wirklich tierisch, sodass sie die Lastschriftermächtigung widerrief. Das Telekommunikationsunternehmen gab sich jedoch nicht geschlagen und schaltete ein Inkassobüro ein, nachdem keine Zahlungen mehr eingingen. Mehrere Versuche, den Kundenservice um Lösung des Problems zu bitten, waren erfolglos. Also sah sich die Kundin gezwungen, die Verbraucherzentrale in Bremen einzuschalten. Glücklicherweise konnte die dann das Unglück bereinigen: Der Vertrag wurde storniert, und die Kundin erhielt das Geld für bereits bezahlte Rechnungen zurück.

Vodafone erklärte anschließend, dass die für das Fiasko zuständige Vertrieblerin entlassen und Strafanzeige wegen Betrugs gegen sie gestellt worden sei. Denn das war nicht der einzige mehr als suspekte Fall der Mitarbeiterin mit der kriminellen Energie.

Diese Aktion der Vertrieblerin war echt für die Katz'. Der Einzige, der von alledem nichts mitbekam, war wahrscheinlich Gysmo selbst. So ein Katerleben muss entspannt sein.

§ DIESE GEFÄLSCHTEN GELDSCHEINE HATTEN ES IN SICH ... ODER AUCH NICHT

War die folgende Aktion dreist, doof oder sogar beides? Da hat sich wohl jemand vom Film *Catch Me If You Can* inspirieren lassen. Denn wie einfach wäre das Leben, wenn man Geldscheine (oder wie im Film

Schecks) ohne Weiteres fälschen könnte, um sich ein Leben in Saus und Braus zu ermöglichen? Ein Mann aus Ingolstadt versuchte jedenfalls, eine Prostituierte mit zwei selbst gefälschten Scheinen zu bezahlen, die er ihr zusammen mit einem echten übergab. Hier hört die Dreistigkeit der Geschichte aber nicht auf.

Brisant an der Sache war insbesondere die Art und Weise der Fälschung: Der Bayer druckte sich die Geldscheine mit einem herkömmlichen Kopierer aus – aber einseitig. Also musste er die gedruckten Scheine zusammenkleben. Was ist dreister: Die Art der Fälschung oder dass er wirklich dachte, die Prostituierte werde es nicht bemerken? Die Frau wusste wahrscheinlich im ersten Moment kaum, ob sie lachen oder wütend sein sollte, so dämlich, wie der Mann hier versuchte, sie übers Ohr zu hauen. Sie verständigte kurzerhand die Polizei, und der damals 32-Jährige musste sich vor dem Amtsgericht München verantworten.

Immerhin zeigte er sich dort einsichtig und gab zu, dass die Aktion dumm gewesen war. Ebenfalls gestand er, dass die Scheine speziell für den Bordellbesuch gemacht waren. Was dem Angeklagten beim Urteil zugutekam: Er zeigte Reue und wies keine große kriminelle Energie auf. Außerdem war sein Vorgehen äußerst anfängerhaft und konnte deshalb keinen großen Schaden anrichten. Zu Lasten fiel ihm hingegen, dass (obwohl beim einfachen Hinsehen schon auffiel, dass die Scheine gefälscht waren) die Größe und Farbe stimmten. Außerdem ergaunerte er sich dadurch 100 Euro – nicht gerade wenig Geld. Darüber hinaus beging er die Tat, wie die Strafrechtler sagen, in Tateinheit mit einem Betrug. Einfach gesagt: Nicht nur fälschte er Geld, er wollte damit auch eine andere Person täuschen. Insgesamt erhielt er eine einjährige Freiheitsstrafe, die auf Bewährung ausgesetzt wurde.

Die Richter glaubten, dass es sich bei der Tat um ein einmaliges Vergehen handelte. Das wäre dem Mann auch zu raten. Denn WENN man schon Geld fälscht, wäre es ratsam, ETWAS professioneller vorzugehen …

Amtsgericht München, Urteil vom 25.04.2018,
Az. 1111 Ls 245 Js 196316/17

Wie Können Sie mir vorwerfen, ich hätte das Geld für mich behalten … Ich hab's doch direkt wieder ausgegeben.

GELD: WIE GEWONNEN, SO ZERRONNEN

»Ma hat ma Glück, ma hat ma Pech, Mahatma Gandhi.« Der Mann, von dem das Zitat »Die Welt hat genug für jedermanns Bedürfnisse, aber nicht für jedermanns Gier« stammt, hätte über das Verhalten von einigen der folgenden Protagonisten wahrscheinlich mehr als geschimpft. Andere hätte er gelobt und mit Karmapunkten überschüttet. Doch welche Währung ist besser und hält länger, Geld oder Karma?

Was würdet ihr machen, wenn die Person vor euch auf der Straße ihren Geldbeutel verliert? Zurückgeben? Das würden wohl die meisten machen. Was wäre aber, wenn ihr einen Batzen Geld am Bahnsteig oder auf dem Friedhof findet und euch niemand beobachtet? Was wäre, wenn eine Bank euch fast 200 000 Euro überweist – würdet ihr Bescheid sagen oder schweigen, genießen und mächtig einen draufmachen?

Ich weiß, was Gandhi tun würde. Denn Glück durch Geld hält nur kurz. Und ob der lange Stress danach das kurze Glück wert ist, das ist eine philosophische Frage. Nicht philosophisch ist aber die Rechtslage. Denn ihr seid fast immer verpflichtet, das Geld zurückzugeben – dafür gibt es schließlich den Finderlohn. Wenn ihr das nicht tut, dann drohen oft Konsequenzen – auch wenn ihr es geschafft habt, das Geld innerhalb weniger Tage auszugeben …

Verprasst, verbrannt, vergeudet, verschwendet, verloren. Die Möglichkeiten, wie man erlangtes Geld wieder loswird, sind vielzählig. Von ehrlichen und unehrlichen Findern, schnellem Reichtum und langen Gerichtsprozessen.

§ KIND FINDET 15 000 EURO UND VERPRASST SIE MIT FREUNDEN – UND JETZT?

Stellt euch vor, ihr seid Elternteil eines 13-Jährigen (außer natürlich diejenigen, die sich das nicht vorzustellen brauchen). Er hat viele Freunde, er benimmt sich, und gute Noten bringt er auch noch nach Hause. Alles läuft perfekt. Sein Taschengeld von 30 Euro im Monat hat er sich allemal verdient! Doch auf einmal bringt er neue Rucksäcke oder teure Ohrringe mit nach Hause. Na ja, denkt ihr euch, soll er mit seinem Geld machen, was er will, auch wenn der alte Rucksack eigentlich noch in gutem Zustand war. Aber immer mehr Merkwürdigkeiten fallen euch auf. Statt online mit seinen Freunden *Fortnite* zu spielen, trifft er sich mit ihnen jetzt sogar im echten Leben. Auf Nachfrage antwortet er nur: »Bin mit Freunden essen und bowlen.« Ihr vermutet, da stimmt irgendwas nicht. Wo hat er das Geld dafür her? Verkauft er etwa Drogen oder – noch schlimmer – ist er Influencer geworden? Als er eines Abends dann mit einem funkelnagelneuen E-Roller heimkommt und gerade versucht, diesen zu verbergen, seid ihr euch sicher, die Sache stinkt zum Himmel. Ihr stellt den Bengel zur Rede.

So oder so ähnlich muss es sich bei einer Familie aus Oberhaching in der Nähe von München abgespielt haben. Der 13-jährige Schüler fand am Bahnsteig eine Aktentasche mit stolzen 15 000 Euro. Auch wenn Bayern ein eher religiös geprägtes Bundesland ist, hat sich der Jugendliche nicht gefragt: »Was würde Jesus tun?« – oder neudeutsch: »*What would Jesus do?*« Den Fund abzugeben, daran dachte der Junge vielleicht nur kurz. Wohl länger beschäftigte ihn der Gedanke, was er mit dem ganzen Geld kaufen könnte. Wenigstens an eine der christlichen Lehren hatte der Junge gedacht: Geteiltes Glück ist doppeltes Glück. Oder er wusste einfach nicht, wie er das ganze Geld allein ausgeben sollte. So kaufte er mit seiner fünfköpfigen Freundesgruppe allerhand Schabernack, klapperte Restaurants ab und unternahm teure Ausflüge. Bis die Eltern dann – vielleicht weil kein Laden einen E-Scooter in 30-Euro-Monatsraten verkauft – den Jungs auf die Schliche kamen.

Doch was könnte der Freundesgruppe schlimmstenfalls passieren – bis auf Hausarrest und Playstationentzug? Strafrechtlich könnte die Zueignung einer fremden Sache, sofern sie nicht zum Fundbüro oder Eigentümer gebracht wird, eine Unterschlagung nach § 246 StGB sein. Das wird mit einer Geldstrafe beziehungsweise Freiheitsstrafe bis zu drei Jahren bestraft. Auweia! Das Glück? Der Junge war erst 13 Jahre alt. Nach § 19 StGB sind nur 14-Jährige schuldfähig und damit strafmündig. Puhh, noch mal glimpflich davongekommen.

Aber was ist mit demjenigen, der das Geld verloren hat? Wenn der Junge Glück gehabt hat, ist für den anderen dann nur noch die Kehrseite, also das Pech, übrig? Nicht ganz, immerhin gibt es noch das Zivilrecht. Tatsächlich wurde der ursprüngliche Inhaber der Tasche gefunden. Nur, an wen musste er sich wenden?

Sowohl nach dem Fundrecht als auch nach dem Deliktsrecht hat der Eigentümer ein Recht, das Geld zurückzufordern. § 828 BGB beschäftigt sich mit der Haftung für Minderjährige. Wenn der 13-Jährige genau wusste, dass sein Verhalten falsch war, er also die sogenannte Einsichtsfähigkeit besaß, dann wäre er auch selbst dafür verantwortlich.

Aber es heißt doch immer: »Eltern haften für ihre Kinder«, wie sieht es damit aus? Dieser Satz ist mehr Abschreckung als Wahrheit. Eltern haften nur, wenn sie ihre elterlichen Sorgfaltspflichten verletzen. Je nach den Umständen könnte der 13-Jährige also ganz allein haften. Natürlich reicht dafür sein Taschengeld nicht, sodass am Ende doch die Eltern den Geldbeutel öffnen müssten.

Zumindest die gekauften Gegenstände konnten die Eltern aber wieder zurückgeben. Ein 13-Jähriger ist nämlich nur beschränkt geschäftsfähig. Das heißt, für den Kauf von Sachen, die er nicht mit seinem Taschengeld bezahlen kann – und das ist bei einem E-Roller der Fall –, benötigt er die Zustimmung seiner Eltern. So konnten die Eltern, bis auf wenige Tausend Euro, das ganze Geld wieder auftreiben. Und das beim Bowling und im Restaurant verprasste Geld? Das zahlten sie dem 62-jährigen Verlierer aus eigener Tasche zurück. Also waren am Ende alle glücklich – bis auf die Eltern.

In Zukunft sollte der Junge den Fund also einfach im Fundbüro abgeben. Dann wartet auch ein saftiger Finderlohn. So hätte es immerhin 450 Euro für den Schüler gegeben. Das ist mehr als ein Jahr Taschengeld!

Bleibt nur noch eine Frage offen: Was wollte der Mann mit den knapp 15 000 Euro Bargeld in der Aktentasche?

§ 80 000 EURO IN MIETWOHNUNG GEFUNDEN: GEHÖRT DAS GELD MIR?

Eine Situation, die sicher viele schon erlebt haben: Man zieht in eine neue Wohnung oder in ein neues Haus und findet dort irgendwelches Zeug, das die Vormieter vergessen haben. Meist handelt es sich um weniger wertvolle Dinge, schließlich wären sie sonst nicht vergessen worden. Was euch aber (zu eurem Leidwesen) wohl noch nicht passiert ist: einfach mal richtig viel Kohle in der neuen Bude finden! Und mit Kohle meine ich keine schwarzen Klumpen im Keller, sondern Geld. Und zwar richtig viel davon!

Die Mieterin in diesem Fall staunte nicht schlecht, als sie statt altem Krimskrams einen Fund machte, der ihre Augen wohl funkeln ließ … Schlappe 80 000 Euro hatten irgendwelche Vormieter in einer Wand innerhalb der Wohnung versteckt – offengelegt durch Handwerksarbeiten. Die ehrliche Finderin fackelte aber nicht lange und brachte das Geld zum Fundbüro – Chapeau!

Doch das barmherzige Samaritertum der Dame währte nicht lange, und sie ärgerte sich vermutlich grün und blau über ihre eigene unüberlegte Ehrlichkeit. Vielleicht hatte die Frau bemerkt, was man mit so viel Geld alles anstellen könnte: sich zum Beispiel eine sehr viel bessere Wohnung leisten, den ungeliebten Job an den Nagel hängen und sich ein Sabbatical-Jahr auf den Malediven gönnen – oder vielleicht dem ganzen Alltagsverdruss durch einen Kurztrip ins Weltall entfliehen? Nun gut, Letzteres bleibt mit dem Geld immer noch ein Luftschloss, dafür braucht man fünf Mal so viel. Aber träumen wird man ja dürfen! Welche Träume der Frau durch den Kopf gingen, wird ihr Geheimnis bleiben. Fakt ist: Sie verlangte die 80 »Racks«, wie man in der Jugendsprache für 1000 Euro/Dollar sagt, zurück.

Jetzt wird es knifflig. Denn der Mann, dem das Geld einmal gehört haben musste, war bereits verstorben. Wie sich herausstellte, suchte die Erbin des Herrn nach dem Geld, konnte es aber nicht finden – das Versteck war einfach zu gut. Das Fundbüro wollte die 80 000 Euro dann den Hinterbliebenen aushändigen, die Finderin hatte aber eine andere Meinung. Ihrer Ansicht nach hatte sie das Eigentum daran letztlich erworben. Schließlich war die Erbin als (frühere) Eigentümerin des Geldes sechs Monate nach Fund noch immer nicht aktiv geworden (wie auch?). Außerdem führte die Finderin auf, dass nicht alle vergangenen Mieter ausfindig gemacht werden konnten, weshalb nicht eindeutig feststehe, dass das Geld auch wirklich dem Verstorbenen gehört habe. Problematisch an dieser Argumentation war, dass mit dem Geld auch Zettel mit Datumsangaben gefunden wurden. Und die Daten stimmten mit dem Zeitraum überein, in dem der pfiffige Mann das Geld versteckt hatte.

Trotzdem ging der Fall vor das Amtsgericht, und wenig überraschend bekam die Erbin recht. Schließlich war das Geld nur versteckt worden und nicht verloren gewesen. Die Finderin hatte die Moneten also nicht gefunden, sondern quasi nur entdeckt. Oder auf Juristisch: Das Geld war durch das Verstecken nicht »besitzlos« geworden. Warum das wichtig ist? Weil das Fundrecht, das einen Eigentumserwerb nach sechs Monaten vorsieht, nur Anwendung findet, wenn die Sache verloren, also besitzlos war. Bei Wohnungen handelt es sich aber um den Herrschaftsbereich der darin wohnenden Person. Also selbst wer etwas in seiner eigenen Wohnung versteckt (oder sogar verliert), ist noch immer Besitzer dieser Sache. Wenn der Besitzer verstirbt, wandert der Besitz automatisch zu den Erben. Somit hatte die neue Mieterin hier keine Chance auf das Bare.

Jetzt eine Frage zum Mitraten: Wie sieht es mit einem Finderlohn aus? Antwort: Den gab es ebenfalls nicht. Schließlich war das Geld nicht verloren, wie wir eben geklärt haben.

Leider ging die ehrliche Finderin also leer aus. Den Fund nicht abzugeben, wäre übrigens keine bessere Option gewesen. Dann hätte sich die Dame schließlich wegen Unterschlagung strafbar gemacht.

§ 500 000 EURO AUF DEM FRIEDHOF ENTDECKT – WEM GEHÖREN DIE GRABSCHÄTZE?

Einmal einen echten Schatz finden – wahrscheinlich eine Wunschvorstellung vieler Menschen und insbesondere derer, die aktiv suchen. Tatsächlich schlummern allein schon in den Tiefen unserer Meere Schätzungen zufolge Milliardenschätze. Doch manchmal ist das Glück näher bei uns, als wir denken. Ein Friedhofsgärtner staunte nicht schlecht, als er bei der Arbeit über 100 000 Euro in bar und eine Vielzahl von Münzen im Wert von über 400 000 Euro fand.

Doch auch dieser Finder war ehrlich. Auf seinen Fund hin informierte er die Polizei, und die Schätze wurden wenig später beschlagnahmt. Das wollte der ehrliche Finder aber nicht auf sich sitzen lassen. Schließlich steht ihm doch ein Teil des Geldes und der Münzen zu, oder?

Wenig verwunderlich hat Deutschland solche Fälle geregelt. Nicht nur bestimmt das BGB, was bei einem Fund passiert. Der § 984 BGB befasst sich tatsächlich sogar mit dem Schatzfund: »Wird eine Sache, die so lange verborgen gelegen hat, dass der Eigentümer nicht mehr zu ermitteln ist (Schatz), entdeckt und infolge der Entdeckung in Besitz genommen, so wird das Eigentum zur Hälfte von dem Entdecker, zur Hälfte von dem Eigentümer der Sache erworben, in welcher der Schatz verborgen war.« Auf diese Normen stützte sich der Finder und stellte einen Antrag auf Prozesskostenhilfe, um sich eine Klage finanziell zu ermöglichen. Innerhalb eines solchen Antrags werden dann auch die Erfolgsaussichten der Klage geprüft.

Doch wie im vorherigen Fall stellten die Richter Folgendes fest: Ein Fund im Sinne des BGB lag nicht vor. Das liegt daran, dass die Münzen wohl gezielt auf dem Friedhof versteckt wurden. Deswegen sind sie auch niemandem verloren gegangen und waren also nicht »besitzlos«. Ergo: kein Fund, also auch kein Finderlohn. Eigentümer und Besitzer bleibt die Person, die die Münzen versteckt hat (oder im Todesfall die Erben). Und ein Schatz war das hier auch nicht. Das jüngste Prägungsdatum einer der Münzen datierte auf 2016. Der »Schatz« war also nicht lang genug verschollen, um als solcher zu gelten. Der Mitarbeiter ging leer aus.

Trotzdem stellen sich noch einige ungeklärte Fragen: Wer versteckt so einen großen Wert auf einem Friedhof, und wie hat derjenige dort alles verbuddeln können, ohne dabei aufzufliegen? Und viel wichtiger: Hat der Eigentümer überhaupt gemerkt, dass sein Versteck doch nicht so sicher war, wie er vielleicht dachte?

Da sich fünf Jahre nach dem Fund noch immer niemand als Eigentümer herauskristallisiert hatte, beschloss die Stadt, den Schatz aufzuteilen. 60 Prozent flossen in eine Stiftung, mit den anderen 40 Prozent wurden die Friedhöfe in Dinklage finanziell unterstützt. Und der Finder? Der ging leer aus – wie gewonnen, so zerronnen. Immerhin konnte der Gärtner ganz viele Karmapunkte sammeln. Vielleicht gleicht sich seine gute Tat ja irgendwann in diesem oder dem nächsten Leben mit einem Lottogewinn aus.

Oberlandesgericht Oldenburg, Beschluss vom 07.10.2020, Az. 1 W 17/20

§ NACH FEHLÜBERWEISUNG: DAS REZEPT ZU DREI TAGEN REICHTUM

Wer beim Friseur die Seiten »auf Kontostand« rasieren lässt, hat wahrscheinlich auch einen Geldbeutel aus Zwiebelleder: Beim Reinschauen muss man weinen. Wenn man dann die Chance auf Reichtum hat, sollte man die Gelegenheit beim Schopf packen. Aber gibt es ein Rezept für den schnellen Reichtum? Und mit schnellem Reichtum meine ich nicht schnell verprasst. Fragen wir mal einen Mann aus dem Raum Hannover.

In einem Kochbuch für das schnelle Glück hätte der Mann nicht zu viel von einer Zutat nehmen sollen: gefährliches Halbwissen. Denn eigentlich klang sein Rezept erst mal gut: Man nehme etwas juristische Expertise aus dem Internet. Dazu mische man einen Löffel »vielleicht doch nicht so genialer Einfall«. Das Ganze wird abgeschmeckt mit »Aktivitäten, die in kurzer Zeit viel Geld kosten«. Natürlich darf am Ende die Prise »Familienmitglied, das bei der Bank arbeitet« nicht fehlen. Dazu noch die Geheimzutat »Entreicherung«. Et voilà: Serviert wird »drei unüberlegte Tage, die man wahrscheinlich eine lange Zeit bereut«. Probieren wir das Gericht also mal.

Der Protagonist hat im Jahr 2019 von seiner Bank eine Fehlüberweisung von sage und schreibe 170 000 Euro erhalten. Wie der Zufall so wollte, arbeitete seine Lebensgefährtin zu dem Zeitpunkt bei der Bank. Diese soll nach Angaben der Bank auch für die fehlerhafte Überweisung zuständig gewesen sein. Aber wir wollen nichts unterstellen. Beweise für eine geplante Bonnie-&-Clyde-Aktion gab es nicht. Der Mann war also jetzt erst mal – wie auch immer die Fehlüberweisung zustande kam – um 170 000 Euro reicher. Ob er selbst Gesetzestexte wälzte oder seine juristische Expertise aus Wikipedia (wobei das auch manchmal eine gute Quelle sein kann) stammte, jedenfalls hatte er vermutlich gelesen, dass man bei einer sogenannten ungerechtfertigten Bereicherung »entreichert« sein kann, wenn man das ganze Geld wieder ausgibt. Und zwar nicht für sinnvolle Sachen, sondern man muss es mit unnötigem Luxus, den man eigentlich nicht braucht, verprassen. So ganz unrecht hatte der Mann damit auch gar nicht, nur hatte er eine Sache überlesen, die ihm zum Verhängnis werden sollte.

Aber erst mal zum Verprassen: Innerhalb von drei Tagen gab der Mann 92 000 Euro aus. Beachtliche Leistung! Und dabei war er durchaus kreativ. 3600 Euro hat er sich einen Mietwagen und Hotelaufenthalte kosten lassen. 15 000 Euro verzockte er in der Spielothek. Fast 20 000 Euro landeten im Bordell. Und zu allem Ärger wurden dann auch noch 50 000 Euro »gestohlen«. Da denkt man zuerst an den wohl ausgelassensten Junggesellenabschied, den man sich vorstellen kann. Aber der Hannoveraner hat das ohne Hilfe in drei Tagen geschafft!

Als er sich schließlich seine Geheimzutat »Entreicherung« im Mund zergehen lassen wollte, meldete sich die Bank zeitnah bei ihm und forderte das Geld zurück. Die Bank sah sich nämlich auch in einer Sache entreichert: und zwar um einen einfachen Gerichtsprozess. Dem Landgericht Hannover schmeckte das Gericht ebenso wenig wie der Bank. Eine Entreicherung liege durch die Luxusaufwendungen zwar grundsätzlich vor, auf diese könne sich der Mann aber keinesfalls berufen, weil er von Anfang an mit einer Rückzahlung habe rechnen müssen. Bei so einer großen Summe hätte der Mann wissen müssen, dass diese ihm nicht zusteht.

Die Folge: Das ganze Geld sollte zurückgezahlt werden. Da er es nicht mehr hatte, musste der Verklagte es verdienen und in Raten zurückzahlen. Es sei denn, der Mann wollte einfach lediglich drei Tage wie ein König in Versailles leben und hatte noch seine Überraschungszutat in petto: »den Insolvenzantrag«. Falls er wirklich nicht mit seiner Frau unter einer Decke gesteckt hatte, musste er dieser dann zumindest erklären, wieso er für 20 000 Euro mit fremden Frauen im Bordell unter einer Decke gesteckt hatte.

Das Gericht kann man also drehen und wenden, wie man will. Am Ende sind beide Seiten für den Mann angebrannt. Hier bekam die Bank ihr Geld also wieder zurück. Ob die Bank im nächsten Fall auch so glimpflich davonkommt?

Zum Nachkochen: Landgericht Hannover, Urteil vom 27.07.2020, Az. 4 O 248/19

§ WURSTFINGERFEHLER: BANKER TIPPT EINE NULL ZU VIEL EIN – UND VERNICHTET 300 MILLIARDEN EURO

Fehler passieren, auch bei der Arbeit. Prinzipiell lassen sich die Geschehnisse dieses Arbeitstages im Sommer 2022 recht kurz und schmerzlos zusammenfassen: Ein Banker der Bank Citigroup hat eine Null zu viel eingetippt – ein klassischer Tippfehler also. Unter Brokern und Investmentbankern wird dieser Fehler gern auch Wurstfingerfehler oder *fat finger error* genannt. Also offenbar grundsätzlich nichts Unübliches. Auch bei Airlines passiert das häufiger, wenn sie den Preis für Flüge online stellen. Meist wird dann aber eine Zahl vergessen und die Reise wird plötzlich um ein Vielfaches billiger – ein sogenannter Error Fare.

Der Fehler des Bankers hatte aber weitaus schlimmere Folgen als billige Flugpreise. Er sorgte nämlich für einen »Flash Crash«: Aus dem Nichts sanken die Aktienkurse OMX Stockholm 30 um 8 Prozent und der Leitindex in Dänemark um 6 Prozent. Auch der europäische Aktienindex Eurostoxx 50 ging um 3 Prozent zurück. Mag vielleicht nicht besonders viel klingen, ist aber tatsächlich gravierend. Das alles passierte innerhalb von schnellen, aber schmerzhaften fünf Minuten. Insgesamt wurden 300 Milliarden Euro durch die Aktion vernichtet ... Wahrscheinlich ein persönlicher Rekord für den Banker. Und diese Aktion könnte auch den *Guinness-Buch*-Rekord für die teuersten Tippfehler der Weltgeschichte geknackt haben, falls es eine solche Kategorie gibt. Aber wenn es schon eine Kategorie für den größten Schaukelstuhl (17,09 Meter hoch) gibt, dann doch wohl auch für einen solchen Fauxpas, oder?!

Doch wie konnte das passieren? Durch den Tippfehler entstand ein Teufelskreis, nachdem aufgrund des Kursverlusts viele Aktien automatisch verkauft wurden, was den Kurs dann wiederum noch weiter nach unten getrieben hat. Auch Panikverkäufe trugen zum hohen Verlust bei (insbesondere von Anlegern, die Angst hatten, eine gewisse Entwicklung verpasst zu haben, und sich deshalb sicherheitshalber von den Aktien trennten). Glück im Unglück für manche Anleger: Ein Sicherheitsmechanismus konnte einige der Verkäufe noch aufhalten und den Anlegern so hohe Verluste ersparen. Dadurch konnte noch Schlimmeres verhindert werden. Charakteristisch für einen Flash Crash ist, dass sich die Kurse schnell wieder stabilisieren. Tatsächlich herrschte bereits am nächsten Tag wieder Normalität, der Verlust der 300 Milliarden Euro konnte abgewendet werden. Der Albtraum für den unfreiwilligen Verursacher hielt also glücklicherweise nicht lange an. Jedoch hatte die Citigroup selbst einen hohen finanziellen Schaden erlitten. Nicht alle Verkäufe wurden rückgängig gemacht, daher ist der Bank offenbar ein Gesamtschaden von knapp 50 Millionen Euro entstanden.

Jetzt stellt sich die spannende Frage, ob der Mitarbeiter dafür zur Verantwortung gezogen werden kann. Muss er die hohe Verlustsumme begleichen? Nun ja ... Beim Schadensersatz gilt der Grundsatz, dass der Zustand wiederherzustellen ist, der vor der schädigenden Handlung bestand. Nur: 50 Millionen Euro würden das Privatvermögen des unglücklichen Bankers sicherlich bei Weitem übersteigen.

Aber: Nach den Grundsätzen der Arbeitnehmerhaftung liegt das Betriebsrisiko, dass Mitarbeiter Fehler machen, grundsätzlich bei der Firma und nicht bei den Angestellten. Wenn diese also nur »leicht fahrlässig« gehandelt haben, muss der Arbeitgeber den vollen Schaden tragen, denn: Fehler passieren. Bei »normaler« Fahrlässigkeit muss zwischen den Interessen des Arbeitgebers und des Arbeitnehmers abgewogen werden. Dabei sind verschiedene Dinge relevant: ob es möglich gewesen wäre, das Risiko zu versichern; wie viel der Arbeitnehmer verdient; welche Stellung er im Unternehmen hat; wie gefahrgeneigt die Arbeit war. Hat der Arbeitnehmer jedoch grob fahrlässig gehandelt – also einen wirklich groben Fehler gemacht –, muss er grundsätzlich den vollen Schaden ersetzen. Jetzt kommt das große ABER: In der Regel darf der geforderte Betrag nicht mehr als ein Jahresgehalt betragen.

Jetzt stellt sich natürlich die Frage, in welche Kategorie unser Investmentbanker fällt. Ein Tippfehler bei so wichtigen Geschäftsprozessen dürfte kein Fall der leichtesten Fahrlässigkeit sein. Es kann meiner Meinung nach erwartet werden, Werte einer solchen Größenordnung vor dem Absenden zu überprüfen. Es dürfte sich um den klassischen Fall der normalen Fahrlässigkeit handeln. Es muss also im Einzelfall entschieden werden.

Das Gericht würde hier beachten, dass der Investmentbanker sicherlich viel verdient, der Schaden allerdings auch extrem hoch ist. Dabei ist zu berücksichtigen, dass der Algorithmus des Unternehmens, der solche Fehler eigentlich erkennen sollte, wohl nicht der beste war, denn die Gefahr eines solchen Fehlers schien daher relativ groß zu sein. Dass der Mitarbeiter komplett ohne Schadenszahlung davonkommt, ist allerdings unwahrscheinlich. Ein allzu großer Betrag dürfte es allerdings auch nicht werden – und sicherlich keine 50 Millionen Euro!

So oder so, der Mitarbeiter wurde fürs Erste beurlaubt. Nach deutschem Recht wäre eine Kündigung aber nicht möglich. Dafür bräuchte es eine erhebliche Pflichtverletzung, die bei einem normal fahrlässigen Fehler nicht vorlag.

Das zeigt auch ein ähnlicher Fall aus dem Jahr 2013: Damals war ein Banker aus Hessen einfach über der Tastatur auf der Ziffer »2«

eingeschlafen. Beinahe zur Freude eines Rentners, der infolge dieses Sekundenschlafes plötzlich 222 222 222,22 Euro (222,2 Millionen Euro) auf dem Konto gehabt hätte – statt der 62,40 Euro, die der Banker eigentlich hatte überweisen wollen. Denn die Sachbearbeiterin, die den Fehler eigentlich bemerken sollte, übersah den Fehlbetrag ebenso. Erst bei einer systeminternen Prüfung wurde der Fehler gefunden, bevor es bald den wohl reichsten Rentner Deutschlands gegeben hätte. Doch die Bank war damit nicht besänftigt und kündigte der Sachbearbeiterin, die diesen gravierenden Fehler übersehen hatte. Das Hessische Landesarbeitsgericht ergriff Partei für die Dame: Sie habe zwar einen schweren Fehler begangen – das reiche für eine Kündigung aber noch nicht aus. Schließlich musste sie an besagtem Tag 800 Belege kontrollieren!

Auch wenn der Banker seinen Job behält – fortan wird er wohl zehnmal überprüfen, wie oft er welche Zahl eingetippt hat, und lieber ein paar Kaffee oder Red Bull mehr trinken, um nicht einzuschlafen. Selbst wenn das nicht wirklich Flügel verleiht.

Landesarbeitsgericht Frankfurt a. M., Urteil vom 07.02.2013, Az. 9 Sa 1315/12

§ SHIT HAPPENS: KUMPEL VERBRENNT 540 000 EURO!

Was sind wohl die härtesten Belastungsproben, die Freundschaften aushalten müssen? Vielleicht, wenn sich einer in die Partnerin des anderen verliebt? Oder wenn jemand einen geliebten Gegenstand seines Kumpels vernichtet? Oder doch eher, wenn es um Geld geht? Wahrscheinlich spielen Moneten in diesem Zusammenhang häufig eine Rolle, bekanntermaßen hört bei Geld die Freundschaft auf. Daher die Frage an alle Leser: Wie würdet ihr reagieren, wenn euch ein Freund versehentlich um über eine halbe Million Euro erleichtert?

Was war passiert? Es wird kurios, wir reisen ins Jahr 2014: Einer der beiden beteiligten Herren arbeitete jahrelang in einer Werkstatt und sparte sich ein kleines Vermögen zusammen. Weil er den Banken nicht traute, hob der Handwerker 540 000 Euro ab und versteckte sie im Heizungskessel seiner Werkstatt. »Die Anlage war wegen erhöhter Abgaswerte vom Schornsteinfeger gesperrt worden. Ich hatte sie demontiert«, erklärte er später vor Gericht. Als der Mann in den Urlaub fuhr, bat er einen Freund, nach der Werkstatt zu sehen. Sein Kumpel sorgte sich aufgrund plötzlichen Frosts um die Wasserrohre in der Werkstatt, weshalb er die Anlage wieder zusammenbaute und die Heizung anschmiss. Moment mal, lag das Geld nicht im Heizkessel? Jap ... Und so schnell war es dann auch um das Vermögen geschehen. 520 000 Euro verbrannten im Heizkessel, nur noch 20 000 Euro konnten gerettet werden.

Der Fall ging vors Landgericht Arnsberg. Die Klage des Mannes auf Schadensersatz wurde aber schnell abgewiesen. Wer hätte bitte auf die Idee kommen sollen, dass sich so viel Geld in einem Heizungskessel befand, so die nachvollziehbare Argumentation der Richter. Die juristische Einordnung: Nach der Werkstatt seines Freundes zu sehen, ist eine sogenannte Gefälligkeit. In solchen Fällen ist die Haftung nur sehr eingeschränkt möglich. Tja, Pech für den misstrauischen Sparer. Wirklich sehr viel Pech ... Und es kommt noch dicker.

Die Klage war wohl eine Frustreaktion. Vielleicht wollte er seinem alten Freund auch einfach einen Schrecken einjagen und sich so rächen. Eine Rechtsberatung hätte den Mann eigentlich über seine Erfolgschancen aufklären müssen. Denn bei einer Klage mit einer Klageforderung in Höhe von 520 000 Euro liegen die Kosten für eine verlorene Klage in der ersten Instanz immerhin schon bei über 33 000 Euro. Damit waren also nicht nur die übrig gebliebenen 20 000 Euro weg, sondern der arme Mann hatte auch noch Schulden angesammelt. Da lief wirklich eine Menge schief, ein »Black Swan Event«, würde man in der Wirtschaft sagen. Den Gesichtsausdruck des Inhabers, als er zurück in seine Werkstatt kam und diese unerwarteterweise warm statt eiskalt war, hätte man wohl gern gesehen ...

Bleibt zu hoffen, dass sich der Handwerker in Zukunft ein besseres Versteck für seine Wertsachen sucht. Vielleicht ja ein Bankschließfach? Ach stopp, mit Banken war ja was ...

Landgericht Arnsberg, Urteil vom 13.09.2019, Az. I-2 O 347/18

§ LOTTOLAND: PUTZFRAU GEWINNT 90 MILLIONEN – FAKE ODER REAL?

Fast jeder hat schon einmal Lotto gespielt. Doch was ist eigentlich der besondere Reiz daran? Anders als im Kasino, beim Poker oder Roulette hat man kaum Spannungsgefühl, keine blinkenden Lichter, keine Reizüberflutung. Sechs langweilige Kreuze, und das war's. Da machen ja Rubbellose mehr Spaß! Und die Chance, den großen Jackpot zu gewinnen, geht auch gegen null. Es ist wahrscheinlicher, vom Blitz getroffen zu werden, durch einen Haiangriff zu sterben, und sogar wahrscheinlicher, Präsident in den USA zu werden – vorausgesetzt, man hat die amerikanische Staatsbürgerschaft inne. Stand jetzt ist es zwar wahrscheinlicher, im Lotto zu gewinnen, als von Weltraummüll getroffen zu werden, aber das kann sich durch die neuen Weltraumprojekte schnell ändern. Warum spielt die Mehrheit der Deutschen dann überhaupt Lotto? Ich glaube, es ist bis auf diesen einen letzten Funken, der an den Gewinn glaubt, eher ein Gedankenentfliehen. Ein Was-wäre-wenn. Was würde ich mir kaufen, und wie würde ich mein Leben leben? Diese kleine Flucht aus dem Alltag ist für viele weiterhin ein Grund, zum nächsten Kiosk zu gehen.

Der Gang zum Kiosk war für eine Frau wohl zu lang. Die Digitalisierung ist doch so weit fortgeschritten, dass ich das auch online machen kann, oder? Die besagte Berlinerin ist Putzkraft und soll 90 Millionen Euro gewonnen haben. Ihre sechs Kreuze setzte sie mit der Maus und nicht mit einem Stift, und sie spielte auch kein Lotto, sie spielte Lottoland online. Deswegen interviewte die *Bild* die »Gewinnerin« nicht vor der staatlichen Glücksspielstelle, sondern auf der spanischen Halbinsel Gibraltar. Dort war der frühere Sitz von Lottoland, der mittlerweile in Malta liegt (und das liegt bestimmt nicht an dem schöneren Ausblick, mehr erfahrt ihr gleich). Eine ganze Titelseite widmete die Boulevardzeitung der vermeintlichen Gewinnerin. Vermeintlich, weil bis heute nicht so ganz geklärt ist, ob die Geschichte wahr ist oder nur eine Mischung aus falscher Recherche kombiniert mit PR von Lottoland. Dass diese Story nur von der *Bild* berichtet wurde und der 90-Millionen-Euro-Check auf der Titelseite fett mit Lottoland unterschrieben ist, hinterlässt mindestens einen faden Beigeschmack. Wenn man dann noch erfährt, dass die *Bild* in der Vergangenheit Werbeanzeigen der Lottoland-Schwester Lottohelden abgedruckt haben soll, wird der Beigeschmack nicht mehr fad, sondern sauer.

Doch was ist dran an den sogenannten Zweitlotterien oder schwarzen Lotterien? Angebote wie Lottoland sind keine offiziellen Lottoangebote, auch wenn der Name es vermuten lässt. Die Spielweise ist aber fast identisch. Nur setzt man nicht auf die einzelnen offiziellen Lottozahlen, sondern man wettet quasi auf den Ausgang der Ziehung. Meist haben sie dieselben Preise und ähnliche Gewinnquoten. Zweitlotterien nutzen also bestehende Lottosysteme aus. Das hat für die meist in Malta oder früher Gibraltar ansässigen Firmen folgenden Vorteil: Sie müssen sich nicht an die deutschen Gesetze halten. So müssen sie keine Abgaben für wohltätige Zwecke abführen und weniger Steuern zahlen. Und das nervige Kugelnziehen überlassen sie einfach den anderen. Perfekt, da ist das Gehalt für die Lottofee gespart. Aber da muss doch ein Haken sein, oder nicht?

Richtig, denn einen großen Nachteil hat das »Wetten auf die Wette«: Solche Glücksspiele sind bis heute immer noch illegal – zumindest hierzulande. Das gilt auch nach der Reform des Glücksspielstaatsvertrags der Bundesländer im Jahr 2021, wonach gewisse Onlineglücksspielanbieter jetzt theoretisch legalisiert werden könnten. Nicht aber derartige Onlinewetten. Erlaubnisfähig sind nur Onlinesport- und -pferdewetten.

Lottoland hat zwar vor deutschen Gerichten versucht, sich auf eine vermeintliche EU-Lizenz zu berufen, weil sie ja eine Erlaubnis aus Malta haben. Jetzt wird auch klar, warum sie von Gibraltar zu Malta gewechselt haben, denn Ersteres gehört zu England und nach dem Brexit nicht mehr zur EU. Sofern eine europäische Lizenz besteht, soll es die Dienstleistungsfreiheit allen europäischen Ländern ermöglichen, Glücksspiel anzubieten. Diese Argumentation überzeugte die deutschen Gerichte bislang – und wahrscheinlich auch in Zukunft – aber nicht. Seit Juli 2022 steht vor allem Lottoland im Kreuzfeuer der Behörden. Mehrere lizenzfreie Angebote wurden gesperrt. Dagegen wehrten sich die Glücksspielanbieter natürlich, sodass wir in nächster

Zeit mit einigen Klagen und Urteilen rechnen können. Und da kann Lottoland – anders als bei den eigenen Wetten – nicht auf Glück hoffen, denn die Rechtslage scheint eindeutig.

Sprich: Lottoland ist und bleibt illegal. Nur, was bedeutet das für die Putzfrau und alle anderen, die da mitspielen?

Glücksspiel in Deutschland ohne Lizenz ist nach § 284 StGB verboten. So gibt es sogar einige Stimmen, die illegales Glücksspiel des Konsumenten als Vortat zur Geldwäsche sehen. Falls man darüber hinaus von der Rechtslage wusste, kann man sich wegen einer Beteiligung an einem unerlaubten Glücksspiel nach § 285 StGB strafbar machen. So kann man von seinem Gewinn ja gleich die Gefängniskaution (Kautionen in Deutschland kommen jedoch nur in Ausnahmefällen der U-Haft in Betracht) bezahlen, praktisch!

Das ist im Fall der Putzfrau eher unwahrscheinlich – aber es gibt noch ein anderes Problem: Es besteht keine Sicherheit, dass das Geld auch tatsächlich ausgezahlt wird, auch wenn Anbieter wie Lottoland Gegenteiliges angeben. Sämtliche Verträge sind nämlich nach deutschem Recht nichtig, auch wenn ihr nach maltesischem Recht eventuell einen Anspruch hättet. So könnte Lottoland sich völlig zu Recht entscheiden, das Geld einfach nicht auszuzahlen (das wäre zugegebenermaßen aber ein schlechtes Geschäftsmodell).

Ob die Putzkraft – falls es sie überhaupt gab – ihre Millionen ausgezahlt bekam, bleibt ihr »Zocker-Geheimnis«. Natürlich wollte sie anonym bleiben, das sei schließlich die wichtigste Regel, die man beachten müsse, wenn man hohe Beträge gewinnt. Außer man will wissen, wie viele Verwandte man hat, dann macht man es so wie der frische Lottomillionär Chico, welcher mit Klarnamen in sämtlichen Fernsehsendungen und Zeitungen mit seinem Gewinn hausieren ging. Immerhin war sein Gewinn aber legal. Da ist dann auch aller Grund zur Freude. Mein Tipp also: Wenn ihr schon euer Geld beim Glücksspiel ausgeben wollt – wovon in den allermeisten Fällen abzuraten ist –, dann spielt bei staatlichen anerkannten Stellen.

§ 23 MILLIARDEN FÜR TOD DURCH RAUCHEN – ODER DOCH NICHT?

Beim Lottospielen beschäftigt man sich gern mit horrenden Zahlen, aber folgender Betrag übersteigt einen gewöhnlichen Lottogewinn noch mal bei Weitem: Eine Milliarde ist eine Eins mit neun Nullen, tausend Mal eine Million. 23 Milliarden ist 23 Mal so viel. Damit könnte man jedem Bürger in Deutschland ein brandneues Smartphone kaufen. Selbst wenn man statt wohlfahrt- eher kunstinteressiert ist, kann man das jeweils teuerste Gemälde von Leonardo da Vinci, Monet, Picasso und auch noch den *Schrei* von Munch kaufen und hat nicht mal eine Milliarde ausgegeben. Von dem restlichen Geld kann man sich, während man in seinem Privatjet zur nächsten Yachtbesichtigung fliegt, noch die teuerste Villa der ganzen Welt kaufen. Die übrig gebliebenen Milliarden kann man dann in Las Vegas beim Roulette-Spielen auf Rot setzen, denn sind wir mal ehrlich: So viel Geld kann wirklich keiner ausgeben – es sei denn, man möchte Elon Musk Twitter wieder abkaufen.

Die Rekordsumme von 23 Milliarden Euro sollte jedenfalls der Witwe eines Kettenrauchers von einem Gericht zugesprochen werden. Doch warum? Der Ehemann der Frau hat das Wort Ketten zum Rauchen gebracht. Täglich soll er drei Päckchen Zigaretten gequalmt haben. Dabei zündete er häufig – wie soll es denn auch anders möglich sein – seine neue Zigarette an der alten an. Über lange 20 Jahre glich seine Anwesenheit einem Schornstein. Im Alter von 36 Jahren kam dann das traurige, aber nicht überraschende Ende des Konsums – Tod durch Lungenkrebs. Selbst am Tag seines Todes konnte er die Finger nicht von den Glühstängeln lassen.

Aber wieso rauchte der Mann so viel? War er einfach nur ein Suchtabhängiger, dem keiner geholfen hat? Wollte er sein Leben einfach in vollen Zügen – in dem Fall Zigarettenzüge – genießen, und ihm waren die Risiken egal? Oder kannte er sich einfach nur gut im Rechtssystem der USA aus und wollte seine Frau zur Milliardärin machen? Seine Frau meint, der Tabakkonzern habe die Sucht- und Gesundheitsgefahr des Rauchens bewusst verheimlicht. Das beweise Filmmaterial, in dem die Chefs der Tabakindustrie behaupten, dass Rauchen keinen Krebs verursache, obwohl sie wussten, wie gefährlich der Nikotinkonsum sein kann. Nur deswegen sei ihr Mann gestorben.

Und jetzt der Hammer: Die Geschworenen gaben ihr recht. Die vollen 23 Milliarden Dollar sollten der Ehefrau zustehen. Als sie von der Summe hörte, fiel sie fast vom Stuhl. Aber selbst wenn sie ungewollte Bekanntschaft mit dem Boden gemacht hätte, wäre ihr das in dem Moment bestimmt herzlich egal gewesen. Schließlich reicht das Geld selbst für die hohen Rechnungen des amerikanischen Gesundheitssystems aus.

Dagegen ging der Tabakkonzern in der Berufungsinstanz vor. Das Urteil der Jury sei verfassungsfeindlich und fernab jeglicher Angemessenheit und Gerechtigkeit. Oftmals wollen die Geschworenen nämlich ein Zeichen gegen die großen Tabakkonzerne setzen. So sah es auch das nachfolgende Gericht und reduzierte die Summe auf fast 17 Millionen. Wie gewonnen, so zerronnen.

Eine kleinere Yacht wird immer noch drin sein. Die große Lehre, die die zwei Kinder der Witwe ihr Leben lang begleiten wird: Fang bloß nicht mit dem Rauchen an. Das Geld können sie aber trotzdem gut gebrauchen, denn: Nichts im Leben ist umsonst, nicht mal der Tod, denn der kostet das Leben.

DREISTIGKEITEN AUS DER ARBEITSWELT

34,8 Stunden ist die durchschnittliche Wochenarbeitszeit der Deutschen. *Dabei arbeiten wir insgesamt 38,8 Jahre in unserem gesamten Leben. Das bedeutet, im Laufe seines Lebens arbeitet der oder die Durchschnittsdeutsche knapp 70 000 Stunden, das sind beinahe 3000 Tage oder 8 ganze Jahre.*

Es ist also unausweichlich, dass man den professionellen Business-Look nicht über die ganze Zeit aufrechterhalten kann. Und das Schlimmste: Auch außerhalb der Arbeitszeit muss man sich seiner Arbeit angemessen verhalten.

Wer schafft es schon, nach drei Maß auf der Bierbank noch ordentlich zu tanzen? Doch ist der Sturz von der Bierbank ein Arbeitsunfall? Was ist mit dem Tag danach, wenn ich mit Kater im Bett liege und mich krankmelde – muss der Arbeitgeber das akzeptieren? Bekomme ich 220 000 Euro für meine 5000 Überstunden ausgezahlt, die ich angesammelt habe? Kann mir gekündigt werden, wenn ich das Alter der Frau meines Chefs falsch schätze?

Das Arbeitsgericht ruft auf: Arbeitgeber vs. Arbeitnehmer, Runde 1 … kämpft!

§ KATER IST EINE KRANKHEIT! DARF ICH MICH ALSO NACH ALKOHOLEXZESS KRANKMELDEN?

Kopf- sowie Magenschmerzen und Übelkeit. Ein unangenehmes Gefühl, das leider nicht selten auftaucht, wenn man am Abend (oder im Fall von Festivals: die drei bis sechs Tage zuvor) gesoffen hat. Wer geht in diesem Zustand schon gern arbeiten? Die Lösung: ein Nahrungsergänzungsmittel, das den Kater lindern oder ihm gar vorbeugen soll. Dieses Wundermittel ist als Pulver oder als flüssige Mischung erhältlich. So weit, so gut, oder? Der »Hangover-Killer« – das wäre doch ein Traum! So viel trinken, wie man lustig ist, und am Tag danach keinen Kater haben. Klingt zu gut, um wahr zu sein? Scheinbar nicht, denn ein Lebensmittelhersteller bewarb seine Produkte auf diese Weise. Doch mit diesem Slogan brachte die Firma sich in rechtliche Schwierigkeiten …

Einem Wettbewerbsverband war das alles ein Dorn im Auge, weshalb man vor Gericht zog. Insbesondere die Werbeslogans waren für den Verein ein No-Go. Doch wo genau liegt hier eigentlich das Problem? Kurz gesagt: Ein Lebensmittel darf laut Gesetz nicht den Eindruck vermitteln, dass es zur Heilung, Linderung oder Vorbeugung einer Krankheit beitragen kann. Moment mal, Krankheit? Es geht hier doch um einen alkoholbedingten Kater? Richtig. Doch im Zuge des Urteils stellte das Gericht fest, dass es sich bei einem Kater, Achtung, um nichts Geringeres als eine Krankheit handelt! Die Symptome eines Katers, also Kopf- sowie Magenschmerzen und Übelkeit, stellten eine »Störung der normalen Beschaffenheit« dar. Sie gehörten nicht zur üblichen Schwankung des menschlichen Körpers. Dabei sei nicht maßgeblich, dass die Symptome wieder verschwinden, ohne dass es einer Behandlung bedarf. Also gilt: Kater = Krankheit. Übrigens gibt es für einen Kater sogar einen medizinischen Fachbegriff, nämlich »Veisalgia«. Deshalb musste die Firma ihren Namen ändern und durfte sich nicht mehr als Wunderallheilmittel für diese selbst verschuldete Krankheit darstellen.

Doch wenn Kater nun gerichtlich festgestellt als Krankheit gilt – bedeutet das auch, dass ich mich bedenkenlos von der Arbeit krankmelden darf, weil ich vorher 1 bis 20 Schnaps zu viel getrunken habe oder das letzte Bier irgendwie schlecht war? Nein, leider dürft ihr euch nicht zu früh freuen: Ins Arbeitsrecht lässt sich die Einstufung eines Katers als Krankheit nur bedingt übertragen. Schließlich ist der Zustand eigenverschuldet. Zumindest, wenn der eigene Körper nicht gerade Alkohol selbstständig braut (blättert hierzu mal ein paar Kapitel zurück). Deshalb hat der arme verkaterte Arbeitnehmer keinen Anspruch auf Lohnfortzahlung. Meldet er sich trotzdem regelmäßig wegen eines Katers ab, kann man ihn abmahnen und irgendwann auch kündigen. Also gilt weiterhin: Wer saufen kann, kann auch arbeiten gehen!

Oberlandesgericht Frankfurt am Main, Urteil vom 12.09.2019, Az. 6 U 114/18

§ KARRIEREENDE »AUF NACKEN« – POLIZIST WIRD ZUM BETRÜGER

So schnell kann's gehen: Für ein paar Klicks auf YouTube ist ein Polizist aus Berlin seinen Job losgeworden. Warum das?

Nun, der 21-Jährige hatte im Dezember 2018 auf seinem YouTube-Kanal ein Video mit dem Titel »Auf Nacken! Starbucks Edition #1« hochgeladen. In diesem wollte er seinen treuen Followern zeigen, wie einfach es ist, bei Starbucks Kaffee und Kuchen zu bekommen, ohne auch nur einen Cent dafür bezahlen zu müssen. Also quasi Kaffee und Kuchen »auf Starbucks Nacken«. Das Mittel zum Zweck war eine Betrugsmasche, bei der sich der Kommissar-Anwärter selbst filmte. In dem mittlerweile gelöschten Video spielte er an der Kasse des Starbucks ein Telefonat mit dem vermeintlichen Geschäftsführer des Ladens vor. Unter dem Vorwand, dieser habe gesagt, er müsse für seine Bestellung nichts bezahlen, bestellte er sich Kaffee und Kuchen, wie es das Herz begehrt – und kam damit durch. Der Anwärter feierte sich in dem Video noch selbst für die Aktion: »Ich kann mit Stolz sagen, dass ich der Erste bin, der so etwas macht, auf ganz YouTube.« Er fragt seine Follower noch, welches Geschäft er als Nächstes aufsuchen solle. Sein Fazit nach der Aktion: Man muss nur ein Telefonat vortäuschen und überzeugend genug sein, dann kann man Kaffee und Kuchen ganz einfach gratis bekommen.

Nachdem der 21-Jährige das Video auf seinem Kanal hochgeladen hatte, schlug dieses hohe Wellen. Doch die Reaktionen waren ganz anders, als der junge Polizist es erwartet hatte. Das Video sorgte im Netz für Aufregung und Empörung. Eine solche Betrugsmasche ausgerechnet von einem Polizisten? Das entspricht nicht gerade der Vorbildfunktion der Polizei. So jemand im Staatsdienst? Für viele ein Skandal. Aber nicht nur die Zuschauer waren empört. Als die zuständige Polizeidienststelle auf das Video des 21-Jährigen aufmerksam wurde, war auch diese von der Aktion überhaupt nicht amüsiert. Die Berliner Polizei kommentierte das Video: »Weitergeleitet an unser LKA. Strafanzeige ist raus – #aufNacken!«

Wie viele Kaffees und Kuchen sich der 21-Jährige wohl mit seinem Polizistengehalt hätte kaufen können? Hoffen wir mal, die Rechnung ging für ihn auf, denn der Anwärter musste sich auf einmal wegen Betruges vor Gericht rechtfertigen. Und seinen Job als Hüter des Rechts war der Azubi im 3. Lehrjahr nach der Nummer auch los. Er stachele mit seiner Betrugsmasche andere Menschen zu ähnlichen Straftaten an und sei deshalb für den Polizeidienst charakterlich nicht geeignet, so die – doch ziemlich nachvollziehbare – Begründung für die Kündigung. Sein persönliches Karriereaus – #aufseineneigenenNacken. Und das alles nur für ein paar Klicks und gratis Kaffee und Kuchen.

Aber der 21-Jährige wollte seine Kündigung nicht einfach so hinnehmen und klagte dagegen. Er habe alles nachträglich bezahlt, rechtfertigte sich der Polizeischüler. Außerdem sei das YouTube-Video von der Kunstfreiheit aus Art. 5 Abs. 3 GG geschützt. Die Klage blieb allerdings ohne Erfolg: Das Verwaltungsgericht Berlin gab der Polizei im Juni 2019 recht. Die Aufgabe der Polizei sei es, Straftaten zu verhindern und nicht noch für sie zu werben oder gar eine Anleitung dazu zu geben. Die Aktion des Anwärters sei deshalb mit dem Berufsbild des Polizisten unvereinbar. Auch in zweiter Instanz vor dem Oberverwaltungsgericht Brandenburg war er nicht erfolgreicher. Dieses wies die Klage mit der gleichen Begründung wie das Verwaltungsgericht Berlin ab.

So schnell kann man also seinen Job loswerden. Das Internet vergisst ja bekanntlich nie, und auch die Dinge im Internet können sich auf das echte Leben auswirken. Der 21-Jährige musste das am eigenen Leib erfahren und muss sich jetzt wohl oder übel für einen anderen Karriereweg entscheiden – vielleicht als YouTuber oder Influencer? Immerhin hat er Kaffee und Kuchen bekommen. Zwar kostenlos, aber zu was für einem Preis!

Verwaltungsgericht Berlin, Urteil vom 11.06.2019, Az. 28 L 157.19

§ LEHRERIN FÄLLT BEIM SCHUNKELN VON BIERBANK – ZÄHLT DAS ALS DIENSTUNFALL?

Schulausflüge waren wohl immer der Traum eines jeden Schülers. Einen Tag kein Unterricht, juhu! Für die Lehrer sah das aber oft anders aus. Die Aufsichtspflicht ist schließlich nicht immer einfach auszuüben. Wenn aber alles glimpflich verlief, hatten wohl auch die Lehrkräfte rückblickend einen schönen, abwechslungsreichen Arbeitstag. Was aber, wenn nicht alles verläuft wie geplant? Worst Case ist wohl, dass einem der Schüler etwas passiert. Dass sich aber auch Pädagogen auf Klassenfahrten verletzen können, musste eine Lehrerin aus Baden-Württemberg am eigenen Leib erfahren. Bei einem Ausflug nach München begab sich die Lehrkraft mit einer weiteren Begleitung und ihrer Klasse auf das Frühlingsfest der bayerischen Hauptstadt. Dort natürlich unausweichlich: ein Besuch im Bierzelt! Der gehört in München schließlich zum Kulturgut …

Gäbe es eine Liste der skurrilsten Dienstunfälle, hätte die Lehrerin aus dieser Geschichte gute Chancen, recht weit oben in den Rankings aufzutauchen. Denn wie es nun mal in Bierzelten gemacht wird, bestiegen irgendwann alle die Bänke. Zunächst nur die Schüler, danach auch die Lehrer – schließlich wäre es nicht gut für das Gemeinschaftsgefühl der Klasse, wenn jemand sitzen bleibt. Die besagte Lehrerin wollte also auf der Bierbank vollen Einsatz zeigen und tanzte, bis – wer hätte es kommen sehen – sie stürzte. Genauer gesagt muss der DJ wohl einen

Kracher gespielt haben. Am Alkohol kann es jedenfalls nicht gelegen haben, denn ein Alkoholverbot hatte die Lehrerin strikt durchgesetzt. Doch die Tänze wurden trotzdem irgendwann so wild, dass die Bierbank samt Lehrerin und zwei Schülerinnen umkippte. Die schmerzhafte Folge für die Pädagogin: Rückenschmerzen und ein einmonatiger Dienstausfall – diese Geschichte hat bestimmt für Gelächter im Lehrerzimmer gesorgt.

Wer das aber überhaupt nicht witzig fand, war die Schulbehörde. Einen Dienstausfall sah sie in dem Freizeitspaß der Angestellten nicht. Selbst schuld, sagte sie, und wollte, dass die Lehrerin auf den Kosten sitzen bleibt. Die Lehrerin sah das naturgemäß ganz anders. Am Ende musste das Verwaltungsgericht Stuttgart über den Vorfall auf dem Volksfest urteilen. Und das sagte: Dass die Klasse einen Abstecher zu dem Fest und in ein Bierzelt gemacht habe, sei ja ein offizieller Programmpunkt der Klassenfahrt gewesen, an dem die Lehrerin dienstlich teilgenommen habe. Auch auf den Tischen zu tanzen, habe in Zusammenhang mit dem Ausflug gestanden. Nach Meinung der Stuttgarter Richter habe die Lehrerin nicht anders gekonnt, als sich anzuschließen, wenn alle Schüler auf den Bänken getanzt hätten. Das Tanzen auf Bänken stelle daher grundsätzlich auch kein unübliches Verhalten dar, das ihr hätte vorgeworfen werden können. Mal wieder einer dieser Fälle, die eine tolle Überschrift für die Boulevardblätter abgeben. »Lehrerin stürzt von Bierbank – Dienstunfall!«

Irgendwo auch verständlich, denn als coolste Lehrerin der Schule hätte sie sicher nicht gegolten, wenn alle tanzen und nur sie allein auf der Bank sitzen bleibt – ob das mit dem pädagogischen Gesamtauftrag vereinbar gewesen wäre? Warum dann überhaupt einen Ausflug in ein Bierzelt machen, wenn dieser nicht in vollen Zügen genossen werden darf? Und ja, zum vollen Erlebnis gehört es eben, auf den Bänken zu tanzen. Also weitermachen, liebe Pädagogen! Nur bitte ein wenig mehr aufpassen.

Oberlandesgericht Stuttgart, Urteil vom 31.01.2014, Az. 1 K 173/13

§ BEAMTER WILL 220000 EURO FÜR 4933 ÜBERSTUNDEN!

Das aktuelle Jahrzehnt ist nicht einfach, insbesondere nicht für den Geldbeutel. Krieg und Pandemie kurbeln die Inflation an, alles wird teurer. Was da hilft? Ein Geldregen! Ein Augsburger Beamter wollte genau den und kam auf eine ungewöhnliche Idee: Der 63-jährige Chef des Augsburger Baureferats übte seinen Beruf schon seit mehr als 30 Jahren aus und hatte in dieser Zeit beachtliche 4933 Überstunden angesammelt. In Geld umgerechnet: 220000 Euro! Und diese wollte er vor Renteneintritt ausgezahlt haben. 220000 Euro, oder in heutigen Zeiten: 110000 Kugeln Eis, klingen schließlich sehr verlockend. Aber geht das so ohne Weiteres?

»Keine Chance, die hättest du früher einfordern müssen!«, mag manch einer denken. Ist das aber wirklich so? Bei seiner Klage berief sich der Beamte Gerd M. auf eine Dienstvereinbarung seines Arbeitgebers aus dem Jahr 2004, laut der Beamte auf einem Konto Überstunden ansammeln können, um früher in den Ruhestand zu gehen. Außerdem kennt die Vereinbarung keine Verjährung, also können auch sehr alte Überstunden noch eingereicht werden. Wer diese Dienstvereinbarung 2004 unterschrieb? Der damalige Oberbürgermeister der Stadt. Doch genau dieser nannte die Forderung des Beamten »absurd«. Anscheinend liegt zwischen absurd und raffiniert manchmal nur ein kleiner Spalt. Daher gilt es in diesem besonderen Fall erst mal herauszufinden, in welche der beiden Kategorien der Beamte einzuordnen ist.

Die aktuelle Bürgermeisterin sieht die Zweischneidigkeit des Schwertes: Zum einen kann sie nachvollziehen, dass die Forderung von vielen als befremdlich deklariert wird. Allerdings nimmt sie die Stadt in die Verantwortung. Denn der Beamte hätte in vielen Projekten nicht die nötige Hilfe erhalten und sei so fast schon zu Überstunden gedrängt worden. Praktisch gesehen sei es im Alter von 63 eher schwierig, die fast 5000 Überstunden als Urlaubstage zu nehmen – schließlich stehe die Pension sowieso vor der Tür. Also haben wir aktuell eine Pattsituation. Die Aufsichtsbehörde sieht sich nicht zuständig und schiebt den

Fall wieder an die Stadt selbst zurück. Und siehe da: Die Stadt sieht den Anspruch als gegeben.

Aber es kommt zu einem erneuten Plottwist, es wird politisch. Der Kläger und die aktuelle Oberbürgermeisterin sind beide in der CSU. Es hätte also ein gewisses Geschmäckle, wenn die Bürgermeisterin ihrem Parteikollegen mal eben über 220 000 Euro aus der Stadtkasse zukommen lässt. Schließlich muss der Kläger erst mal beweisen, wann welche Überstunden angefallen sind.

Noch bleibt abzuwarten, ob der Beamte das Geld wirklich erhält. So oder so wird der Vorfall allen Beteiligten aber zu denken gegeben haben. Es ist gut möglich, dass die Regelungen für die Überstunden bald neu strukturiert werden.

Und wenn der gute Mann das Geld wirklich bekommt? Nun, mit 220 000 Euro lässt sich schließlich so einiges anfangen. Hier eine Idee, wie das Geld sinnvoll ausgegeben werden könnte: Eine Dauerkarte beim FC Augsburg kostet knapp 200 Euro, also könnte er mit 1099 Freunden und Bekannten für eine Saison lang die Stehplätze bei seinem Heimatverein belagern – das wäre doch mal was! Bestimmt lädt er dann auch den alten Bürgermeister ein, der die Überstundenregelung damals unterschrieben hat.

§ »AUF BAHNHOFSPENNERNIVEAU VERHARTZT« – DIE BEWERBUNG EINES JURISTEN

Stellt euch vor, ihr arbeitet in einer Personalabteilung und bekommt folgende Bewerbung vorgesetzt: Der Briefkopf, offenbar aus der früheren Anwaltskarriere des Bewerbers, ist mehrfach durchgestrichen und maschinell geschwärzt und ergänzt worden. Das Lichtbild zeigt den Bewerber über einem Schachbrett grübelnd, während der Lebenslauf die feinsinnigen Zeilen enthält (korrigiert):

Seit »01.01.2005 im Zuge der sogenannten Reform Har[t]z IV auf Bahnhofspennerniveau verhar[t]zt.«

Und:

»Februar 2004 Bewerbung als Vorstandsvorsitzender der Bundes-
agentur für Arbeit, Nürnberg, auserwählt: Herr Weise.«

In der Fußnote ließ sich die sehr merkwürdige Tirade lesen:

»Im Übrigen bin ich der Meinung, dass die Herren Lustmolche und
Sittenstrolche, welche als die ›Herren Freier‹ regelmäßig in Bordellen
verkehren, zu einer Sonderabgabe (Bordell- oder Bordellumsatzsteuer)
herangezogen werden müssten. Mit diesem Steueraufkommen sollte
die Lebenssituation der Menschen in Pflegeheimen und Behinderten-
einrichtungen verbessert werden.«

Wem da als Personaler nicht das Herz aufgeht, hat alles richtig gemacht. Kaum mehr erfreulich dürfte das Pamphlet einer Bewerbung
für das Landesarbeitsgericht Baden-Württemberg gewesen sein, vor
dem dieser echte Fall im Jahr 2007 gelandet ist. Beworben hatte sich
ein über fünfzigjähriger Herr, seines Zeichens Volljurist und ehemaliger Rechtsanwalt, allerdings seit etwa acht Jahren nicht mehr zugelas-
sen. Die Stelle, für die er sich bewarb, lag bei der Arbeitsgemeinschaft
Arbeitslosengeld II.

Völlig überraschend wurde die Bewerbung abgelehnt – wer hätte
das gedacht? Doch anstatt sich mit seiner Niederlage zufriedenzugeben,
klagte der Bewerber auf Schadensersatz in Höhe von drei Monatsgehäl-
tern. Der Grund: eine Benachteiligung nach dem Allgemeinen Gleich-
behandlungsgesetz (AGG) wegen Alters, Geschlechts, Arbeitslosigkeit
und politischer Betätigung. Ein bunter Katalog an Benachteiligungen
also, mit denen sich das Landesarbeitsgericht zu beschäftigen hatte.

In der Tat lässt sich aus dem AGG auf Schadensersatz klagen, wobei
die drei Monatsgehälter der höchstmögliche Betrag sind. Das Gesetz
ist darauf zugeschnitten, Benachteiligung nach bestimmten Merkma-
len zu verhindern, und zwar wegen ethnischer Herkunft, Geschlecht,
Religion/Weltanschauung, Behinderung, Alters oder sexueller Identität (§ 1 AGG). Das kann den Arbeitgeber durchaus in die Bredouille
bringen. Denn wenn der Bewerber Anhaltspunkte für eine Benachteiligung hat, muss der Arbeitgeber irgendwie beweisen, dass es keine Benachteiligung im Sinne des AGG gab (§ 22 AGG).

Abgesehen davon, dass zwei der beklagten Merkmale überhaupt
nicht im AGG vorkommen (Arbeitslosigkeit und politische Betätigung),

entschied das Gericht, sich auch mit den anderen nicht näher zu befassen. Es war der Ansicht, eine Benachteiligung komme gar nicht erst in Betracht, weil die Bewerbung nicht ernst gemeint war. Benachteiligt werden könne demnach nur, wer auch wirklich etwas erreichen möchte.

Für die fehlende Ernstlichkeit fanden die Richter nun wirklich genug Beweise. Nicht nur die äußere Erscheinung der »Bewerbung«, auch das Verhalten des Bewerbers bei einer versuchten außergerichtlichen Einigung diente als Indiz. So bot er (handschriftlich) an, sich zur Not auch in eine andere Stelle »hieven« zu lassen, und fügte offenbar Sexanzeigen aus einschlägigen Zeitschriften an. Im Ergebnis sei klar: Die Klage war mindestens ein geschmackloser Schlag in Richtung Rechtsstaat, höchstens eine Masche, um sich ein kleines Einkommen zu sichern. Und das ließ das Gericht nicht auf sich sitzen.

Die Arbeitsgemeinschaft Arbeitslosengeld II musste den Bewerber also nicht wirklich ernst nehmen. Und damit endet das Märchen des unangenehmen Schachspielers, dem in diesem Verfahren übrigens auch die Prozesskostenhilfe versagt wurde. Ob er heute noch selig »auf Bahnhofspennerniveau verhartzt« ist, bleibt eine Frage der Geschichte.

Landesarbeitsgericht Baden-Württemberg, Beschluss vom 13.08.2007, Az. 3 Ta 119/07

§ SEX STATT HILFE: MUSS SUGAR-DADDY ARBEITSZEUGNIS SCHREIBEN?

Im Juni 2017 verabredeten sich ein Unternehmer aus Bochum und eine Frau in einem Café. Ein eher ungewöhnlicher Ort für ein Vorstellungsgespräch. Wenn man die Hintergründe kennt, ist jedoch klar, warum das Gespräch nicht in einem normalen Büro stattfand. Denn die Dame suchte einen sogenannten Sugar-Daddy – also einen Mann, der ein beziehungsähnliches Verhältnis zu einer Frau führt und diese dann für ihre Leistungen bezahlt. Ein Sugar-Daddy führt also meist nicht nur eine rein sexuelle Liaison, er geht auch mit seiner »Freundin« in exquisite Restaurants, besucht glamouröse Veranstaltungen oder bucht teure

Urlaube. Im Café vereinbarten die beiden dann, dass die Dame zweimal pro Woche für einvernehmlichen Geschlechtsverkehr zu Besuch kommen sollte. Außerdem wurde festgehalten, dass sie ihn sporadisch zu Abendessen mit Freunden und auf Kurzurlaube begleiten würde. Noch am selben Abend kam es laut Aussage des Mannes zum Sex. Dieser musste jedoch abgebrochen werden, weil die Frau Schmerzen im Arm hatte. Hätte das dem Herrn eine Warnung sein sollen?

Einige Tage später schlossen die beiden dennoch einen Arbeitsvertrag. Jobbeschreibung? Teilzeitangestellte Hauswirtschaftlerin. Die Aufgaben waren Bügeln, Einkaufen, Kochen, Putzen und Wäschewaschen – auf dem Papier. Monatlich wanderten dann 460 Euro auf das Konto der Frau, ebenso stand ihr ein Urlaubsanspruch von 25 Tagen pro Jahr zu.

Ende Januar 2018 kam es dann zum Bruch der beiden. Die Frau teilte ihrem Sugar-Daddy mit, dass sie nicht mehr mit ihm schlafen werde. Für den Unternehmer ein No-Go, weshalb er das Arbeitsverhältnis zum 28.02.2018 beendete. Grundsätzlich nichts Ungewöhnliches, schließlich endet jedes Arbeitsverhältnis irgendwann. Und sofern man nicht mindestens zehn Angestellte hat, greift auch der Kündigungsschutz nicht. Wobei es im Fall der Leistungsverweigerung so oder so schlecht für die Dame ausgesehen hätte – aber das nur am Rande.

Hier gab es jedoch einige andere ungeklärte Fragen, weshalb sich das Arbeitsgericht Bochum der Streitigkeit annahm. Dort wurde der Mann zur Zahlung des Februargehalts sowie einer Urlaubsabgeltung in Höhe von 320 Euro verpflichtet. Darüber hinaus musste er seiner ehemaligen Angestellten tatsächlich das geforderte Arbeitszeugnis ausstellen – wie es sich nun mal gehört.

Das ließ der Bochumer aber nicht auf sich sitzen und zog vor das Landesarbeitsgericht Hamm. Seine Berufung war nur zum Teil erfolgreich. Die vorsitzenden Richter stellten das Offensichtliche fest, nämlich, dass das Arbeitsverhältnis ein Scheingeschäft gewesen war. Das verdeckte Geschäft selbst, also sexuelle Dienstleistungen gegen Geld, sei zwar nicht (mehr) sittenwidrig und dadurch grundsätzlich nicht nichtig. Prostitution könne auch im Rahmen eines Arbeitsvertrags ausgeübt werden. Faktisch seien dann aber die wirklich vereinbarten

Leistungen (= Sex) im Monat Februar nicht erbracht worden. Folglich sei der Mann auch nicht zur Zahlung des Gehalts verpflichtet. Der Anspruch auf die Urlaubsabgeltung bleibe aber bestehen. Ebenso der Anspruch auf Erteilung eines Arbeitszeugnisses. Was da wohl drinstand? Bekommt hier das Wort »befriedigende« Ausübung der aufgetragenen Tätigkeiten eine andere Konnotation als im normalen Arbeitszeugnis-Jargon?

Wenn man sich das Ende des Ganzen anschaut sowie das Lamentieren des Mannes, wird es wohl zu keiner verklausulierten Note 1 gereicht haben. Schließlich beklagte der Mann vor Gericht, dass es statt zwei wöchentlichen sexuellen Handlungen nur zu maximal drei im Monat gekommen sei. Dafür soll er eigenen Angaben nach bis zu 20 000 Euro »investiert« haben. Diese doch beachtliche Summe kam unter anderem durch Kurzurlaube, einen Mietzuschuss und diverse Barzahlungen zustande. Zudem überließ der Unternehmer der 35-Jährigen seinen BMW X1 und bezahlte Buß- und Verwarngelder in Höhe von 1300 Euro. Insgesamt war es also ein kurzer (das Arbeitsverhältnis ging nur knapp über ein halbes Jahr), aber doch sehr teurer Spaß für den Junggesellen. Für die Dame war die Anstellung hingegen sehr rentabel.

Landesarbeitsgericht Hamm, Urteil vom 06.06.2019, Az. 17 Sa 46/19

§ WER FRAGT, DER MUSS MIT EINER ANTWORT RECHNEN: WIE ALT IST DIE FRAU DES CHEFS?

Es gibt einige Themen, die kein guter Gesprächseinstieg sind, wenn man zufällig den ehemaligen Grundschulkollegen in der Innenstadt trifft. Geld, Gewicht, aber auch das Alter sind oft sensible Punkte, über die man nicht mit einem flüchtigen Bekannten spricht. Da unterhält man sich doch lieber zum dritten Mal am Tag über das Wetter. Aber wie sieht es im Arbeitsleben aus? Folgender Mann hatte wohl vom Wetter genug, als er sich das Tabuthema Alter aussuchte: Weil eine Auszubildende das Alter der Frau des Chefs falsch einschätzte, kam es zum

Streit. Auf den Streit folgte die Kündigung. Zwar ist das Alter für manche ein wunder Punkt – aber war eine Kündigung hier wirklich rechtens? Oder hat der Chef juristisch gesehen völlig überreagiert?

Der besagte Chef – seines Zeichens Anwalt – hatte seiner Auszubildenden eine unangenehme Frage gestellt: Sie sollte anhand eines Fotos schätzen, wie alt die Frau ihres Arbeitgebers sei. Wahrscheinlich hat sich die 19-Jährige schon in einfacheren Situationen befunden. Schließlich konnte sie hier fast nur verlieren. Schätzte sie die Dame zu jung ein, könnte er das als Kritik an ihm verstehen, wie andere Männer in der Midlife-Crisis eine junge, naive Dame an der Seite zu haben. Schätzte sie die Frau aber zu alt, könnte es als beleidigend empfunden werden. Die Azubine entschied sich, eher ein wenig älter zu schätzen – und vertippte sich dabei radikal. Um immerhin neun Jahre lag sie daneben: Sie tippte auf 40, die Frau war nur 31 Jahre alt. Nun könnte man über die Situation hinweglächeln. Man könnte aber auch deutlich machen, dass man dadurch gekränkt ist. Der Chef tat das Zweite ...
Seiner Schilderung nach lachte die Auszubildende ihn daraufhin aus, weshalb er ihr drei leichte Schläge auf die Schulter gab (wofür er sich später entschuldigte). Dennoch kam es wohl zum Streit zwischen den beiden. Die Folge: Die 19-Jährige meldete sich erst mal krank. Ohne Grund, wie sich der Arbeitgeber dachte, weshalb er ihr fristlos kündigte. Ob er da seine Gesetzesbücher so gut kannte oder vielleicht in Sachen Arbeitsrecht im Examen »auf Lücke gelernt« hat?

Die Dame jedenfalls war mit der Kündigung so gar nicht einverstanden – also sahen sich die beiden vor dem Arbeitsgericht Mannheim wieder. Auch die vorsitzende Richterin war etwas verblüfft darüber, dass sich der Jurist von der Fehleinschätzung derart gekränkt gefühlt hatte. Vor Gericht verteidigte er die Kündigung dann damit, dass seine Auszubildende ohnehin keine gute Arbeit geleistet habe und respektlos aufgetreten sei. Überzeugen konnte er die Richterin damit nicht, die nämlich die berechtigte Rückfrage stellte, warum es wegen dieser Thematik keine Abmahnung gegeben habe.

Am Ende ging die Sache glimpflich für den Anwalt aus, denn seine ehemalige Auszubildende hatte bereits eine andere Stelle. Er musste sie also nicht wieder bei sich beschäftigen, was ihn wohl tagtäglich an die

Schmach erinnert hätte. Die Parteien einigten sich außergerichtlich über eine Zahlung in Höhe von 333 Euro an die Frau. Wo der Mann aber nicht so glimpflich davonkam, war in den sozialen Medien … Dort machte der Fall damals nämlich die Runde.

Ein Fazit: Hier führte ein wohl angeknackstes männliches Ego zu rechtlichem Ärger. Wahrscheinlich zog der Mann seine Lehren daraus: Man darf bestimmte Fragen nicht stellen, wenn man die Antwort nicht ertragen kann. Ob seine Frau über die Altersschätzung auch so erbost war wie er?

Arbeitsgericht Mannheim, Urteil vom 24.03.2011, Az. 3 Ca 406/10

§ »SOZIALES ARSCHLOCH!« – VON SEEMANNSKNOTEN, KINDERGARTEN UND WÜTENDEN CHEFS

»Sie soziales Arschloch!« Was würdet ihr sagen, wenn ihr der Chef eines Mannes wärt, der euch mit diesen Worten bezeichnet? Nun, der Chef in diesem Fall fand die Äußerung eher nicht so witzig. Auch wenn sie immer noch besser klingt als »asoziales Arschloch«.

Der 62-jährige Mann mit dem losen Mundwerk war bereits 23 Jahre lang als Gas- und Wasserinstallateur in einem Familienunternehmen angestellt. Das Unternehmen bestand neben dem Geschäftsführer aus drei Gesellen, der Mutter des Geschäftsführers und einem Azubi. Eines Tages im Jahr 2016 kam es zu einer Diskussion zwischen dem Angestellten und dem Vater des Geschäftsführers. Letzterer war vorher selbst der Boss der Firma gewesen, bevor er den Posten an seinen Sohnemann übergeben hatte. Der Installateur rief seinen Arbeitgeber wegen eines Problems an, dieser gab das Telefon dann an seinen ebenfalls anwesenden Vater ab. Wirklich geduldig reagierte der ehemalige Chef nicht auf die Nachfragen des Installateurs. Als dann der Satz fiel, dass dieser doch das Problem mithilfe von Seemannsknoten lösen solle, wurde es hitzig. Der damals 62-Jährige empfand das als provokante Anspielung bezüglich seiner ehemaligen Tätigkeit als Seemann. Darüber hinaus war der Vorschlag auch alles andere als hilfreich. Der aktuelle Geschäftsführer ließ dann die Bemerkung los, dass die Beteiligten doch nicht im Kindergarten seien.

So weit, so gut, die Parteien trafen sich erst am nächsten Tag wieder. Also hatte jeder eine Nacht Zeit, darüber zu schlafen. Anhand der Schilderungen könnte man meinen, dass es sich eher um eine kleine Stichelei unter alten Bekannten handelte, also nichts weiter Drastisches. Die Bemerkung mit dem Kindergarten hatte dem Angestellten aber nicht wirklich geschmeckt. Am nächsten Tag traf er im Büro auf seinen aktuellen und den ehemaligen Chef. Bei dieser Gelegenheit stellte er klar, dass die Angelegenheit alles andere als ein Kinderkram sei. Und nun überschlugen sich die Ereignisse: Der Installateur ließ die Bemerkung los, dass sich sein ehemaliger Arbeitgeber ihm gegenüber »wie ein Arsch« verhalten habe. Auch sagte er seinem jetzigen Chef, dass er auf dem besten Weg sei, seinem Vater »den Rang abzulaufen«. Später stieß der 62-Jährige dann hinterher, dass sie ihm auch einfach kündigen könnten, woraufhin der Vater entgegnete: »Dass wir dann wie soziale Arschlöcher dastehen?« Das war der Knackpunkt, der Installateur entgegnete nämlich, dass die beiden schon solche seien.

Drei Tage später flatterte dann tatsächlich die Kündigung ins Haus des Installateurs – und zwar eine fristlose. Das wollte der nun vor Wut schäumende Mann nicht auf sich sitzen lassen und zog vor Gericht. Seine Argumentation: Er wurde zu den Aussagen provoziert! Insbesondere, wie mit ihm gesprochen wurde, war dem Mann ein Dorn im Auge. Bei den Beleidigungen handele es sich vielmehr um eine Affekthandlung, sie tuen ihm mittlerweile sogar leid. Wirklich hart seien seine Äußerungen aber nicht gewesen, eher habe er das Verhalten seiner Arbeitgeber bewertet, also eine Meinung geäußert.

Anders sahen das die Richter. Eine Affekthandlung – eher nein. Schließlich hätte zwischen der ersten Diskussion und der tatsächlichen Beleidigung fast ein ganzer Tag gelegen. Außerdem könnten die Äußerungen als schwerwiegende Beleidigung verstanden werden, die nicht mehr von der Meinungsfreiheit gedeckt sei. Nach solch ehrverletzenden Aussagen könne es dem Arbeitgeber nicht zugemutet werden, in einem derart kleinen Betrieb weiter am Arbeitsverhältnis festhalten zu müssen oder die Kündigungsfrist abzuwarten. Also war die Kündigung tatsächlich rechtens.

Was meint ihr? Wurden Vater und Sohn, wie selbst angekündigt, durch die Kündigung wirklich zu »sozialen Arschlöchern«? Ich würde sagen, es ist kompliziert. Aber die Sache mit dem Kindergarten trifft es irgendwie ganz gut …

Landesarbeitsgericht Schleswig-Holstein, Urteil vom 24.01.2017, Az. 3 Sa 244/16

§ PUTZFRAU FÄLSCHT GRUNDSCHULZEUGNIS – KRASSES URTEIL AUS GRIECHENLAND

Da haben die Richter wohl zu viel Ouzo getrunken, anders lässt sich dieses Urteil nun wirklich nicht erklären: In Griechenland wurde eine Putzfrau zu zehn Jahren Haft verurteilt, weil sie bei ihrer Einstellung ihr Grundschulzeugnis gefälscht hatte. Und das fast 20 Jahre nach besagter Einstellung!

Im staatlichen Kindergarten der mittelgriechischen Stadt Volos arbeitete die 53-Jährige beinahe 20 Jahre als zuverlässige Putzfrau. In all den Jahren hatte sie sich nichts zuschulden kommen lassen und ihre Arbeit nahezu perfekt geleistet. 2018 flog dann der große »Schwindel« der Putzfrau auf: Anstelle der angegebenen sechs Jahre ist sie nur fünf Jahre zur Grundschule gegangen! Schockierend, oder? *Irony off*

Zum Verständnis: In Griechenland musste man zu der Zeit, in der sich die Frau beworben hatte, für einen Putzjob mindestens sechs Jahre die Grundschule besucht haben. Die 53-Jährige hatte die Grundschule aber bereits nach fünf Jahren abgebrochen. Das Tragische an dem Fall: Die Frau hatte zwei Kinder und einen behinderten Mann, die sie versorgen musste. Aus Angst, ihr würden die Kinder weggenommen, musste sie sich dringend einen Job suchen. Für die Bewerbung auf den Putzjob im Kindergarten blieb ihr also nichts anderes übrig, als ihr Grundschulzeugnis zu fälschen.

Die Tragweite ihres Handelns wurde der Frau selbst allerdings erst bewusst, als sie wegen Urkundenfälschung in einem ersten Urteil zu sage und schreibe 15 Jahren Gefängnis verurteilt wurde. Damit hatte sie nicht gerechnet. Im Berufungsverfahren wurde die Strafe zumindest auf 10 Jahre heruntergesetzt. Aber das ist immer noch wahnsinnig viel, wenn man bedenkt, dass es hierbei nur um die Grundschule ging!

Doch nicht nur sie war von dem Urteil entsetzt. Auch in der griechischen Bevölkerung gab es einen regelrechten Aufschrei. Das fühlte sich einfach so gar nicht gerecht an! Skandalös war vor allem, dass erst vor Kurzem eine Frau in Kreta auf freien Fuß gesetzt worden war, die ihr Hochschuldiplom der Rechtswissenschaften gefälscht hatte. Die Frau bekam sogar ihre staatliche Arbeitsstelle zurück. Aber was ist schon ein Hochschuldiplom verglichen mit einem Grundschulzeugnis?

Die Bevölkerung war empört, und binnen kürzester Zeit sammelte eine Onlinepetition für die Putzfrau 20 000 Unterschriften. Daraufhin wollte die Staatsanwältin Xeni Dimitriou vom obersten griechischen Gerichtshof Areopag das Urteil zumindest überprüfen lassen. Was dabei herausgekommen ist, ist leider nicht bekannt. Denn die Spuren im Internet verlieren sich. In jedem Fall musste die Putzfrau ihre Zeit vorerst wohl oder übel im Gefängnis von Theben (Thiva) in Zentralgriechenland absitzen. Hoffen wir mal, dass die griechische Justiz ein Erbarmen hat.

Übrigens, solltet ihr hier in Deutschland jemals euer Grundschulzeugnis gefälscht haben, müsst ihr zum Glück keine Angst vor ewigen Gefängnisstrafen haben. Ihr könntet euch jedoch möglicherweise wegen eines Anstellungsbetruges nach § 263 StGB strafbar gemacht haben. Dafür müsste eurem Arbeitgeber aber auch ein tatsächlicher Schaden entstanden sein. Im Fall der Putzfrau läge ein solcher Schaden nicht vor – schließlich entscheidet das Jahr mehr oder weniger Grundschule nicht darüber, ob man zum Wischen der Böden geeignet ist. Das ist etwas ganz anderes, als etwa zwei juristische Staatsexamenszeugnisse zu fälschen, was durchaus als Betrug gewertet wird. In Deutschland hätte der Putzfrau also nur gekündigt werden können, sie hätte aber nicht in den Knast gemusst. Überlegt euch also nicht nur, »ob« ihr euer Zeugnis fälscht, sondern auch, »wo«. Eines steht fest: In Griechenland lohnt es sich nicht.

Wollte Ihr Sohn nicht schon ausgezogen sein?
Er ist gerade dabei!
mi

TRAUTES HEIM, GLÜCK ALLEIN?

Herzlich willkommen! Hereinspaziert! Zu Hause ist da, wo euer Herz wohnt und ihr euch wohlfühlt – oder auch nicht. Denn wenn die Gerichte von »verrückt gewordenen Grenzzeichen« sprechen, weiß der Jurist, dass es um Nachbarn geht. Mal sind sie stinkend, mal tierisch, mal tierisch und stinkend zugleich. Bei Zoff über den Gartenzaun müssen unsere Richterinnen und Richter häufig vermitteln, denn wie auch die eigene Familie sucht man sich die Nachbarn oft nicht aus. Kein Wunder, dass man im Recht auch gern von »Schicksalsgemeinschaft« spricht.

Aber nicht nur das Nachbarrecht wird relevant, wenn das Hotel Mama in den wohlverdienten Ruhestand gehen will. Das Zuhause ist auch ein Ort zum Kreativwerden, zum Beispiel um eine Kernfusion im Kinderzimmer durchzuführen. Ein Ort, an dem man den Plan schmiedet, eine gewöhnliche Büroklammer gegen ein Haus einzutauschen. Es kann aber auch ein idyllisches Haus in einem Dorf sein – wären da nicht die nervigen Kuhglocken und der Jauchegeruch … Klopf, Klopf, wer ist da? Lies weiter und find's raus …

§ EINEN STREIT VOM ZAUN BRECHEN – MASCHENDRAHTZAUN IN THE MORNING

Aus der Zeit, in der Richterin Barbara Salesch statt fiktiver Strafverfahren noch echte Schiedsgerichtsfälle ins Fernsehen brachte, stammt eine der wohl legendärsten Nachbarschaftsstreitigkeiten. Wer den Beitrag von Stefan Raabs *TV Total* kennt, wird die Worte »Maschendrahtzaun« und »Knallerbsenstrauch« in charakteristisch-vogtländischer Aussprache kaum mehr aus dem Kopf bekommen. Dafür sorgte Raab mit einem Song, dem 1999 das passiert ist, was man heute wohl »viral gehen« nennt: Er landete auf Platz 1 der Charts.

Für diejenigen unter euch, die wahlweise damals noch nicht geboren waren oder tatsächlich zu den wenigen zählen, denen der Ohrwurm nicht bis heute durchs Ohr kriecht, hier eine kleine Kostprobe:

»I was the sexiest man in the whole big town
before I ripped my balls on the maschendrohtzaun
Maschendrohtzaun in the morning
Maschendrohtzaun late at night
Maschendrohtzaun in the evening
Maschendrohtzaun makes me feel alright
And if I ever be king
And I get a crown
Then it would surely be made of
Maschendrohtzaun«

Diesem Glanzstück deutscher Musikgeschichte lag ein Nachbarschaftsstreit zugrunde, der klassischer kaum sein kann. Es ging um einen Zaun, konkreter einen Maschendrahtzaun zwischen den Grundstücken von Frau Regina Zindler und ihrem Nachbarn Gerd Trommer. Laut Zindler führte ein Knallerbsenstrauch, der inzwischen mit dem Zaun verwachsen war, mit seinem feuchten Erdreich zu Rost an dem Zaun, den ihr Mann etwa zehn Jahre zuvor angebracht hatte. Salesch wies die Schiedsklage damit ab, dass die Schäden nicht bedeutsam seien.

Bedeutsam war in diesem Fall für Frau Zindler etwas anderes: Erstens, dass sie von dem CD-Verkauf einen freiwilligen Anteil von zehn Pfennig pro verkaufter CD erhielt, was bei einem Absatz von über einer Million Tonträgern sehr erfreulich war. Und zweitens, dass sie im Nachgang von Fernseh- und Reporterteams belagert wurde und sich schließlich nach Berlin zurückziehen musste. Heute lebt sie wieder in Sachsen und hat mit dem Maschendrohtzaun abgeschlossen.

Und Richterin Barbara Salesch? Die treibt tatsächlich seit dem 5. September 2022 wieder ihr Rechts(un)wesen auf RTL. Für den einen oder anderen juristischen Kalauer werden ihre Fälle sicherlich wieder sorgen. Doch so legendär wie der Maschendrohtzaun wird so schnell keiner mehr werden.

§ RAUCHSCHWADEN ÜBER BALKONIEN

»Gehen wir eben eine rauchen?« – »Sekunde, lass mich auf den Stundenplan sehen.«

Wie kann es sein, dass die Eigentümer eines Hauses bis zu 250 000 Euro blechen müssen, wenn sie zwischen 0 und 3, 6 und 9, 12 und 15 oder 18 und 21 Uhr auf ihrer eigenen Terrasse rauchen? Ganz einfach: weil das Feuerzeug zu oft geklickt hat. Aber von vorn:

Vor dem Landgericht Dortmund landeten 2017 die Bewohner einer Reihenhaussiedlung, die sich einfach nicht einig wurden. Quelle der Unruhe waren die Beklagten im dritten Haus der Reihe. Die geneigten Raucher dampften die benachbarten Grundstücke geradezu ein, so empfanden es jedenfalls die Nachbarn. Aufgrund des intensiven Geruches könne man deshalb die Terrasse des jeweils eigenen Grundstücks nicht mehr ordentlich nutzen. Außerdem befürchteten die Nachbarn durch das Passivrauchen gesundheitliche Schäden.

Derartige Fälle stellen Gerichte vor ein Problem: Denn obwohl das Rauchen immer weniger salonfähig wird, ist es rechtlich überraschend stark geschützt. So sagte das Landgericht, es gebe ein Recht darauf, auf dem eigenen Grundstück nach Belieben zu rauchen. Für Eigentumswohnungen folgt das direkt aus dem Eigentum, für Mietwohnungen aus dem Besitzrecht, das man an der Wohnung hat. Auf der anderen Seite gibt es aber auch ein Recht darauf, die eigene Wohnung samt Terrasse zu nutzen, ohne dabei von herüberziehendem Rauch(-geruch) gestört zu werden. (Was wieder zu der im Nachbarrecht überaus beliebten Formulierung des »gestörten Nachbarn« führt.)

Hier gilt es, vorsichtig eine Lösung zu finden – und dafür gibt es dann das rechtliche Zauberwort der »gegenseitigen Rücksichtnahme«. Beide Seiten müssen sich damit abfinden, dass nebenan Leute mit einem anderen Lebensstil wohnen. Und wie trägt man dem nun Rechnung? Das Rauchen ganz zu verbieten, wäre zu viel; laut Landgericht sind die Rechte auf Rauchen und Nichtrauchen nämlich gleich stark. Könnte man nun einfach sagen, dass die Raucher eben aufhören sollen, sobald die Nachbarn ihre Terrasse betreten? Auch nicht. Das Gericht erkannte an, dass man die eigenen Zigaretten auch genießen will. Außerdem muss die Möglichkeit, die Terrasse zu nutzen, zuverlässig gegeben sein.

Im Nachhinein lässt sich über die tatsächliche Lösung vielleicht schmunzeln. Schließlich sind unsere »typisch deutschen« Gerichte für ihre vermeintlich absurden Ergebnisse bekannt. Allerdings muss ich zugeben, dass mir auch keine bessere Lösung eingefallen wäre, als einen Stundenplan einzurichten. Damit beide Seiten ungestört auf ihren Terrassen sitzen können, urteilte das Landgericht, dass die Raucher nur noch zu bestimmten Zeiten rauchen dürfen. Und zwar gleichmäßig über den Tag verteilt von 0 bis 3, 6 bis 9, 12 bis 15 oder 18 bis 21 Uhr. Das mag lebensfern wirken. Aber wenn sich die Nachbarn schon so sehr gezofft haben, dass man nach dem Amtsgericht auch noch in der nächsten Instanz, einem Landgericht, gelandet ist, muss die »gegenseitige Rücksichtnahme« mal in eine feste Form gegossen werden.

Für den Zigarettenkonsum der Beklagten gab es übrigens einige Zeugen: So habe eine Zeugin »bei einer Gelegenheit« gezählt, wie oft in einer bestimmten Zeitspanne geraucht wurde. Dafür beobachtete sie nicht das Schicksal jedes einzelnen Glimmstängels, sondern sie zählte die Geräusche des Feuerzeugs innerhalb von genau 43 Minuten und kam dabei auf etwa 6 Zigarettenanzündungen.

Auch interessant: Die Gesundheitsgefährdung durch den Zigarettenrauch spielte in den Urteilen keine Rolle: Die Gerichte gingen davon aus, dass das Passivrauchen im Freien die Gesundheit in der Regel nicht genug gefährdet – das ließe sich allerdings durch gegenläufige Gutachten widerlegen. Im Zentrum der Aufregung stand also der Rauchgeruch. Das Landgericht nahm Bezug auf eine Entscheidung des Bundesgerichtshofs, der 2015 in einem ähnlichen Fall eine ähnliche Lösung vorschlug. In dem Fall ging es allerdings nicht um nebeneinanderliegende Terrassen, sondern übereinanderliegende Balkone.

Man merke: Ob horizontal oder vertikal, vor Gericht sind Raucher und Nichtraucher gleich. Und sie können auch in Reihenhaussiedlungen koexistieren, wenn sie sich an ihre Stundenpläne halten.

§ IMMER DER NASE NACH

Es ist nicht so selten, dass sich Nachbarn nicht riechen können. In einem Verfahren vor dem Amtsgericht Wetzlar im Jahr 2013 war dies sogar ganz wortwörtlich der Fall. Aus einer Souterrainwohnung in einem Mehrfamilienhaus drang laut Anwohnern ein unerträglicher Geruch nach Rauch und Schweiß. Nach Erkenntnissen des Amtsgerichts seien die Beklagten starke Raucher gewesen und der Schweißgeruch ließe sich »zwanglos« auf »mangelnde Körperhygiene« zurückführen. Der derbe Duft war wohl dermaßen potent, dass er weder vor dem Treppenhaus noch vor den Wohnungen der anderen haltmachte. Nicht nur musste man sich beim Durchqueren des Treppenhauses die Nase zuhalten. Offenbar weigerten sich zudem einige Gäste, die anderen Bewohner des Hauses zu besuchen. In einer der Wohnungen stellte man sogar die eigene Kündigung in Aussicht.

Das war zu viel für den Vermieter – er kündigte den müffelnden Mietern kurzerhand fristlos. Doch die machten daraufhin keine Anstalten, das Parkett (oder den mutmaßlich versifften PVC-Boden) zu räumen. So klagte der Vermieter vor dem Amtsgericht auf Räumung gegen die Verursacher des unterirdischen Buketts. Das Amtsgericht musste also entscheiden, ob der Geruch ein guter Grund zur fristlosen Kündigung gewesen war.

Das Gesetz sieht einige Gründe vor, aus denen eine der Mietparteien außerordentlich fristlos kündigen darf. »Horrender Gestank« steht dort zwar nicht wörtlich, aber dem Amtsgericht genügte hier der § 569 Abs. 2 BGB: »Ein wichtiger Grund […] liegt ferner vor, wenn eine Vertragspartei den Hausfrieden nachhaltig stört …«

Eben diese Störung des Hausfriedens sahen die Richter in dem wabernden Odeur. Grundsätzlich stehe es zwar jedem frei, in seiner angemieteten Wohnung »Essens-, Rauch- und Parfümgerüche« zu verbreiten; aber bei aller Liebe zum freien Miefen ist dem Ganzen dann eine Grenze gesetzt, wenn andere dermaßen gestört werden, dass es nicht mehr hinnehmbar ist. Daran ändere auch die Tatsache nichts, dass »menschliche Ausdünstungen als der körperlichen Natur des Menschen immanent in der Regel hinzunehmen« sind, so das Gericht. Was auf Deutsch so viel heißt wie »Schwitzen tut jeder, findet euch damit ab.«

Natürlich konnte der Vermieter in dem Fall die Mieter nicht eigenhändig am nächsten Tag vor die Tür setzen; ihnen musste mit einer Abmahnung erst die Chance gegeben werden, ihre Verfehlungen wiedergutzumachen.

Sprachlich bemerkenswert an dem Urteil ist außerdem, dass das Gericht einen glorreichen Versuch unternahm, den Begriff »Gestank« rechtlich zu definieren. So sei Gestank ein »in hohem Maße unangenehmer und penetranter Geruch«. Dieses Wissen könnte der Renner auf deiner nächsten Grillparty sein, aber bitte nagelt mich nicht darauf fest.

§ DER KUHGLOCKENSTREIT: EIN GEDICHT

Nicht nur Richterinnen und Richter fühlen sich manchmal beflügelt, bei besonders kuriosen Rechtsstreitigkeiten die lyrische Feder auszupacken. Auch den geneigten Anwalt juckt es bei Fällen wie diesem in den Fingern, die Kuriositäten, die das Leben einem bietet, einmal nicht ganz so ernst zu betrachten:

Es waren einmal fünf Kühe auf der Alm,
die sonnten sich im grünen Halm.
Doch das können sie den lieben langen Tag auch tun,
nur nachts, da stört's die Nachbarn nun.

Denn die Glocken läuten erst, wenn sie waren auf Achse,
ein nachtaktives Tier ist wohl nicht nur die Katze.
Der Kuhglockenstreit, mittlerweile überall bekannt,
beschäftigt Nachbarn, Gericht' und bayrisch' Land.

Die Klage kam nicht nur vom Nachbarsmann,
auch seine Frau befand sich oft im Gerichtsgang.
Eine Einigung schien schlicht nicht möglich,
beide Parteien verhielten sich nicht so löblich.

So kam es zur Schmerzensgeldforderung der Nachbarsfrau,
denn der Schlaf in der Nacht war laut ihr mehr als mau.
Kopfschmerzen und depressive Stimmung waren die Folge,
so tröstete sie auch nicht die junge Molke.

Doch nicht nur die Gesundheit des schlaflosen Ehepaars war im Spiel,
nein, auch bei der Bäuerin ging's um viel.
Denn Glockenläut' auf bayrisch' Hofe,
gehöre zu dem Holzkirchener Heimatdorfe.

Und nicht nur Tradition haben diese,
auch wenn ein Tier ausbüxt, dann ist sie leer, die Wiese.
Ein modernes GPS-Gerät kommt nicht infrage,
auch ein höherer Zaun stoppt nicht die Plage.

Gestritten wurd' so mehr als fünf Jahre,
nicht nur über Lärm, auch um Jauche und Mist ging's in der Klage.
Diese war nicht nur für die Augen des Amtsgerichts bestimmt,
sondern für alle, die am Instanzenzug beteiligt sind.

So hat's LG, OLG und BGH gebraucht,
und die Richter hat's irgendwann mehr als geschlaucht.
Bimmeln, Rinder, Gülle und auch Jauche,
das sei nicht die Arbeit, die ein Richter brauche.

Diese fünf Jahre sollten nun also vergehen,
bis man kam auf die lösenden Ideen:
»Der Vergleich vor all den Jahr',
taugt ja doch, das sag ich ja!«

Drei Glocken an den Kühen dürfen's nur mehr sein,
maximal zwölf Durchmesser sind sie klein.
Und nachts beim Schlafen gibt's nur einen Fleck,
weg vom Nachbar, und zwar ins allerletzte Eck.

Hörte man die Richter singen,
als sie auf die Akte die »Erledigung« anbringen.
Die Kühe namens Sabine, Sabrina, Sandra, Melissa und Annika
können wir aus Computer und Hirn löschen, hipp, hipp, hurra!

So sind die Kühe heut noch am Wiederkäuen,
das wird die Nachbarn nur so mäßig freuen.
Diese haben nun trotzdem ihre Ruh',
so wie jetzt die Richter und auch du.

Zum Nachlesen ohne Reimform:
Landgericht München II, Urteil vom 14.12.2017, Az. 12 O 1303/17
Oberlandesgericht München, Urteil vom 10.04.2019, Az. 15 U 138/18
Bundesgerichtshof, Beschluss vom 19.12.2019, Az. V ZR 85/19

§ KEINEN BOCK AUF EINEN STINKENDEN BOCK

Nachbarschaftsstreitigkeiten haben oft die absurdesten Hintergründe. Tatsächlich spielen (Haus-)Tiere dabei ab und an eine entscheidende Rolle. Wie beispielsweise die gerade mit einem Gedicht geehrten Kühe, die mit ihren Glocken Lärm verursachten. In dem Fall, den wir jetzt beleuchten, lag das Problem aber eher in der Nase als in den Ohren …

Das olfaktorische Problem hatte in diesem Fall ebenfalls eine bayerische Dame aus dem Landkreis Kulmbach (nahe Bamberg und Bayreuth). Der »Dorn« in ihrer Nase: der Ziegenbock Zoltan. Auch wenn das arme Tierchen dafür nichts konnte, es hinterließ für die Dame unerträglich geruchsstarke Eindrücke. Plump gesagt soll es bestialisch gestunken haben – eher die unangenehme Sorte Nachbar … Der Bock stank besonders, wenn er Bock hatte. Seine Düfte – unangenehm für menschliche Frauennasen – hatten wohl eine ungleich attraktivere Wirkung auf die weiblichen Ziegen, die mit dem Tier in dem Garten standen, wenn auch abgetrennt und etwas weiter entfernt. Zoltan und die Ziegen gehörten einer Familie, die sogar plante, ihre Ziegenzucht auf eine ganze Herde zu erweitern. Um sich diesen Traum zu ermöglichen, bauten die Ziegenhalter eine Scheune in einen Ziegenstall um. Problem: Der neue Stall grenzte unmittelbar an das Grundstück der Nachbarin. Die Einschränkungen durch den Gestank gingen sogar so weit, dass Wäschetrocknen und Entspannung im Garten kaum noch möglich waren – zumindest dann, wenn der Wind eine gewisse Richtung hatte und das Wetter schwül war.

Das erste rechtliche Problem, das hier auftrat, gab es mit dem Baurecht, denn bei dem Umbau zu einem Ziegenstall handelte es sich baurechtlich um eine sogenannte Nutzungsänderung. Diese hätten die Ziegenhalter beantragen müssen, was hier aber nicht passiert war. Letztlich konnten sie ihren Antrag nachreichen, und voilà: Der Stall durfte erst einmal bleiben. Im selben Zug wurde dann aber darüber diskutiert, ob das Dorf aufgrund eines Neubaugebietes noch ein Dorf sei. Das ist wichtig, weil für ein Dorf etwas lockerere Regelungen hinsichtlich Lärms und Geruchs gelten. Plötzlich wurde die Streitigkeit also eine, die den ganzen Ort betraf. Die Halter bekamen sogar anonyme Drohbriefe. Am Ende wurde immerhin festgestellt, dass das Gebiet Tendenzen eines Dorfes hat …

Als wären nicht schon genügend Leute involviert, schaltete die Baubehörde einen Umweltschutzingenieur und das Amt für Ernährung, Landwirtschaft und Forsten ein – und siehe da: Die Behörde lobte die Ziegenhaltung als »top«. Die Sache war also grundsätzlich weiterhin möglich, der Nachbarschaftsstreit aber noch immer nicht geklärt.

Bevor die gestresste Nachbarin nun dauerhaft nur noch bei geschlossenem Fenster im Haus sitzen oder mit grünlichem Gesicht durch ihren Garten laufen musste, entschied sie sich für die offensichtlichste Lösung: einen Gang zum Zivilgericht. Und das prüfte ganz genau, ob die Sache mit der Ziegenhaltung im Wohngebiet wirklich eine so gute Idee war.

Dort wurden die Ziegen zwar nicht als Zeugen vernommen, wohl aber Freunde und Familie der Dame, die sich selbst vom Odeur Zoltans hatten überzeugen können. Außerdem wurde ein Geruchsgutachten angefordert. Das Ergebnis: Zoltan, und das, was er so in den Nasen anderer verursachte, waren niemandem zuzumuten! Das gelte auch für ein »landwirtschaftlich geprägtes Anwesen in einem Dorf, bei dem Tiergerüche regelmäßig vorkommen und zu erwarten« seien. Die üblen und als unerträglich empfundenen Gerüche hätten nicht mit einer mangelnden Gewöhnung an das Landleben, wie es bei Städtern der Fall sein möge, erklärt werden können. Das Urteil galt, obwohl zum Zeitpunkt des Prozesses der Gestank mittlerweile schlagartig nachgelassen hatte – offenbar befand das Tier sich gerade in einer weniger »bockigen« Phase. Doch allein das Risiko wieder steigender sexueller Lust reichte hier aus. Das Ergebnis des Verfahrens: Der Bock musste weg! Und mit ihm seine geliebten Ziegen. Auch die Berufung der Ziegenhalterin half da nicht weiter. »Der Bock wird hier doch nur zum Sündenbock gemacht«, kommentierte sie schließlich betroffen.

Wenn der Gestank aber wirklich so schlimm war wie geschildert, kann der Nachbarin wohl verziehen werden, dass sie keinen Bock auf den Bock hatte …

Landgericht Bayreuth, Urteil vom 10.09.2020, Az. 2 O 296/19
Oberlandesgericht Bamberg, Urteil vom 16.11.2021, Az. 5 U 363/20

§ WEGEN NACHBARN DIE DECKE DURCHLÖCHERT – ZAHLT DIE SOZIALHILFE?

Der Besenstiel ist eine beliebte Waffe, wenn es darum geht, laute Nachbarn in der darüberliegenden Wohnung zum Schweigen zu bringen. Anstatt auf die Nachbarn selbst klopfen viele einige Male an die Decke und hoffen, der nervige Störenfried werde das Zeichen verstehen und peinlich berührt schweigen. Unangenehm wird es nur, wenn die Decke dadurch beschädigt wird. Noch unangenehmer wird es, wenn einem die Decke eigentlich gar nicht gehört. Und so richtig unangenehm wird es, wenn man den Schaden nicht ersetzen kann, da man lediglich Sozialhilfe bezieht. Kommt dafür dann die Sozialhilfe auf? So hypothetisch wie er auf Anhieb klingt, ist dieser Fall gar nicht. In etwa so hat er sich Ende 2022 ereignet.

Der Mieter in der Wohnung eines Mehrfamilienhauses hatte schon einige Zeit Probleme mit anderen Mietparteien, insbesondere mit der in der Wohnung über ihm. Ganz nach der Devise, Feuer mit Feuer zu bekämpfen, schrie der Mieter dermaßen »unerträglich« zurück, dass ihm nach mehrmaliger Mahnung fristlos gekündigt wurde. Dabei fiel auf: 14 Löcher zierten die Decke zwischen den Konfliktparteien. Nach Ansicht des Mieters waren diese ganz klar von den Nachbarn verursacht worden. Wenn jene nämlich nicht ständig »mit der Decke wackeln« würden, hätte er sich nicht gezwungen gesehen, gegen die Decke zu klopfen, um dem ein Ende zu bereiten. Ob die Löcher nun auf eine dünne Decke oder einen sehr entschlossenen Besenstiel zurückzuführen sind, ist nicht bekannt. Bekannt ist allerdings, dass der Mieter irgendwie für den Schaden der Seriendurchlöcherung aufkommen musste. Mit 1500 Euro bezifferten sich die Reparaturkosten. Durchaus stattlich. Nun war der Mieter wegen Erwerbsminderung in Rente und bezog Grundsicherung. Daher forderte er den Sozialhilfeträger auf, ihm auch diese Kosten zu erstatten. Als dieser eine Kostendeckung (!) ablehnte, klagte der Mieter vor dem Landessozialgericht Baden-Württemberg.

Zwar gibt es Ausbesserungskosten an der Unterkunft, für die die Sozialhilfe aufkommen muss. Hierzu zählen etwa Schönheitsreparaturen oder Renovierungen, die einfach durch die normale Abnutzung in einer Mietwohnung entstehen können. Das zornige Perforieren der Decke wird allerdings (in den allermeisten Fällen, wollen wir hoffen) nicht zum vertragsgemäßen Gebrauch gehören. Und aus diesem Grund wies das Gericht die Klage ab. Der Sozialhilfe geht es, so steht es zumindest im Gesetz (dem sog. SGB XII), darum, ein menschenwürdiges Leben zu gewährleisten – und nur dafür muss die Solidargemeinschaft auch einstehen. Geht es um darüber hinausgehende Schadensersatzansprüche, so das Gericht, trägt der Vermieter das Risiko. Die Sozialhilfe ist am Ende eben die Sozialhilfe – und keine Haftpflichtversicherung.

Immerhin kann man sich ausmalen, dass die Nachbarn in der darüberliegenden Wohnung jetzt erst einmal wieder ihre Ruhe haben. Auch wenn ihr Boden nun an 14 Stellen etwas dünner ist.

§ ELTERN VERNICHTEN PORNOSAMMLUNG DES SOHNES

Sammlungen haben nicht nur einen emotionalen Wert für den Sammler. Oft haben sie auch einen hohen wirtschaftlichen Wert. Egal ob Briefmarken, Münzen oder, wie hier, eine Sammlung von Schmuddelfilmen. Darunter befanden sich anscheinend sehr teure Exemplare (was einen wertvollen Porno wohl ausmacht?) wie zum Beispiel *Big Bad Grannys*. Wir sparen uns mal die Übersetzung …

Hier lohnt sich zum Verständnis wohl ein kleiner Rückblick: Nachdem sich der heute 44-Jährige im Jahr 2016 hatte scheiden lassen, zog er vorübergehend zu seinen Eltern zurück. Nach einiger Zeit fand er eine neue Bleibe und zog wieder aus. Beim Umzug ließ er sich einige Kartons von seinen Eltern nachsenden. Darunter auch zwölf Kisten gefüllt mit pornografischem Material und Sexspielzeug. Anscheinend warfen seine Eltern einen Blick in die Kisten und erfuhren so von der Vorliebe ihres Sohnes.

An dieser Stelle eine weitere interessante Randnotiz: Möglicherweise startete der Mann aus dem Bundesstaat Indiana seine Kollektion schon im Teenager-Alter. Medienberichten zufolge flog er einst von der Highschool, weil er dort pornografisches Material verkaufte.

Die Eltern waren in jedem Fall *not amused* über die womöglich jahrelange Leidenschaft oder Sucht ihres Sohnes nach stimulierendem Material. Und neben den Filmchen entsorgten die Eltern gleich auch die Drogen, die sich ebenfalls im Besitz des Sohnemanns befanden. Der Vater beteuerte, dass er die Sachen wegschmiss, weil er sich um die emotionale Gesundheit seines Sohnes sorgte. Er war der Ansicht, er habe seinem Sprössling durch die Entsorgung »einen Gefallen« getan.

Das sah dieser natürlich anders und verlangte 29 000 US-Dollar Schadensersatz für den Wert der Sammlung, insgesamt aber 87 000 US-Dollar. Wie genau diese Summe zustande kam, ist unklar. Vielleicht sollten die weiteren 58 000 US-Dollar eine Entschädigung für den emotionalen Schaden durch den Verlust seiner geliebten Filme darstellen. Zwar sind für die Sammlung wahrscheinlich nicht Blut, Schweiß und Tränen geflossen, dafür aber viele Geldscheine. Alle Beteuerungen und Erklärungsversuche halfen nichts, der Geschädigte ließ nicht von seiner Forderung ab. Also musste das Zivilgericht in Michigan ein Urteil fällen: Insgesamt 38 000 US-Dollar werden die Eltern dem Sohn für das Vernichten seines Eigentums zahlen müssen, so gut sie es auch mit der Aktion gemeint haben.

Mal wieder eine Geschichte, in der es (fast) nur Verlierer gibt. Vielleicht hätten die Eltern ihren Sohn zuerst auf die Kisten ansprechen sollen, bevor sie kurzerhand alles entsorgten. Möglicherweise wäre ihm eine kreative Ausrede eingefallen: dass er die Kisten für seinen besten Freund aufbewahrt, weil dieser Angst hat, dass seine Frau die Filme findet … Wie dem auch sei, hilft ja alles nichts. Die Sammlung ist weg, die Eltern sind fast 40 000 US-Dollar ärmer, und wahrscheinlich geht ein tiefer Riss durch die Familie.

Die Einzigen, die sich an diesem Familienstreit erfreuten: die Medien, die eine tolle Schlagzeile hatten. Vielleicht auch die Richter, die so einen Fall wohl eher selten bearbeiten, und womöglich ein glücklicher Finder, der unverhofft Kisten voller Pornos auf dem Sperrmüll entdeckt hat. Ob der (Sohne-)Mann mit den 38 000 US-Dollar eine neue Sammlung angefangen hat, ist übrigens unklar.

§ BETRIEBSSCHLIESSUNG NACH 30 JAHREN: HOTEL MAMA WILL IN DEN RUHESTAND

Aber nicht nur Streit um geliebte Sammlungen im Elternhaus brechen vom Zaun – auch wenn die Zeit gekommen ist, dass das Küken aus dem Nest fliegt, kann das Eltern-Kind-Verhältnis nachhaltig gestört werden. Der 30-jährige Amerikaner Michael Rotondo wohnte nämlich gern bei seinen Eltern. Klar, Hotel Mama zu verlassen, ist für viele ein schwieriger Schritt. Plötzlich muss man sich selbst um viele Probleme des Alltags kümmern, bei denen einem bisher unter die Arme gegriffen wurde. Wozu das alles aufgeben, dachte sich der nicht mehr ganz so junge Sohnemann.

Das Problem dabei: Die Eltern wollten ihren mehr als erwachsenen Sohn aus dem Haus haben. Schließlich war er alt genug, um auf eigenen Beinen zu stehen. Zumal er weder Miete zahlte noch im Haushalt half, so jedenfalls die Aussage der Eltern. Sie boten ihrem Sprössling zunächst über 1000 Dollar Startkapital, damit sich dieser endlich selbstständig machte – ohne Erfolg. Auch angebotene Hilfe beim Umzug wurde dankend abgelehnt. Der damals arbeitslose Rotondo wollte partout nicht gehen. Dann wurde das Ehepaar sehr schnell sehr auffordernd. Die Eltern schrieben ihrem Sohn sogar Briefe, in denen sie ihn förmlich aufforderten, auszuziehen. Darin schilderten sie, dass sie »alle Maßnahmen ergreifen werden«, die nötig wären, damit ihr Nesthocker das Nest verließ. Jedoch half das nicht wirklich, also sahen sich Christina Rotondo und ihr Mann zum Äußersten gezwungen: Sie zogen gegen ihren eigenen Sohn vor Gericht.

Der Beklagte Michael erschien dort in einem eigens gebügelten Anzug und beteuerte, dass er im Haushalt mithelfe, sogar selbst waschen und kochen würde und damit seinen Eltern keine allzu große Bürde sei. Außerdem erklärte der Hotel-Mama-Dauergast, dass er bereits einmal ausgezogen sei, dann aber seinen Job verloren habe und wieder ins Elternhaus habe zurückkehren müssen. Das stimmte auch genau so, allerdings ließ er ein kleines Detail aus: Das war acht Jahre her. Seit acht Jahren wohnte Söhnchen Michael also wieder bei seinen Eltern.

Die Gerichtsverhandlung war recht kurz. Das Gericht fällte ein schnelles Urteil: Michael musste raus! Wirklich einverstanden war dieser aber nicht mit dem Urteil – übrigens vertrat Michael sich selbst – und forderte zumindest eine Gnadenfrist von sechs Monaten für seinen Auszug (diese Frist habe er im Internet recherchiert). Mal wieder waren die Richter anderer Meinung und legten fest, dass die Eltern den Auszugstermin bestimmen dürften. Die Verhandlung lief also alles andere als nach Michaels Geschmack.

Übrigens trat Michael nach der Verhandlung vor die Presse und beteuerte, dass er sich sicher sei, eine Frist von 30 Tagen zu bekommen. Diese wolle er dann nutzen, um in Berufung zu gehen. Er beteuerte auch, mittlerweile einen Job gefunden zu haben. Auf Nachfrage der Presse, was denn seine Arbeit sei, entgegnete er, dass das nur ihn etwas angehe. Hm … Vielleicht ist er ja offizieller Hoteltester der Hotel-Mama-Kette?

Berufung hat er zwar eingelegt, doch am Ende half offenbar alles nichts: Mittlerweile ist er ausgezogen. Zweieinhalb Stunden vor Ablauf der Frist. Zum Abschied kam es noch einmal zum Streit, weil der Vater den Sohn nicht noch einmal zurück in den Keller lassen wollte, um Legoteile zu suchen. Am Ende musste sogar die Polizei intervenieren. Im Juni 2018 sagte Rotondo, er wolle zunächst mit dem Geld aus einem Radiointerview (mit einem bekannten Verschwörungstheoretiker) in ein Airbnb ziehen, um letztlich bei einem entfernten Cousin eine Bleibe zu finden.

Was wohl in den letzten vier Jahren aus ihm geworden ist? Nach einem kurzen Bericht über eine verlorene Klage gegen seinen Ex-Arbeitgeber im Jahr 2019 – wobei er sich abermals selbst vertrat – verlieren sich seine Spuren … Vielleicht sollte er angesichts seiner Affinität zu Gerichtssälen einfach Jura studieren? Dann klappts sicherlich auch beim nächsten Mal besser vor Gericht.

§ KERNFUSION IM KINDERZIMMER

Freunde treffen, *Fortnite*, Tennis und, ach ja, Kernfusionen. Das scheinen die Freizeitaktivitäten des 14-jährigen Jackson Oswald aus den USA zu sein. Jetzt stellt sich vielleicht für manche Eltern die Frage: Was würde passieren, wenn mein Kind eine Kernfusion in Deutschland durchführt? Zum einen gibt es natürlich Hausarrest, klar. Aber hätte das auch rechtliche Konsequenzen? Gehen wir der Sache mal nach.

Die USA sind wohl tatsächlich das Land der unbegrenzten Möglichkeiten. Ein junger Mann aus den Staaten fing im zarten Alter von zwölf Jahren an, einen Fusionsreaktor zu bauen. Und nein, wir reden nicht vom fiktiven Charakter Sheldon Cooper aus der Serie *The Big Bang Theory*. Jackson Oswald, so heißt der Hobbyphysiker, gibt es wirklich. Und der Achtklässler war äußerst ambitioniert. So setzte er sich nach dem Bau seines ersten Reaktors mit 12 ein neues Ziel: Als 14-Jähriger wollte er einen noch größeren Reaktor bauen. Die Idee für dieses ungewöhnliche Hobby kam ihm mehr oder weniger aus dem Nichts. Er realisierte, so sagte er, dass er nichts davon habe, der Beste in jedem Videospiel zu sein. Vielmehr wollte er etwas mit Substanz schaffen. Seine Eltern unterstützten ihn dabei, auch wenn sie nicht wirklich wussten, was ihr Jackson da so trieb. Schließlich kosten die Materialien mehrere Tausend Dollar. Die nötigen Teile besorgte er sich auf eBay, sein Wissen eignete er sich auf YouTube an (wie sollte es anders sein). Kurz vor seinem 13. Geburtstag war es dann so weit: Der Junge aus Memphis, Tennessee, führte eine Kernfusion durch – eine Sensation und sogar ein Weltrekord, der ihm da schon ein Empfehlungsschreiben für ein Stipendium verschaffte.

Ganz so einfach wäre ein vergleichbares Vorhaben in Deutschland aber nicht. Der Betrieb eines Kernreaktors bedarf bei uns mehrerer Genehmigungen, die in aufwendigen Verfahren beantragt werden müssen. Selbst wenn die Verfahren ordnungsgemäß durchgeführt werden sollten, ist es äußerst unwahrscheinlich, dass ein Minderjähriger eine Genehmigung erhalten würde. Deutsche Bürokratie eben. Würde die Familie Oswald also in Deutschland leben, hätten sie eine Menge Papierkram zu erledigen, der wahrscheinlich am Ende umsonst wäre.

Wer lieber heimlich einen Reaktor baut, der sollte aufpassen. Erwischt zu werden, ist nämlich teuer: Bis zu 50 000 Euro können an Bußgeld fällig werden, sollte ein Reaktor ohne Genehmigung gebaut werden. Zwar sind Kinder unter 14 Jahren nicht strafmündig und können deshalb auch nicht wegen Ordnungswidrigkeiten belangt werden.

Allerdings sicherlich die Eltern, die dieses Vorhaben ja bewusst unterstützt haben.

Das war es aber noch nicht. Denn das StGB sieht auch Gefängnisstrafen vor. Nach § 311 StGB kann man sich durch eine Fusion wegen des Freisetzens ionisierender Strahlen strafbar machen. Die Haftstrafe hat es in sich: Bis zu fünf Jahre Gefängnis drohen, wenn auch nicht für Jackson, da er minderjährig ist, so sicherlich für die Eltern wegen »Beihilfe« zu dieser Tat. Es kann sogar noch härter kommen. Freiheitsstrafen von zehn Jahren oder mehr werden verhängt, wenn man eine Kernexplosion herbeiführt.

Wir halten fest: Bestimmt ist es sehr spannend und faszinierend, in die Tiefen der Physik einzusteigen. Als Minderjähriger jedoch seinen eigenen Reaktor zu bauen? Zumindest zweifelhaft. Vielleicht ist es sogar gut, dass die deutsche Bürokratie nicht so einfach zulässt, dass ohne Weiteres Kernfusionen durchgeführt werden können. Man stelle sich mal vor, dass jedes zweite Grundschulkind einen Reaktor im Kinderzimmer hätte und im Nachbarhaus die Gefahr eines Super-GAUs schlummerte. Da ist es den meisten Eltern bestimmt sogar lieber, wenn die Sprösslinge vor der Spielkonsole sitzen und den ganzen Tag nur zocken. Zumal das ein wesentlich preiswerteres und weniger gefährliches Hobby ist.

§ AUS EINER MÜCKE EINEN ELEFANTEN MACHEN – ODER AUS EINER BÜROKLAMMER EIN HAUS

Eine rote Büroklammer gegen ein Haus? »This has been the worst trade deal in the history of trade deals, maybe ever« – Donald Trump

Nicht aber, wenn man ursprünglich derjenige mit der Büroklammer war. Tauschgeschäfte beschäftigen uns schon von klein auf. Ob Diddl-Blätter, Pokémon-Karten oder Briefmarken – Tauschen macht Spaß.

Kyle MacDonald war im Juni 2005 nur ein arbeitsloser Kanadier. Eine lange Zeit saß er an seinem Schreibtisch und starrte eine rote Büroklammer an. »Was man dafür wohl bekommen könnte«, dachte er sich. Anstatt es bei diesem Gedankenexperiment zu belassen, probierte er es einfach aus. Vielleicht war er dabei vom Märchen *Hans im Glück* inspiriert und wollte das Ganze einmal umgekehrt und in modern ausprobieren. In jedem Fall stellte er die Büroklammer auf die Seite Craigslist, die ähnlich wie eBay funktioniert. »Ich möchte diese Büroklammer gegen etwas Größeres oder Besseres eintauschen«, fügte er seinem Gesuch hinzu. Und so nahm die Geschichte ihren Lauf. Wie eine Lawine wurden immer mehr Menschen auf die Story aufmerksam, sodass Kyle für die Tauschgeschäfte nicht lange suchen musste. Gegen Ende soll er über 1000 Angebote pro Gegenstand bekommen haben. Darunter sollen ihm auch skurrile Dinge angeboten worden sein, wie zum Beispiel die Jungfräulichkeit einer Person oder ein Gutschein für Ganzkörpertattoos. Er suchte aber nur Leute aus, von denen er vermutete, dass sie den Gegenstand auch brauchten. So sah der knapp einjährige Weg zu seinem Haus aus:

1. Büroklammer gegen einen fischförmigen Stift
2. Stift gegen eine handgefertigte Türklinke
3. Türklinke gegen einen Lagerofen
4. Lagerofen gegen einen Generator
5. Generator gegen eine »Sofortparty« (Ein Bierfass und ein leuchtendes Budweiser-Schild)
6. »Sofortparty« gegen ein Schneemobil
7. Schneemobil gegen eine Zweipersonenreise
8. Zweipersonenreise gegen einen Kastenwagen
9. Kastenwagen gegen einen Plattenvertrag
10. Plattenvertrag gegen eine Jahresmiete
11. Jahresmiete gegen einen Nachmittag mit Alice Cooper
12. Nachmittag mit Alice Cooper gegen eine seltene Schneekugel von Kiss
13. Schneekugel von Kiss gegen eine Rolle in einem Hollywoodfilm
14. Filmrolle gegen ein zweistöckiges Haus

Aber wie sieht das rechtlich aus? Ein deutscher Nachahmer aus Osnabrück begann mit einer Autogrammkarte und erlangte schließlich ein Auto. Das Thema ist also nicht nur in Kanada relevant.

Der Tauschvertrag ist im BGB in § 480 geregelt. Ihn unterscheidet im Wesentlichen nichts von einem normalen Kaufvertrag. Der einzige Unterschied ist, dass eben kein Geld bezahlt wird. Weil jeder Gegenstand neben einem objektiven Wert auch einen persönlichen subjektiven Wert hat, ist die Grenze nur die Sittenwidrigkeit. Also wenn ein krasses Missverhältnis im Wert der beiden Objekte besteht. Die Tauscher haben aber von Kyle MacDonald meist nicht nur den Gegenstand bekommen, sondern auch die damit einhergehende Publicity. Das heißt: Solange beide Parteien mit dem Tausch einverstanden waren, gab es keine Probleme. Immerhin gilt die Privatautonomie. Lediglich beim Haus müsste er zusätzlich einen notariellen Vertrag abschließen.

Die Zeit war aber alles andere als entspannt für Kyle. Er gab an, durch die mediale Aufmerksamkeit und die Reisen 10 bis 16 Stunden pro Tag mit dem Projekt beschäftigt gewesen zu sein. MacDonald selbst sagt, es war nicht der Gegenstand, der ihn glücklich machte, sondern die Story und die Menschen dahinter. Deswegen übereignete er das Haus an die Stadt zurück, die daraus einen Kaffeeladen machte. Die Stadtmitte krönt nun eine riesige Statue einer roten Büroklammer, zum Andenken an die Erfolgsstory. Eine einzelne Büroklammer verhalf dem Arbeitslosen zu seiner neuen Karriere. Er ist Autor, Motivationsredner, Unternehmer und Ehrengast in der Stadt, in der das Haus steht. Und das Wichtigste: Er ist reich an Erfahrung, die ihm keiner mehr nehmen kann.

Wenn ihr also das nächste Mal gedankenvertieft an eurem Schreibtisch sitzt und euch fragt: »Was wäre, wenn …?«, dann probiert es doch mal aus. Im schlimmsten Fall scheitert ihr an Stufe zwei. Aber selbst dann habt ihr immer noch einen fischförmigen Stift oder was auch immer Stufe zwei in eurem Fall ist.

§ MIETKAUTION IN AKTIEN ANLEGEN – REICH WERDEN DURCHS NICHTSTUN?

Wer sich nicht von seiner roten Büroklammer trennen kann, der kann auch Geld in Aktien anlegen, um reich zu werden. Börsenkurse beobachten, starke Nerven haben, etc. – das kann für den einen oder die andere schon etwas nervig sein. Doch es gibt eine einfachere Lösung, ohne dass ihr einen teuren Bankberater bezahlen müsst: Mieter können die beim Vermieter hinterlegte Kaution in Aktien und Wertpapieren anlegen lassen – sofern der Vermieter zustimmt. Und mit *etwas* Glück könntet ihr nach lediglich 58 Jahren um 115 000 Euro reicher sein. Glaubt ihr nicht? Hier ist die wahre Geschichte, die in den Sechzigern begann:

1960 zog ein Ehepaar in die Wohnung einer Wohnungsgesellschaft in Köln ein. Damals zahlten die Mieter eine Kaution von 800 DM. Laut Mietvertrag konnte die Kaution in Aktien angelegt werden – und glücklicherweise entschied sich das Paar für diese Option. Ob sie damals schon eine Ahnung hatten, welch kluge Entscheidung das war?

Sobald der Mietvertrag beendet sein würde, sollte der Vermieter die Aktien herausgeben – und zwar mit dem Wert, den sie zu diesem Zeitpunkt hätten. Das Ehepaar hatte sein trautes Heim wohl wirklich geliebt – denn es zog erst 2005 aus. Allerdings nur in eine andere Wohnung, die ebenfalls der Wohnungsgemeinschaft gehörte. Die ursprünglich hinterlegte Kaution im Wert von nunmehr 409 Euro wurde einfach »übertragen«.

Im Jahr 2018 starben dann beide – nach einem hoffentlich glücklichen Leben zusammen in den zwei Wohnungen. Damit endete auch der Mietvertrag. Die Erbin, die Tochter der Verstorbenen, bekam von der Gesellschaft aber nur die Kaution selbst zurück – nicht aber die Gewinne aus den Aktien. Damit wollte sie sich verständlicherweise nicht zufriedengeben und zog vor Gericht.

Und das Gericht befand, dass die rechtliche Lage hier eindeutig zugunsten der Tochter stand: § 551 Abs. 3 BGB sieht vor, dass alle Erträge aus der Mietsicherheit dem Mieter zu überlassen sind. Und das auch dann, wenn – wie hier – der Gesellschaft vertraglich ein Wahlrecht darüber eingeräumt wird, ob sie die Gewinne oder nur die ursprüngliche Kaution auszahlt. Zwar existierte dieses Gesetz 1960 noch nicht. Doch dadurch, dass 2005 ein neuer Mietvertrag geschlossen wurde, fand die Norm trotzdem Anwendung. Schon ein interessanter Zufall, wie die Dinge hier gelaufen sind …

Was lernen wir daraus? Den Vermieter darüber zu informieren, dass die Kaution in Aktien angelegt werden soll, kann sich also langfristig sehr lohnen. Aber letztlich gehörte schon auch eine Menge Glück dazu, dass es so kam. Wären die Eltern nicht drei Jahre vor ihrem Tod umgezogen, dann wäre die Tochter jetzt nicht 115 000 Euro reicher. Nun, im Spiel (was ja Aktiengeschäfte auch ein bisschen sind) und in der Liebe braucht es halt manchmal ein bisschen Glück.

Amtsgericht Köln, Urteil vom 19.07.2022, Az. 203 C 199/21

§ IST STERBEN IN DER MIETWOHNUNG ERLAUBT?

Deutschland – oder wie einige sagen würden »das Land der Verbote«. Ja, in Deutschland gibt es für so ziemlich alles Regeln. Wir Almans lieben es einfach, uns über alles im Klaren zu sein und die Kontrolle zu behalten. Gerade bei Mietwohnungen werden für nahezu jedes Szenario mithilfe der Hausordnung und Gesetze Regeln geschaffen: ab 22.00 Uhr bitte keine fette Party mehr, in der Mittagsruhe bitte kein höllischer Bohrmaschinenlärm, Haustiere bitte nur in Handtaschengröße und Musikinstrumente lieber nur als Dekoration. Eine wichtige Sache ist allerdings nicht geklärt: Darf ich in meiner Mietwohnung sterben?

Es ist wirklich keine schöne Vorstellung, und doch hat jeder schon einmal von folgendem Szenario gehört: Eine Leiche liegt mehrere Tage in der Wohnung! Genau das ist auch in einem Fall aus Berlin passiert. Der Mieter einer Zweizimmerwohnung verstarb dort und lag noch eine ganze Zeit lang so da. Der Leichnam blieb über Tage unentdeckt liegen. Und so wie nichts im Leben umsonst ist, kann auch der Tod ganz schön teuer werden.

Mit dem Tod ging der Mietvertrag nach den Vorschriften des Bürgerlichen Gesetzbuches auf die Erben über. Die hatten aber gar kein Interesse an der Mietwohnung, denn sie hätten dann ja auch die Miete bezahlen müssen. Deshalb kündigten sie die Wohnung noch in der 3-Monats-Frist. Die Wohnung mussten sie nun zurückgeben und das im ordnungsgemäßen Zustand – ansonsten wird die Kaution fällig.

Aber ihr werdet es euch sicher schon denken können: Die Wohnung war natürlich alles andere als ordnungsgemäß. Nach ein paar Tagen in der warmen Wohnung wurde die Leiche richtig eklig. Der Leichengeruch zog in jede Ritze, sodass es furchtbar stank, und zu der Leiche gesellte sich auch Ungeziefer wie Fliegen und Maden dazu. Das ist sicher nichts für Menschen mit schwachem Magen, wir wollen gar nicht näher darauf eingehen … Um so eine Wohnung wieder in Schuss zu bringen, ist schon ein bisschen mehr nötig als nur mal kurz zu staubsaugen. Eine Sonderreinigung musste her, es musste ein neues Laminat verlegt werden, und sogar die Wände und Decke wurden frisch gestrichen. Ganze 3500 Euro kostete der Spaß. Wie schon gesagt: Sterben ist teuer.

Jetzt wollte der Vermieter das alles natürlich nicht selbst bezahlen. Was fällt dem Mieter denn auch ein, einfach so in seiner Wohnung zu sterben? Der Vermieter wollte die Kaution deshalb behalten. Denn Sterben würde den vertragsgemäßen Gebrauch einer Wohnung deutlich übersteigen.

Dem Mieter selbst konnte das natürlich egal sein, das Problem hatten nun seine Erben. Die wollten selbstverständlich die Kaution wiederhaben, das waren immerhin stolze 2000 Euro. Es kann doch nicht wahr sein, dass man in seiner Wohnung nicht einmal sterben darf! Das muss doch erlaubt sein, zumal man es ja auch nicht verhindern kann. Oder hätte der Mieter zum Sterben etwa kurz vor die Tür gehen sollen?

Das Amtsgericht Berlin sah das genauso wie die Erben. Mit Verweis auf das Urteil vom Amtsgericht Schwartau stellte es fest: »Sterben in der gemieteten Wohnung und die Beeinträchtigung der Wohnung als Folge des Versterbens ist keine Überschreitung des vertragsgemäßen Gebrauchs.« Kurz gefasst: Sterben in der Mietwohnung ist erlaubt. Es gehört zur normalen Abnutzung einer Wohnung, die Kaution muss also an die Erben zurückgehen. Das nennt man wohl Glück im Unglück.

Als makabre Regel können wir zukünftig also zur Hausordnung dazuschreiben: Sterben in der Mietwohnung ist jederzeit erlaubt. Doch ihr wisst ja, nur weil etwas erlaubt ist, muss man es nicht gleich ausprobieren. Also Achtung: Bitte nicht zu Hause nachmachen!

Amtsgericht Berlin-Tempelhof-Kreuzberg, Urteil vom 24.11.2020,
Az. 15 C 59/20
Amtsgericht Bad Schwartau, Urteil vom 05.01.2001, Az. 3C1214/99

§ ILLEGALES GLÜCKSSPIEL IM SENIORENHEIM? BINGO!

Bis Ende 2017 ging es in einem Kölner Seniorenheim der Sozialbetriebe
Köln (SBK) einmal wöchentlich heiß her. Man traf sich im Festsaal,
um dem Bingo zu frönen; zu gewinnen gab es einige Kleinigkeiten, die
den Bewohnern den Tag versüßen sollten. So weit, so idyllisch – und
klischeehaft.

Doch dieser beschauliche Zeitvertreib unter den betagten Damen
und Herren sollte bald ein Ende haben. Denn sie hatten die Rechnung
ohne die Rechnungsprüfer des SBK gemacht: Als die internen Juristen
nämlich auf einer Quittung für Pralinen den Vermerk »Bingo-Preise«
lasen, blinkten sicherlich rote Paragrafen in ihren Köpfen auf – oder
so ähnlich … In jedem Fall hinkten auch die Juristen ihrem Klischee
in keinster Weise hinterher und handelten als »Retter des Rechts-
staats« sofort: Der Bingo-Abend sei als öffentliches Glücksspiel illegal
und müsse deshalb ohne eine Erlaubnis untersagt werden! Stimmt das
denn? Oder haben die Juristen hier einfach kein Verständnis für Spaß?

Das Glücksspiel ist bundeseinheitlich im sogenannten Glücksspielstaatsvertrag (GlüStV) geregelt. Dieser gibt an, dass öffentliches Glücksspiel bei der zuständigen Behörde für eine Erlaubnis anzumelden ist.
Und wer ohne Genehmigung Glücksspiel betreibt, macht sich sogar
strafbar! »Öffentliches Glücksspiel« – was erst wie ein harmloser Begriff wirkt, muss wie so vieles in der Juristerei noch mit Inhalt gefüllt
werden. Hier hilft der Staatsvertrag selbst weiter. Ein Glücksspiel liegt
nach § 3 Abs. 1 GlüStV nämlich dann vor, wenn

- im Rahmen eines Spiels
- gegen Entgelt eine Gewinnchance erworben wird,
- deren Entscheidung vom Zufall abhängt.

Dass es auch beim Bingo im Festsaal um ein Spiel ging, würde wohl niemand bestreiten. Und da die Bingo-Karten zwischen 50 Cent und 1,25 Euro kosten, ist das nötige Entgelt an sich auch erhoben worden. Die Bingo-Felder werden durch Zufallsziehung ermittelt, auch der Zufall liegt also auf der Hand. »Öffentlich« ist das Glücksspiel auch dann, wenn es gewohnheitsmäßig in geschlossenen Gesellschaften gespielt wird. Bei einer wöchentlichen Veranstaltung im kleinen Kreis des Festsaals trifft dies ebenfalls zu, zumal auch externe Bewohner des Stadtteils teilnehmen durften.

Aber diese wenigen Meter an juristischer Harmonie sind schnell wieder vorbei. Denn gerade bei kleineren Glücksspielen kommt an Gerichten immer wieder die Frage auf, ob unterhalb einer bestimmten preislichen Schwelle überhaupt noch von Glücksspiel die Rede sein soll. Viele Juristen sagen hier, dass bei geringen Einsätzen und geringwertigen Gewinnen eher der Spaß im Vordergrund stehe, sodass die Glücksspielregeln nicht greifen sollten. Das ist gar nicht weit hergeholt, denn der Grund für die Regelung durch den Glücksspielstaatsvertrag ist vor allem die Verhütung von Glücksspielsucht. Die Zweifel, die wohl bei den meisten von uns auftreten (»Echt jetzt? Das ist doch nur ein harmloser Spaß!«), haben nach der Ansicht mancher Kollegen damit rechtlich durchaus einen Platz.

In Köln fiel dennoch der Entschluss, die Bingo-Abende erst einmal auszusetzen. Kuriose Rechtslage? Bingo! Erfreulicherweise konnte aber im Februar 2018 schnell eine Genehmigung eingeholt werden, sodass seitdem wieder heiter um die Pralinen gebuhlt werden kann.

Übrigens: Im Jahr 2022 war bei einer bekannten Boulevardzeitung folgende reißerische Überschrift zu lesen: »Polizei sprengt illegale Glücksspiel-Party: Bingo!« Sind die Rechtshüter jetzt völlig außer Rand und Band und haben die Bewohner eines Seniorenheims ohne Glücksspiellizenz des Nachts mit einer Razzia aus ihrem wohlverdienten Schlaf gejagt? Nein. In diesem Fall handelte es sich um eine Bingo-Runde in einer Gaststätte, bei der wohl um sehr viel höhere Beträge sowie um Schmuck gespielt wurde. In diesem Fall hatten die Nachbarn der Gaststätte die Polizei gerufen, weil sie immer wieder durch nächtliche »Bingo«-Freudenschreie aus dem Bett gejagt wurden.

Also: Wer sich nach diesen Geschichten immer noch traut, ohne offizielle Genehmigung einen Bingo-Abend am Rande der Legalität zu veranstalten, sollte zumindest den Lärmpegel lieber ruhig halten.

SEX VS.
TROCKENES RECHT

Rein, raus, rein, raus … Wer jetzt neben dem Parkautomaten, der die 2-Euro-Münze nicht schlucken will, direkt an Sex denkt, der hat bei diesem Kapitel … ausnahmsweise mal recht. Denn was wäre die Erde ohne Sex. Ohne »Bum-Bum machen« wäre nicht das erste Wasserlebewesen an Land gekrochen. Ohne das feuchtfröhliche Techtelmechtel wäre nicht der erste Mensch entstanden. Ohne Koitus würdet ihr nicht gerade auf der Couch oder dem Klo sitzen (Ha! Erwischt?!) und diesen Satz lesen.

Wer denkt, Richter müssten sich nur mit trockenem Recht beschäftigen, liegt falsch. Aus den folgenden Urteilen erhalten die Richterinnen und Richter nämlich einen sehr tiefen Einblick in das Sexleben der Klägerinnen und Kläger. Ist die Marke »FickShui« geschmacklos? Wer ist schuld, wenn ein Mann ein Sexspielzeug in einer Frau hinterlässt und beide es vergessen? Und warum ist unter Juristen nicht »Der Zauberlehrling« das berühmteste Gedicht, sondern »Masturbieren im Russenpuff«?

Von Kopulieren, Schäferstündchen und Liebemachen. Jetzt kommt der Teil des Sexualkundeunterrichts, der zeigt, wie man's nicht macht, viel Spaß!

§ VON DICHTENDEN RICHTERN ÜBER DAS MASTURBIEREN IM RUSSENPUFF

Wer den Juristen mangelnden Humor vorwirft, hat nicht immer unrecht. Manchen Kollegen merkt man an, dass sie als Vertreter der großen Dichter und Denker vielleicht eine Chance gehabt hätten. Doch ob sich Dichten und Denken immer gut vereinen lassen?

Ein Urteil des Arbeitsgerichts Detmold aus dem Jahr 2008 spottete der Werke aus dem Deutschunterricht. Vollständig in Reimform wird hier eine Klage abgewiesen. Worum es geht, ist den feinsinnigen Zeilen selbst zu entnehmen:

> *Der Streit entstand, weil der Beklagte*
> *im Rechtsstreit vorzutragen wagte,*
> *was nun der Klägerin sehr missfällt.*
> *Sie fordert deshalb Schmerzensgeld.*
> *Dass der Beklagte schweigen soll,*
> *verlangt sie ferner voller Groll.*

Also eine Klage auf Schmerzensgeld und Unterlassung. Doch: Was ist der Grund für ihre Klage?

> *Nun, der Beklagte hat einst einen Spielbetrieb besessen.*
> *Die Klägerin ihrerseits indessen*
> *erhielt – als Aufsicht eingesetzt –*
> *für diese Tätigkeit zuletzt als Stundenlohn, wie man das kennt,*
> *nur 7 Euro und 11 Cent.*
> *Oft kamen dorthin manche Kunden*
> *erst in den späten Abendstunden,*
> *um sich vielleicht vom Tagesstress beim Spielen auszuruh'n.*
> *Indes behauptet nunmehr der Beklagte,*
> *dass es die Klägerin dann wagte,*
> *so neben ihren Aufsichtspflichten*
> *noch andere Dinge zu verrichten.*

Der Betreiber einer Spielhalle hatte also in einem anderen Verfahren vor Gericht etwas vorgetragen – und darum ging es in diesem Prozess.

Er habe zwar nun dies Geschehen
nicht selbst vor Ort mitangesehen.
Doch hätten Zeugen ihm beschrieben,
was dort die Klägerin getrieben.
So habe sie sich nicht geniert
und auf dem Hocker masturbiert.
Was dabei auf den Hocker troff,
befände sich im Hockerstoff.
Die Spielbar sei aus diesem Grunde
als »Russenpuff« in aller Munde.
Ein Hauch halb erotischer Poesie von der Richterbank …
Er kündigte aufgrund der Kunde
der Klägerin aus andrem Grunde,
um – dies ließ er jedoch betonen –
den Ruf der Klägerin zu schonen.
Die Klägerin klagte dann sogleich.

Genauer gesagt erhob die lustvolle Dame Kündigungsschutzklage gegen ihren Ex-Arbeitgeber. Doch ein Urteil gab es damals nicht:

Man einigte sich im Vergleich – hier mag man die Parteien loben –,
denn der Vertrag ward aufgehoben
und – um die Sache abzurunden – die Klägerin noch abgefunden.
Doch erledigt hatte sich der Ärger für die Dame nicht:
Der Klägerin reichte dies nicht hin,
denn ihr steht noch nach mehr der Sinn.
Sie habe nie vor all den Zockern
sich selbst befriedigt auf den Hockern.
Der Pein, die man ihr zugefügt, der werde nur durch Geld genügt.
Die Lügen – für sie nicht zu fassen – muss der Beklagte
unterlassen.

Denn diese Infos vom Hörensagen empfand auch sie nicht gerade als förderlich für ihren Ruf. In einem neuen Verfahren musste das Gericht nun entscheiden, ob der Ex-Arbeitgeber diese pikanten Details in der mündlichen Verhandlung preisgeben durfte – schließlich war er ja nicht selbst dabei gewesen. Der Arbeitgeber war sich keiner Schuld bewusst:

Er meint, es fehle dieser Klage der Grund,
dies stehe außer Frage.
Er habe nichts etwa »erdichtet«,
nein, nur in dem Prozess berichtet
– und so die Kündigung begründet –,
was vorher Zeugen ihm verkündet,
und diesen habe er geglaubt.
Dies sei ihm doch wohl noch erlaubt.
Indes: Er könne schließlich nach Belieben,
was dort die Klägerin getrieben, beweisen:
erstens durch die Zeugen; die würden sicher nichts verschweigen.
Und zweitens durch den Stoffbezug des Hockers, der die Klägerin
trug. Er reichte ihn – den gut verpackten –
bereits zu den Verfahrensakten, auf dass nunmehr die Analyse
der Klägerin Tun exakt bewiese.

Allerdings blieb letztlich »unergründet, was sich im Hockerstoff befindet«. Die Richter hätten dazu sicherlich auch wenig Lust gehabt. Glücklicherweise war dies nicht nötig, denn:

Die Klage – wie die Kammer findet –
ist vollumfänglich unbegründet.
1. Auch wenn's der Klägerin missfällt:
Es gibt für sie kein Schmerzensgeld;
denn der Beklagte durfte hier sich äußern, wie er's tat.
Dass der Beklagte so ganz »locker« erfand
das Treiben auf dem Hocker, er also nicht aus Zeugenmunde
erfuhr die »sexuelle Kunde«,
hat selbst die Klägerin nicht erklärt.

Hier ging es darum, dass er durchaus berichten durfte, was er von Zeugen gehört hatte, solange er nicht behauptete, dies mit eigenen Augen gesehen zu haben.

So war es ihm auch nicht verwehrt, die Kunde für sich selbst zu nützen,
hierauf die Kündigung zu stützen.
Allerdings gilt zum »Glück« für die Klägerin:
Dafür gilt dies hier nur in den Verfahren –
sonst darf er auch nichts offenbaren.

Nun, jetzt hat es aber immerhin das Urteil in Reimform zu einer ziemlichen Berühmtheit geschafft. Auch, wenn es anonymisiert ist und wir nicht wissen, wer die Beteiligten waren, so dürfte sich die illustre Kunde unter den Bekannten der Dame doch recht gut verbreitet haben.

Übrigens: Die Dame legte gegen dieses Urteil noch Berufung ein. Und das Landesarbeitsgericht Hamm konnte sich keinen Reim auf das Vorgehen des Richters aus Detmold machen. Es fand die Abfassung in Reimform grob unangemessen und sah hier einen Verfahrensfehler. Das Gesetz schreibt für die Urteile zwar keine bestimmte Form vor, aber es sei zu erwarten, dass der Richter seine persönlichen Eigenheiten aus dem Urteil heraushalte. Spätestens wenn das Ganze – wie hier – auf fremde Kosten gehe, müsse der Staat neutraler sein. In der Sache entschied es aber nicht anders und blieb bei dem bisherigen Ergebnis. Das nicht gereimte Äquivalent zum berühmten Satz mit X.

In Sachen Wortgewandtheit und Einfallsreichtum machte uns das Gericht also so schnell nichts vor. Auch wenn man an der Metrik sicherlich noch arbeiten kann …

Arbeitsgericht Detmold, Urteil vom 23.08.2007, Az. 3 Ca 842/07
Landesarbeitsgericht Hamm, Urteil vom 21.02.2008, Az. 8 Sa 1736/07

§ ROSEN SIND ROT, VEILCHEN SIND BLAU, MANN VERGISST SEXSPIELZEUG IN FRAU

Wenn wir schon beim Reimen sind: So oder so ähnlich ging das Gedicht doch, oder? Was sich für uns absurd anhört, ist einem 47-Jährigen tatsächlich passiert. Er lernte über ein Onlineportal eine Frau kennen. Die beiden verstanden sich gut und verabredeten sich zu einem Sex-Date im »Reiter-Hotel« *(pun intended?)* in Mönchengladbach. Sie vereinbarten, bei dem Rendezvous unter anderem das ein oder andere interessante Sexspielzeug zu verwenden. Konkret sollte der Mann einen Dilator in die Frau einführen. Okay, Vibratoren kennt man. Aber was ist ein Dilator? Ein Blick ins allwissende Internet verrät: Ein Dilator ist eigentlich ein medizinisches Gerät, das dazu benutzt wird, Körperöffnungen wie zum Beispiel die Harnröhre, Anus, Vagina oder Gebärmutterhals zu weiten. Als Sex-Toy wird es sowohl bei Männern als auch bei Frauen als Dildo für die Harnröhre benutzt. Klingt erst mal irgendwie unangenehm. Doch Anbieter versprechen »ein wundervolles, neues und bisher unbekanntes hochsexuelles Gefühl, das man bisher so noch nicht kannte«. Sie warnen aber auch davor, das Gerät falsch einzusetzen.

Was genau zwischen den beiden passierte – ob sie nur etwas empfindlich war oder er eher grobmotorisch –, bleibt wohl ungeklärt. Jedenfalls verursachte der Einsatz des besagten Dilators bei der Frau große Schmerzen, woraufhin diese den Mann aufforderte, aufzuhören. Das tat er auch, vergaß jedoch im Eifer des Gefechts, das Spielzeug wieder zu entfernen. Na ja, manche Menschen würden wohl auch ihren Kopf vergessen, wäre er nicht angewachsen …

Am nächsten Morgen verließ die Frau das Hotel, während der 47-Jährige noch schlief. Sie bekam immer stärker werdende Bauchschmerzen. Daraufhin fragte sie den Mann über WhatsApp, ob der Dilator auch wirklich aus ihr raus sei. Der später Angeklagte antwortete ihr, er vermisse nichts, könne gerade aber auch nicht nachsehen.

Was sich für uns erst mal nach einer witzigen Story anhört, wurde für die Frau jedoch noch ziemlich ernst. Die Bauchschmerzen wurden mit der Zeit so stark, dass sie sich entschloss, ins Krankenhaus zu gehen. Dort staunten die Ärzte nicht schlecht, als sie auf der Röntgenaufnahme deutlich den Dilator in der Frau erkennen konnten. Dieser war in der Zwischenzeit in ihre Bauchhöhle gewandert und hatte dort einige Organe verletzt, weshalb er schließlich herausoperiert werden musste. Wäre die Frau nicht rechtzeitig ins Krankenhaus gegangen, hätte sie an den Verletzungen sogar sterben können.

Der Fall landete vor der Strafabteilung des Amtsgerichts Mönchengladbach-Rheydt. Angeklagt war der Mann wegen gefährlicher Körperverletzung durch Unterlassen gem. § 224 StGB. Der Vorwurf: Er habe ein »gefährliches Werkzeug« verwendet, was schlussendlich zu einer »das Leben gefährdenden Behandlung« geführt habe. Harter Tobak für den 47-Jährigen, denn immerhin droht hierauf eine Strafe von bis zu zehn Jahren Knast!

Am Ende waren sich Verteidigung, Staatsanwaltschaft und Gericht aber einig, und der Mann wurde freigesprochen. Das Einsetzen des Sexspielzeugs sei immerhin freiwillig und einvernehmlich gewesen. Die Frau habe entsprechend davon gewusst und hätte sich selbst vergewissern müssen, dass der Dilator entfernt wurde.

Da hat der Mann noch einmal Glück gehabt. Aber was können wir aus dieser ungewöhnlichen Angelegenheit lernen? Wenn man nicht vor Gericht landen möchte, sollte man auch beim Sex lieber umsichtig sein. Der Mann jedenfalls vergisst bestimmt so schnell kein Sexspielzeug mehr im Körper einer anderen Person.

Amtsgericht Mönchengladbach-Rheydt, Urteil vom 28.10.2019, Az. Ds 595/18

§ STAAT SOLL PORNOS UND BESUCHE IM FREUDENHAUS ZAHLEN

Wenn es ein Ranking der zehn verrücktesten Forderungen gegen den Staat gäbe, wäre diese mit Sicherheit dabei und weit oben: Ein Mann forderte vom Staat, dass ihm Pornofilme und Besuche in Freudenhäusern gezahlt werden sollen. Doch wie kommt man überhaupt auf solch eine Idee? Und gibt es dafür tatsächlich einen versteckten Anspruch?

Ein arbeitsloser und Hartz IV beziehender Kfz-Mechaniker befand sich in einem tragischen Dilemma: Seine Frau wohnte in Thailand, weshalb sich sexuelle Entzugserscheinungen bei ihm zeigten. Seine Lösung: Besuche in Freudenhäusern – wie simpel. Das Problem an der Sache war aber, dass die Besuche auf Dauer kostspielig wurden. Plötzlich der Geistesblitz … Die Behörde könnte doch dafür aufkommen! Wieso auch nicht? War ja für sein Wohlbefinden. Wahrscheinlich hatte er sich darüber sogar recht lange Gedanken gemacht, seine Forderung war sehr präzise: Vier monatliche Besuche in Freudenhäusern wollte er gern finanziert bekommen. Ach, und wo wir schon beim Thema sind: Bitte noch Geld für die Mietkosten von Schmuddelfilmen – und zwar ganze acht im Monat! Schließlich muss sein erhöhter Sexualtrieb gedeckt werden. Geld für Kondome und die, wie er sagte, »Zewa-Wichsboxen« wollte er dann auch. Warum auch nicht …

»Sonst noch was? Vielleicht ein eigenes Krokodil oder eine Reise zum Uranus?«, müssen sich die Richter vom Verwaltungsgericht Arnsberg wohl gedacht haben. Die wiesen die Klage nämlich ab. Die Begründung: Die Forderung umfasse sogenannte Kosten der allgemeinen Lebensführung. Genau die seien aber vom Regelsatz, den der frustrierte Mann erhielt, abgedeckt. Schade!

Nun, ein Stürmer, der nie schießt, kann keine Tore machen. Oder einfacher gesagt: Einen Versuch war's wert. Leider ist nicht bekannt, ob und, wenn ja, wie er sein Problem langfristig lösen konnte …

Verwaltungsgericht Arnsberg, Urteil vom 05.03.2004, Az. AN 4 K 04 00052

§ IST DER MARKENNAME »FICKSHUI« GESCHMACKLOS?

Hat das Wort »ficken« oder »Fick« einen beleidigenden Beigeschmack? Das kann jetzt erst mal jeder für sich beantworten … Es ist jedenfalls nicht das erste Mal, dass wir uns in diesem Buch diese Frage stellen müssen. Doch es kommt bei juristischen Angelegenheiten ja meistens auf den Kontext an. In diesem Fall ging es nicht ums Strafrecht, sondern ums Markenrecht. Konkreter: um die Marke mit dem wohlklingenden Namen FickShui. Diese wurde nämlich – wie überraschend! – vom Patent- und Markenamt zurückgewiesen. Der Anmelder der Marke fühlte sich von den Behörden zu Unrecht »gef***t« – und klagte!

Um seinen Markennamen ins Markenregister eintragen lassen zu können, müssen einige Voraussetzungen erfüllt werden. Unter anderem darf der Markenname nicht vulgär oder anstößig klingen – grundsätzlich keine schlechte Sache. Das Problem ist aber, dass die Grenze zum Vulgären oft schwammig und schwer zu ziehen ist. Wahrscheinlich hat jeder seine eigene Meinung dazu, wann welcher Begriff nicht mehr akzeptabel ist.

Wirklich überzeugen konnte man die Beamten des Markenregisters von dem Wortspiel mit Anlehnung an den Begriff Feng-Shui also nicht. Sie nahmen die Wortschöpfung sogar als Beleidigung gegenüber den Anhängern der Lebens- und Wohnraumgestaltung wahr. Hier gilt dann wohl auch wieder: Was die einen witzig finden, finden die anderen anstößig. »FickShui« fanden jedenfalls die Beamten »grob geschmacklos«.

Die Köpfe hinter FickShui standen weiterhin hinter ihrem Wortspiel und zogen vors Bundespatentgericht. Dessen Haltung zur Verwendung des F-Worts kann ungefähr so zusammengefasst werden: Alles kein Beinbruch, also weitermachen! Begründet wurde die Entscheidung damit, dass der Wortstamm zwar durchaus einen sexuellen Bezug habe. Das allein stelle jedoch keinen Verstoß gegen die guten Sitten dar. Feng-Shui als kommerzieller Begriff werde durch die »Verunstaltung« zu FickShui zudem nicht diskriminiert. In der Welt der Marken sei diese Art von Anspielungen schließlich keine Neuheit. Kleine Anmerkung: Der Beschluss wurde damals am 1. April verkündet. Wie viel Prozent der Menschen wohl gedacht haben müssen, dass die Richter einen Scherz machten?

Wer es nicht glaubt, kann heute Abend in der Stammkneipe mal nach einem »Ficken« fragen (falls Missverständnisse mit den Barkeepern aufkommen, sollte bitte darauf verwiesen werden, dass das Getränk gemeint ist …). Wie das Bundespatentgericht nämlich schon 2011 urteilte, ist der Begriff geschlechtsneutral und keineswegs herabwürdigend. In diesem Sinne: Prost!

Bundespatentgericht, Urteil vom 01.04.2014, Az.27 W(pat) 41/10

§ VIBRATOR VERSPRICHT SCHNELLERE, INTENSIVERE UND MULTIPLE ORGASMEN – ÜBERTRIEBEN?

Was wohl bei Anhängern der Feng-Shui-Lehre in der Kategorie »Dekorationsgegenstand für den Küchentisch« unter die Wertung »unharmonisch« fallen würde: Ein Gerät für »schnellere, intensivere, multiple Orgasmen« – aber es gibt ja neben dem freien Platz auf dem Fenstersims bestimmt auch noch ein freies Fleckchen im Schlafzimmer. Doch dass diese Versprechungen tatsächlich eingehalten werden können, ist wohl nicht immer und vor allem nicht bei jeder Nutzerin beziehungsweise jedem Nutzer der Fall. Es stellte sich also die juristisch höchst relevante Frage: Darf ein Vibrator überhaupt auf diese Weise beworben werden? Oder wird hier dann doch zu sehr das Blaue vom Himmel versprochen? Schauen wir uns mal an, was das Landgericht Bielefeld zu der Sache zu sagen hatte.

Wie funktioniert Werbung? Ohne jetzt ein Fass aufmachen zu wollen: Wichtig sind die Alleinstellungsmerkmale – also aufzuzeigen, warum das eigene Produkt besser, toller, wichtiger ist als die Angebote der Konkurrenz. Diese sogenannten herausragenden Leistungsmerkmale sollen vor allem eines: das Produkt abheben. Problematisch wird das insbesondere dann, wenn der Markt schon »befriedigt« ist. Dann müssen die Unternehmen tief in die Trickkiste greifen, um ihre vibrierende Ware noch an die Kundin zu bringen. Die Krux ist nämlich immer, dass ein Slogan kreiert werden muss, der sich nicht nur abhebt, sondern auch mit dem Wettbewerbsrecht vereinbar ist. Ansonsten wird die Werbung als irreführend verstanden. Denn die Alleinstellungswerbung muss aus Sicht des Verbrauchers sachlich richtig sowie objektiv nachprüfbar sein. Jetzt fragen sich manche vielleicht: Wieso darf Red Bull dann Flügel versprechen? Ganz einfach: Es ist keine irreführende Werbung, wenn der Slogan eine völlig offensichtliche reklamehafte Übertreibung ist. Trotzdem können auch reklamehafte Übertreibungen einen »überprüfbaren Tatsachenkern« haben.

Perfekte Überleitung zu unserem Sexgerät mit dem vibrierenden Kern: Ist also das Versprechen der schnelleren, intensiveren, multiplen

Orgasmen wirklich überprüfbar? Na ja, geht so. Schließlich ist jeder Mensch anders. Darüber hinaus spielen zu viele äußere Umstände eine Rolle, wenn es darum geht, den Höhepunkt zu erreichen – darüber sind sich laut Ansicht der Richter die Käuferinnen auch im Klaren. Also auch wenn sich der Slogan tatsächlich bewahrheiten sollte, so wird die durchschnittliche Käuferin vor dem Kauf dennoch wissen, dass es so was wie eine Orgasmus-Garantie nicht gibt. Daher könne in der Werbung für schnellere, intensivere, multiple Orgasmen auch eine reklamehafte Übertreibung gesehen werden, so das Gericht.

So, da haben wir es: Überragend tolle Orgasmen dürfen tatsächlich versprochen werden! Eine gewisse Verwirrung darüber ist aber verständlich, schließlich wirken tolle Höhepunkte doch irgendwie realistischer als beispielsweise Flügel durch einen Energydrink. Aber wie langweilig ginge es in unserer Werbeindustrie zu, wenn keine Übertreibungen mehr in die Slogans integriert werden dürften. »Hat eine nicht geringe Orgasmus-Wahrscheinlichkeit, die Nutzerinnen müssen aber auch in der richtigen Stimmung sein und das Gerät richtig anwenden« klingt vergleichsweise weniger nach einem Verkaufsschlager …

Landgericht Bielefeld, Urteil vom 11.04.2016, Az. 12 O 82/16

§ RIESIGE PENISSE UND VULVEN ALS REGIERUNGSKRITIK AM STAAT STRAFBAR?

Wann durfte sich ein Gericht wohl zuletzt mit riesigen Penissen und Vulven befassen? Tatsächlich ist das nicht so lange her: Im Jahr 2019 mussten die Richter des Europäischen Gerichtshofs in Straßburg entscheiden, ob eine Protestaktion in Form von primären menschlichen Geschlechtsteilen nicht doch etwas zu viel des Guten war oder die dadurch angegriffenen Politiker und Staatsanwälte sich unbegründeterweise aufregten …

Protestaktionen sollen oft eines: Aufsehen erregen. Je ausgefallener der Protest oder die Kritik, umso mehr Aufmerksamkeit generiert die Aktion und dadurch auch die Message des Ganzen. Ein Mann wählte für seinen Protest eine sehr, sagen wir mal, erregende Option. Er stellte

Skulpturen eines riesigen Penis und einer Vulva aus und versah die Geschlechtsteile dann mit Bildern führender Politiker der Republik Moldau. Warum? Nun … Moldau – das Land liegt zwischen Rumänien und der Ukraine – gehört nicht gerade zu den reichsten Nationen der Welt. Daher ist es alles andere als gern gesehen, wenn auf dubiose Weise eine Milliarde Dollar auf Offshore-Konten wandern und der Staat diese Zahlungen dann ausgleichen muss. Anatol Mătăsaru, so heißt der kreative Kritiker, dachte sich wohl stellvertretend für seine Landsleute: Korruption, nein, danke! Also entwarf er ein zwei Meter hohes Gemächt und eine ähnlich große Vulva, um diese noch mit Bildern von Politikern sowie Staatsanwälten zu »verzieren«. Entblößt wurden die Kunstwerke vor dem Büro eines Staatsanwalts.

Dass dieser das Schauspiel ebenso amüsant finden würde wie die Moldauer Bürger, war übrigens so unwahrscheinlich wie ein durstiger Kaktus. Die Moldauer Richter fanden das Ganze ähnlich unlustig und verurteilten den Künstler zu einer Bewährungsstrafe. Die Kritik sei obszön und überschreite jegliche Form angemessenen Protests. Die Berufung blieb erfolglos.

»So nicht!«, dachte sich der Europäische Gerichtshof für Menschenrechte, an den sich Mătăsaru nun zu wenden wagte. Es gebe laut den Straßburger Richtern überhaupt keinen Anlass dazu, eine Gefängnisstrafe zu verhängen (auch nicht, wenn diese nur auf Bewährung ausgesetzt wurde). Es war ja schließlich nur ein riesiger Penis … Außerdem könne eine Gefängnisstrafe dafür sorgen, dass andere Bürger vor weiteren Meinungsäußerungen abgeschreckt werden. Letztlich habe Mătăsaru nämlich nur von seinem Recht auf Meinungsäußerung Gebrauch gemacht – nur halt auf provozierende Weise. Aber genau das sollte die Aktion ja auch: provozieren. Also Ende gut, alles gut.

Vielleicht spielte es seiner Protestaktion sogar in die Karten, dass er anfangs verurteilt und dann freigesprochen wurde. So hat alles nämlich noch mehr mediale Aufmerksamkeit bekommen. Darüber hinaus war das Urteil der Richter aus Straßburg ein wichtiges Statement für die Moldauer Bürger. Sie müssen sich Korruption nicht gefallen lassen. Also, lieber Anatol Mătăsaru: Alles richtig gemacht. Wer weiß schon, ob das alles überhaupt so weit gekommen wäre, wenn er die Bilder der

Politiker und Staatsanwälte nicht auf riesige Geschlechtsteile, sondern auf irgendetwas weniger Imposantes geklebt hätte. Oder wenn die Skulpturen kleiner gewesen wären. Einen Zwei-Meter-Penis sieht man schließlich nicht alle Tage ...
Europäischer Gerichtshof für Menschenrechte,
Urteil vom 15.01. 2019, Az. 69714/16

§ GRUNDSCHULLEHRERIN + SWINGERCLUB – GEHT DAS ZUSAMMEN?

Was muss eine Lehrerin in ihrer Freizeit tun, damit ihr wegen ihres Hobbys der Job gekündigt wird? Hier gibt es wahrscheinlich die verschiedensten Antworten. Eine damals knapp 50-jährige Lehrkraft aus NRW staunte 1999 aber nicht schlecht, als ihr aufgrund ihrer pikanten Freizeitaktivität eine Kündigung vor die Nase gesetzt wurde ... Denn auch wenn wir es als Kinder wohl alle nicht sehen oder wahrhaben wollten: Ja, auch Lehrerinnen und Lehrer sind Menschen. Und ja, auch sie haben ein Privatleben. Und noch schlimmer: Sie haben sogar Sex! Zudem noch mit verschiedenen fremden Menschen. Tatsächlich ließ die Dame ihren Begierden nicht nur selbst in einem Swingerclub freien Lauf – sie betrieb angeblich auch noch einen solchen. Später meinte sie hingegen, offiziell betrieben werde der Swingerclub nur von ihrem Mann, sie leiteten ihn aber gemeinsam. Sie habe sich dort lediglich »aktiv vergnügt«. (Kurze Erklärung: Ein Swingerclub ist ein Club, in dem sich Swinger treffen. »Swinger« leitet sich vom englischen *to swing* ab und heißt so viel wie schwingen, sich frei bewegen. »Swingen« wurde so zur Bezeichnung von Menschen, die ihre Sexualität frei mit verschiedenen Partnern ausleben.)

Das Land Nordrhein-Westfalen fand das jedenfalls wenig schwungvoll. Der Grundschullehrerin wurde wegen ihres angeblichen Nebenjobs gekündigt. Die Begründung der Entlassung: Angestellte haben sich so zu verhalten, »wie es von Angehörigen des öffentlichen Dienstes erwartet wird«. Eine Lehrerin solle doch allgemeine Werte vermitteln, was sich nicht mit einer »unmoralischen« Nebentätigkeit vereinen ließe. Aufgeflogen ist sie damals übrigens, weil das Ehepaar ihren Club in der Zeitschrift *Swinger-Life* beworben hatte, und zwar mit den Worten: Im »kleinen geilen Nest für Paare und Singles« werde man freundlichst empfangen.

Doch war diese Kündigung wirklich rechtens? Ja, sagten zunächst die wohl etwas konservativeren Richter vom Arbeitsgericht Herford. Nein, sagte dann später aber das Landesarbeitsgericht Hamm. Zum einen stelle eine »sexuelle Neigung« allein keinen Kündigungsgrund dar. Zum anderen gebe es keine Anhaltspunkte dafür, dass die Lehrerin den Unterricht abweichend vom Lehrplan gestaltet und den Schülern Werte vermittelt habe, die ihrer eigenen »sexuellen Neigung« entsprochen hätten. Dass der Swingerclub eine Autostunde von der Grundschule entfernt lag, kam der Lehrerin in der Urteilsbegründung ebenfalls zugute. Insgesamt kann die Haltung der Richter mit »alles halb so wild« zusammengefasst werden …

Die Lehrerin durfte ihrem Job also eigentlich offiziell wieder nachgehen und parallel auch weiterhin »swingen«. Allerdings gab die Dame ihren Nebenjob dann irgendwann doch auf. Ob es daran lag, dass sie nach dem ganzen Ärger keine Lust mehr hatte, ist nicht bekannt. Es könnte jedoch eine weitere spannende Randnotiz eine Rolle gespielt haben: Als weitere Kündigungsgründe wurden damals vom Land NRW noch aufgeführt, dass die Lehrerin sich keine Genehmigung eingeholt und ein Steuerverfahren wegen ihrer Nebentätigkeit am Hals hatte. Für das Steuervergehen wurden ihr schließlich 90 Tagessätze aufgebrummt. Doch auch dazu nahm das Landesarbeitsgericht Hamm Stellung: Eine außerdienstliche Straftat wie hier das Steuervergehen berechtige nur dann zur Kündigung, wenn sie von einem gewissen Gewicht sei. Ein solches konnte hier jedoch nicht angenommen werden. Auch mache die fehlende Genehmigung ein Fortsetzen des Arbeitsverhältnisses nicht unzumutbar.

In diesem Sinne: Um Ärger zu vermeiden, sollten pikante Hobbys besser nicht mehr in Zeitschriften beworben werden. Aber abgesehen davon wünschen wir allen Lehrerinnen und Lehrern (und auch allen anderen, die sich daran erfreuen) ein schönes »Schwingen«!

Landesarbeitsgericht Hamm, Urteil vom 19.01.2001, Az. 5 Sa 491/00

§ DOMINA JAGT KUNDEN WEGEN GEPLATZTEM TERMIN

Wenn die Juristerei sogar schon in den Swingerbereich eingedrungen ist, dann hat sie erst recht im Dominageschäft ihre Finger im Spiel, denn dort herrschen strenge Regeln. So hat auch eine erfahrene Domina mittlerweile selbstverständlich online einsehbare AGB, die regeln, wie der Kunde sich bei Terminabsagen zu verhalten hat: Es ist 24 Stunden vorher abzusagen. Weil sich ein Kunde nicht daran hielt und zum vereinbarten Termin nicht erschien, wollte eine Domina ihn auf eine saftige Schadensersatzzahlung verklagen. Was eine Klatsche! Der Schlag ging irgendwie daneben, denn vor Gericht gab es dann eine große Überraschung …

Doch der Reihe nach:
Ein rumänischer Mann hatte im Jahr 2017 bei der Dame telefonisch einen sofortigen Termin ausgemacht. Dabei hatte sie ihn nachdrücklich auf ihre AGB hingewiesen, die auch auf ihrer Internetseite standen und wonach Termine 24 Stunden zuvor abzusagen seien. Andernfalls sei das gesamte Honorar inklusive Ermittlungs-, Anwalts- und Gerichtskosten zu zahlen. Solche AGB sind in der Branche wohl selten, aber bei Profis wie ihr durchaus möglich. Die Dame betrieb ihr Studio schließlich seit 20 Jahren. Entgegen dem, was die Frau berufsbedingt wohl gewohnt war, gehorchte der Mann ihr jedoch nicht, sondern ließ den Termin platzen. Besonders ärgerlich: Zwei anderen Kunden, die ebenfalls einen Termin in dieser Zeit angefragt hatten, musste sie absagen.

Einen solchen Ungehorsam wollte die Frau nicht auf sich sitzen lassen. Ein Jahr lang suchte sie nach dem Mann. Hierzu scheute sie keine Kosten und Mühen: Der Mann hatte am Telefon seinen vollen Namen genannt. Diesen recherchierte sie im Internet – und fand heraus, dass der Mann tatsächlich existierte. Es handelte sich um einen Schafzüchter und -händler. Daraufhin kontaktierte sie einen deutschen Schafzüchterverein sowie das rumänische Konsulat. So fand sie schließlich die Adresse des Mannes mit diesem Namen in Rumänien heraus und schickte ihm einen Mahnbescheid über 1451,80 Euro.

Der Mann zeigte sich verwundert über die Zahlungsaufforderung – mehr aber noch dessen Ehefrau, die ihm nach eigenen Angaben recht viel Ärger bereitet habe. Er sah sich jedoch fälschlicherweise beschuldigt, war er doch niemals Kunde der Domina gewesen. Daher legte er Widerspruch gegen den Mahnbescheid ein.

Die Lady wollte es dennoch darauf ankommen lassen und bestand auf einem Termin zur mündlichen Verhandlung. Dafür musste der vermeintliche Kunde extra aus Rumänien anreisen. Vor Gericht wurde schnell klar: Der Mann konnte angesichts seines vorgerückten Alters unmöglich der Kunde gewesen sein. Offenbar hatte sich ein flüchtig bekannter Geschäftspartner des Herrn seiner Personalien bedient. Die Domina erkannte den tatsächlichen Kunden auf einem WhatsApp-Foto. Auf Hinweis des Gerichts nahm sie ihre Klage zurück – und entschuldigte sich ganz anständig bei dem Beklagten. Die 300 Euro Gerichtskosten musste sie nun selbst zahlen, auch die Reisekosten für den alten Mann aus Rumänien. Der hat in seinem Heimatland inzwischen eine Strafanzeige gegen seinen Geschäftspartner gestellt, welcher jetzt vor der wütenden Domina zittern dürfte …

Amtsgericht München, Urteil vom 04.10.2018, Az. 275 C 4388/18

§ VERPRÜGELTER LIEBHABER ERHÄLT KEIN SCHMERZENSGELD

Vor wütenden Dominas musste der folgende Liebhaber keine Angst haben, wohl aber vor wütenden Ehemännern: Als der Gemahl in diesem Fall nichtsahnend nach einer 24-Stunden-Schicht heimkam, fand er seine Frau mit dem besagten Nebenbuhler im Ehebett – der gemeinsame zwölfjährige Sohn befand sich zu der Zeit ebenfalls im Haus und schlief. Der Familienvater fand die Affäre seiner Gattin wenig amüsant und schlug zu – und wie! Er prügelte seinen Kontrahenten ins Krankenhaus. Dort musste dieser eine Woche behandelt werden und war danach sogar sechs Wochen arbeitsunfähig. Das tat nicht nur am eigenen Leib, sondern auch im eigenen Portemonnaie weh, weshalb das Opfer Schmerzensgeld verlangte.

Die Richter am Amtsgericht Brakel zeigten Verständnis – allerdings vor allem für den eifersüchtigen Ehemann. Der Kläger habe nicht nur die Dreistigkeit besessen, mit der Ehefrau des Beklagten zu schlafen. Er sei auch noch in das »Allerheiligste« der bestehenden Ehe eingedrungen. Auch die Richter am Landgericht Paderborn sahen das so. Zwar sei seine Körperverletzung eine rechtswidrige und schuldhafte Handlung gewesen. Jedoch sei das Mitverschulden des Verprügelten derartig hoch, dass faktisch kein Anspruch auf Schmerzensgeld bestehen könne. Die Demütigung, die der Ehemann erfahren habe, sei nicht nur eine »ungeheure Provokation« durch die Affäre seiner Frau. Darüber hinaus sei das Verhalten des Klägers auch ein Akt der Dreistigkeit gewesen und habe ein »ungeheures Maß an Hemmungslosigkeit« bewiesen.

Dieses Urteil hat, so wie die Schläge, gesessen! Außerdem führte das Gericht aus, dass sein Urteil dem Rechtsempfinden der Bevölkerung gerecht werde. Okay, also mein Rechtsempfinden ist jetzt erst einmal irritiert. Heißt das, ein verletztes Ehrgefühl in der eigenen Männlichkeit gibt einem das Recht, den Nebenbuhler krankenhausreif zu schlagen? Irgendwie kommt mir dieses Urteil von 1989 auf den ersten Blick schon etwas veraltet vor …

Allerdings: Es ging in diesem Fall lediglich um den Anspruch auf Schmerzensgeld. Die Kosten für die Behandlung im Krankenhaus musste der eifersüchtige Ehemann durchaus tragen. Doch ein Schmerzensgeldanspruch geht darüber hinaus und hat die Funktion, dem Opfer Genugtuung zu verschaffen. Für sein dreistes Verhalten verdiene er aber keine Genugtuung, so die Richter. Das Landgericht betonte auch, dass durch das Urteil nicht die Selbstjustiz legalisiert werde. Schließlich habe sich der prügelnde Gatte weiterhin wegen Körperverletzung vor dem Strafgericht verantworten müssen.

Auch wenn es spannend wäre zu erfahren, wie ein Gericht das heutzutage beurteilen würde, so wünsche ich doch keinem, in eine solche Situation zu kommen. Also: Bleibt brav!

Landgericht Paderborn, Urteil vom 12.10.1989, Az. 1 S 197/89

§ DER UNBEFLECKTE MALERMEISTER – BLEIBT SEINE WESTE WEISS?

Ein Zahnarzt hatte einen damals 45-jährigen Malermeister angestellt, um die Innenwände eines Bungalows zu streichen. Diesen Auftrag wird keiner der Beteiligten so schnell vergessen, denn die beiden sahen sich vor Gericht wieder, wo dann die Ursache der nicht zufriedenstellenden Arbeit offenbart wurde. Sagen wir es so, der Zahnarzt hatte nach der Gerichtsverhandlung wohl mehr als einen Grund, sich zu ärgern …

Die Besonderheit lag hier nämlich darin, dass die Frau des Zahnarztes dem Malermeister wohl verfallen war – das machte sie ihm auch mehr als deutlich. Achtung, es folgt eine Szene wie aus einem schlechten Schmuddelfilm: Laut Aussage des Handwerkers öffnete ihm die damals 59-Jährige die Tür im seidenen Negligé. Sie bat den überforderten Mann an den für zwei Personen gedeckten Tisch, den sie extra vorbereitet hatte – es sollte ein romantisches Frühstück mit Sekt und Lachshäppchen werden. Ein Angebot, das man kaum ausschlagen kann, oder? Na ja, anscheinend war das alles nicht so stimmungserregend für den professionellen Malermeister, der sich – das Frühstück dankend ablehnend – an die Arbeit machte. Offenbar war die Zahnarztgattin alles andere als erfreut darüber, dass ihre Zuneigung nicht erwidert wurde. »Leicht angezickt stand sie neben mir«, erinnerte sich der 45-Jährige später vor Gericht. Die Situation mündete in einen Streit, ehe sich der Handwerker aus dem Staub machte und so seinen vielleicht ungewöhnlichsten Arbeitstag vorzeitig beendete. Komischerweise waren die Wände am Ende dann doch gestrichen – aber schlecht!

Laut dem klagenden Zahnarzt war die Leistung mangelhaft. Fleckige Wände, Farbtropfen und verschmierte Steckdosen – um den Pfusch zu bereinigen, waren 1436,43 Euro notwendig, für die der Malermeister aufkommen sollte. Schließlich war das dilettantische »Gestreiche« sein Werk, oder?

Jetzt folgt der Plottwist: Der Angeklagte beteuerte nämlich, keinen einzigen Pinselstrich gemacht zu haben. Wenn er es nicht war, wer dann? Tja, um ihren Fehltritt zu verstecken, legte die Gattin Hand an – selbst ist die Frau! Tatsächlich wollte der Malermeister noch einmal zurückkehren, um seine Arbeit zu beenden. Damals machte ihm aber niemand die Tür auf.

Eine Woche später rief die 59-jährige Verführerin bei ihm an, um nach Hilfe zu fragen. Sie habe die Wände selbst gestrichen und sei mit der Arbeit nicht zufrieden. Nicht mein Problem, muss sich der Handwerker gedacht haben und lehnte es ab, ihr zu helfen. Vor Gericht bestritt die Frau alles – angeblich habe sie ihm nur einen Kaffee angeboten. Wenig glaubwürdig, wie die Richter in beiden Instanzen befanden. Es erscheint zu abwegig, dass ein Berufshandwerker solch eine schlechte Arbeit hinterlassen würde. Gleichzeitig scheint es zu naheliegend, dass die Frau, um nicht in Erklärungsnot zu geraten, selbst versucht hatte zu streichen. Die Klage wurde also abgewiesen.

Der Zahnarzt kann einem leidtun! Erst beäugt seine Frau den Handwerker, dann schlägt sie ihn in die Flucht, und um das zu vertuschen, bepinselt sie die Wände selbst mehr schlecht als recht. Um die unsaubere Arbeit seiner Frau zu bereinigen, musste der Zahnarzt über 1400 Euro zahlen und verlor zu allem Überfluss den Prozess – was für eine Pechsträhne. Vor Gericht äußerte der Mann sich nicht zu den Spielchen seiner Frau, das wurde dann wahrscheinlich zu Hause geklärt. In Zukunft überlegt die Dame sich wohl zweimal, wen sie verführen möchte …

Landgericht Bonn, Urteil vom 29.03.2017, Az. 5 C 49/15

»GOD IS A WOMAN« – VOM KAMPF DER GESCHLECHTER

Wer meine Kanzlei WBS.LEGAL auf Social Media verfolgt, der hat vielleicht bereits mitbekommen, dass nur ein kleiner Teil unserer Abonnenten Frauen sind. Das geht noch deutlich besser! Also an alle Ladys, folgt uns gern auf unseren Kanälen. Denn unsere Rechte gehen uns alle etwas an, das wollen wir doch nicht den Männern überlassen. ;)

Klar, heutzutage ist zumindest die rechtliche Situation von Frauen um einiges besser, als sie es früher einmal war. Thank God! … ähm, ich meinte natürlich Goddess. (Denn wie sagte Ariana einst? God is a woman.) Und das ist auch gut so. Von völliger Gleichberechtigung sind wir allerdings immer noch weit entfernt – nicht nur, wenn es um die Bezahlung im Job geht.

Aber wie in allen Jura-Themen gibt es auch bei diesem häufig ernsten Thema die eine oder andere Rechtsgeschichte, die eher in die Kategorie »witzig« oder »absurd« bis »cringe« fällt. Darf das Arbeitsamt euch eine Stelle als Stripperin vorschlagen? Ist Sex auch für Ü50-Damen wichtig? Und was hat es mit pinken Frauenparkplätzen auf sich? Wobei Frauen nicht immer die Benachteiligten im Spiel zwischen den Geschlechtern sind. Was passiert zum Beispiel, wenn der Bräutigam nicht »scharf« genug ist? Oder wenn man(n) versehentlich mit der falschen Frau ins Bett hüpft? Und warum werden Männer, die sich öffentlich entblößen, anders bestraft als eine nackte TV-Nonne auf einem nächtlichen Parkplatz? Das erfahrt ihr in den nächsten Kapiteln.

§ KEIN SEX WÄHREND DER EHE = KÜRZUNG DES UNTERHALTS?

Die Ehe ist eine juristisch nicht unkomplizierte Angelegenheit. Das Gesetz, in diesem Fall das BGB, schreibt sogar eheliche Pflichten vor. Ehegatten sind einander zur »ehelichen Lebensgemeinschaft« verpflichtet. Wie diese ehelichen Pflichten genau zu verstehen sind, hat sich im Laufe der Jahre immer wieder angepasst: 1966 erklärte der Bundesgerichtshof, dass zum »Vollzug der ehelichen Gemeinschaft« auch der regelmäßige »Beischlaf« gehöre.

Was jedoch nicht bedeutet, dass eine der beiden Parteien zum Sex gezwungen werden darf, weil es eine eheliche Pflicht darstelle. Bis 1997 stellte eine Vergewaltigung in der Ehe aber nur eine Nötigung dar – mit einem viel geringeren Strafmaß. Der damalige CDU-Politiker Wolfgang von Stetten formulierte die weit verbreitete Meinung zum ehelichen Sex so: »Zum ehelichen Leben gehört auch, die Unlust des Partners zu überwinden. Der Ehemann ist nicht darauf aus, ein Verbrechen zu begehen – manche Männer sind einfach rabiater.« Erst seit 1997 wird erzwungener Geschlechtsverkehr in der Ehe auch nach § 177 StGB als Vergewaltigung bestraft. Damals stimmten 470 Abgeordnete dafür, 138 dagegen (unter anderem Friedrich Merz und Horst Seehofer) und 35 enthielten sich. Gut, dass wir nun im 21. Jahrhundert angekommen sind.

Doch ist jetzt wirklich alles gut? Wie hat sich diese brisante Thematik im Laufe der Zeit entwickelt? Tatsächlich besteht auch heute noch eine Pflicht zum Sex in der Ehe. Kaum zu glauben, stimmt aber. Dann kann ich jetzt meinen Ehemann oder meine Ehefrau verklagen, wenn er oder sie den Beischlaf verweigert, richtig? Nein, nicht richtig. Allein schon formaljuristisch kann der Sex nicht eingeklagt werden. Das ergibt sich aus § 120 Abs. 3 FamFG, worin explizit steht: »Die Verpflichtung zur Eingehung der Ehe und zur Herstellung des ehelichen Lebens unterliegt nicht der Vollstreckung.«

Ganz ohne Folgen ist der verweigerte Geschlechtsverkehr dann aber doch nicht: nämlich im Fall der Scheidung. Das Amtsgericht Brühl entschied, dass einer Frau ihr Anspruch auf Trennungsunterhalt gekürzt werden konnte, weil sie ihrer »Sexpflicht« während der Ehe nicht nachgekommen war. Ob andere Gerichte das auch so entschieden hätten, ist mittlerweile anzuzweifeln. Übrigens: Die Pflicht zum Geschlechtsverkehr ist nicht das einzige traditionelle Gebot. Auch heute noch besteht eine eheliche Pflicht zur Treue. Und das in Zeiten, in denen Polyamorie bei vielen Ehepaaren ein gelebtes Modell ist, mit dem es beiden gut geht. Ein Verstoß gegen die »Treuepflicht« kann ebenfalls zu einem Ausschluss des Unterhalts führen. Es bestand sogar mal eine Kinderpflicht. Da das Zeugen von Kindern mittlerweile aber nicht mehr als der eigentliche Zweck der Lebensgemeinschaft angesehen wird, ist diese Pflicht eine Geschichte der Vergangenheit.

Amtsgericht Brühl, Urteil vom 24.03.1999. Az. 32 F 65/98

§ KURIOSES ALTES GESETZ: ERSCHLEICHUNG DES AUSSEREHELICHEN BEISCHLAFS

Ach, die deutschen Gesetze. Wenn wir schon bei Geschichten aus der Vergangenheit sind: Dieses hier gehört zweifelsohne zur kuriosen Sorte. Wir ersparen uns mal das Juristendeutsch und vereinfachen das Gesetz. Sinngemäß stand da nämlich bis 1969, dass sich strafbar macht, wer – wichtig – eine Frau (!) dazu verleitet, mit einem in die Kiste zu hüpfen. Auch wichtig: Die Frau muss denken, dass es sich um einen ehelichen Beischlaf handelt. Um die Dame dazu zu bringen, muss man sie dazu gebracht haben, sich zu irren. Tatsächlich ist im Gesetzeswortlaut nur von einer Frau die Rede. Wer also einen Mann austrickste, um mit ihm zu schlafen, wurde nicht bestraft. Das klingt immer noch recht theoretisch, vereinfachen wir das Ganze also anhand eines Beispiels: Ein Mann geht auf eine Frau zu, die er in einer Bar sieht und attraktiv findet. Um sie zu überzeugen, wird er kreativ. Er weiß, dass ihr Ehemann aktuell mit dem Militär im Ausland ist, also geht er auf die Frau zu und macht ihr glaubhaft, dass er ihr Ehemann sei und wegen einer explodierten Handgranate ein neues Gesicht habe. Sie schläft mit ihm in dem Glauben, dass der Trickser ihr geliebter Gemahl sei. Zugegeben: Das war ein albernes Beispiel, das Gesetz selbst glänzte aber auch nicht durch Alltagstauglichkeit, also passte es dann doch irgendwie.

Wer jetzt denkt: Spätestens am Körper des Mannes hätte die Frau doch erkennen müssen, dass das nicht ihr Gatte war – aufgepasst! Tatsächlich bekam ein damals 24-Jähriger 1966 die Härte der Norm zu spüren. Der Bundeswehrgefreite schlich sich nachts um vier Uhr in das Schlafzimmer einer Frau (damals 34), die ihn für ihren Ehemann hielt und mit ihm schlief. Zu dem Zimmer verschaffte sich der junge Mann Zutritt, weil er glaubte, seine Freundin würde ihn mit dem Mann der Dame betrügen, mit der dann letztendlich er Sex hatte – verrückt, oder? Als er im Schlafzimmer ankam, forderte die Frau ihn auf, ins Bett zu kommen. Also zog er seine Hose aus und die beiden legten los. Irgendwann bemerkte die Frau dann wohl, dass doch irgendwas anders war, und stellte fest, dass der junge Mann nicht ihr Gatte war. Dass sie es zuvor nicht bemerkt hatte, war allerdings etwas verwunderlich: Der Angeklagte war nämlich 1,80 Meter groß und schlank, während ihr Ehemann nur 1,65 Meter maß und eine eher rundliche Statur hatte …

Und tatsächlich entfaltete das Gesetz dann volle Wirkung, der Gefreite wurde zu einer Freiheitsstrafe von acht Monaten verurteilt. Die Berufung blieb erfolglos.

In dieser Geschichte bleiben einige Fragen für immer ungeklärt. Etwa, warum das Gesetz nur galt, wenn Frauen ausgetrickst wurden. Ungeklärt ist außerdem, was sich der Angeklagte dabei dachte, seiner Freundin nachzuschnüffeln, weil er glaubte, dass sie ihn betrügen würde, nur um dann selbst diese Freundin zu hintergehen. Und zu guter Letzt, wieso die Frau den Irrtum nicht bemerkte. Eine Geschichte der Kategorie: Kannst du dir nicht ausdenken …

Oberlandesgericht Koblenz, Urteil vom 07.06.1966, Az. 1 StR 130/66

§ BRÄUTIGAM NICHT SCHARF GENUG – REKLAMATION!

Es sollte der schönste Tag im Leben eines Paares aus England sein. Die Hochzeitsfeier hatte jedoch einen sehr gewichtigen Makel: Der Bräutigam war einfach nicht scharf genug! Da musste dann reklamiert werden … Bitte was?

Okay, zugegeben, die Überschrift wäre, würde sie online stehen, ziemliches Clickbaiting ;) Denn vermutlich war die Ehefrau während der Feier durchaus hingerissen von ihrem frisch angetrauten Gemahl. Wer jedoch möglicherweise auch hingerissen war, war der Fotograf. Nur leider nicht (nur) vom Hochzeitspaar ...

Mittlerweile gehören schöne Hochzeitsfotos zur Trauung so fest dazu wie die Torte. Schließlich möchte wohl jeder schöne Erinnerungsfotos, die man sich noch Jahre später gemeinsam ansehen oder im Falle einer Scheidung verbrennen kann ... Im heutigen Zeitalter natürlich ebenfalls nicht unwichtig: tolle Aufnahmen, die in den sozialen Netzwerken hochgeladen werden können. Das Problem: Wenn der Fotograf schlechte Arbeit leistet, wird es schwierig mit den Erinnerungen.

In diesem Fall glänzten die Bilder leider häufig durch eine neblige Unschärfe – und das gesamte Material durch eine zweifelhafte Bildauswahl: Böse erwischt hatte es die Eltern des Brautpaares. Ein Elternpaar war nur auf einem einzigen Foto gut zu erkennen, das andere Elternpaar sogar auf keinem. Der Bräutigam war auf nur 11 Bildern scharf zu sehen, die Braut immerhin auf 70. Diese Zahlen machten einen Trend deutlich, denn die Damen wurden wohl deutlich häufiger abgelichtet als die Herren der Schöpfung. Auf den 1100 Fotos, die sich am Ende als brauchbar herausstellten, war eine gewisse Personengruppe besonders häufig zu sehen: die beiden Brautjungfern! Insgesamt wurden über 100 Abbildungen der jungen Frauen angefertigt. Wirklich freuen konnten sie sich wahrscheinlich nicht, denn einige der Aufnahmen waren eher fragwürdig. So hatte es der Fotograf anscheinend sehr auf das Hinterteil einer der beiden Brautjungfern abgesehen und unbemerkt drei Bilder davon angefertigt. Für die sozialen Netzwerke oder ein Fotoalbum geeignet waren diese Bilder eher nicht ... Zwar kann Kunst auf verschiedene Weisen interpretiert werden, hier können dem Lichtbildner aber wahrscheinlich keine guten Absichten angedichtet werden.

Steph (die Braut) zeigte sich nicht begeistert und sagte sogar sinngemäß, dass sie alles dafür tun werde, dass der Mann nicht noch weitere Hochzeiten ruiniere. Eine Einigung kam nicht zustande, und so sah man sich vor Gericht wieder, zumindest die Anwälte der Parteien, der Fotograf selbst blieb dem Termin fern. Obwohl einige der Bilder brauchbar waren, wollte die Braut das bereits gezahlte Honorar vom Fotografen zurückhaben.

Der Fotograf ließ seinen Anwalt für sein merkwürdiges Fotografier-Verhalten natürlich eine »sinnvolle« Erklärung vortragen: Das Wetter war schuld! Na klar, was auch sonst. Ach ja, und die Gesäß-Aufnahmen seien auch verfälscht, das Ehepaar habe Fotos bewusst so zurechtgeschnitten, um den Hintern der einen Brautjungfer in den Fokus zu rücken und dem Fotografen so zu schaden.

Die Richter zeigten wenig Verständnis für die eher subjektiv motivierte Auswahl der Motive und die fehlende Motivation, die Kamera auf die Stars des Tages zu fokussieren und ruhig zu halten. Sie gaben den frisch Vermählten recht, und so bekamen diese gut 600 Pfund (damals 680 Euro) zurück. Ein kleines Happy End also – wenn auch nicht fürs Fotoalbum. Hoffentlich können sie irgendwann darüber lachen. Vielleicht hatten sie auch Glück und einer der Gäste entpuppte sich als Hobbyfotograf, der mit seinem Smartphone viele gute Bilder geschossen hatte, die er den beiden Pechvögeln zukommen lassen konnte.

Ebenfalls bestimmt ein Trost für das Brautpaar: Der Fotograf hat seinen Job mittlerweile an den Nagel gehängt! Er meinte dazu, dass die beiden ihn mit der Klage ruiniert hätten. Schließlich habe er schon über 1000 Hochzeiten begleitet und es habe bislang nur »vielleicht so zehn Beschwerden« gegeben. Hm, möglicherweise ist sein Verhältnis zu Erinnerungen und Zahlen genauso verschwommen wie seine Bilder? Oder hatte der Mann wirklich nur einen schlechten Tag oder war unsterblich in eine der Brautjungfern verliebt? Das werden wir wohl nie erfahren …

§ »ERKENNTNIS«: SEX AUCH FÜR FRAUEN ÜBER 50 WICHTIG

Eine Frau aus Portugal musste Mitte der Neunzigerjahre eine lange Leidensgeschichte durchmachen. Bei einer von einem Gynäkologen durchgeführten Operation im Jahr 1995 wurde ein Nerv im Unterleib der Klägerin verletzt. Die Folge: starke Schmerzen, Gefühlsverlust in der Vagina, Inkontinenz, sogar Schwierigkeiten beim Stehen und Sitzen. Auch Sex war nicht mehr schmerzfrei möglich.

Daher klagte die Betroffene verständlicherweise auf Schmerzensgeld. Im Jahr 2000 zog sie vor Gericht und bekam im ersten Verfahren 172 000 Euro zugesprochen. Dabei wurden neben dem langen Leidensweg auch die psychischen Folgen berücksichtigt. Die Portugiesin litt nämlich unter Depressionen, weil sie sich nicht mehr als vollwertige Frau fühlte.

Lange konnte sie sich über dieses Urteil aber nicht freuen, die zweite Instanz kürzte das Schmerzensgeld um 40 000 Euro. Die Begründung der Richter lässt einen schwer schlucken: Die Frau war zu der Zeit 50 Jahre alt und hatte zwei Kinder. Zu diesem Zeitpunkt im Leben nehme die Bedeutung von Sex deutlich ab. Und da das Sexleben laut den Richtern im Alter keine so große Rolle mehr spiele, werde das Schmerzensgeld hier gekürzt. Kurz gesagt: Wer 50 Jahre alt ist, hat – laut dem portugiesischen Gericht – automatisch weniger Sex. Und nein, dieses Urteil wurde nicht vor 200, sondern vor 20 Jahren gesprochen.

Zum Glück wandte sich die Klägerin an den Europäischen Gerichtshof für Menschenrechte, wo das Urteil dann – wenig überraschend – gekippt wurde. Der Tenor war mehr oder weniger so zu übersetzen: »Was geht denn hier bitte ab?« Denn die Straßburger Richter zeigten überhaupt kein Verständnis für die Entscheidung der Kollegen aus Portugal. Hier verstoße Portugal gegen das Diskriminierungsverbot aus Art. 14 der EU-Grundrechte-Charta. Es könne nicht pauschal angenommen werden, dass Sex für ältere Frauen nicht mehr so wichtig sei wie für jüngere. Besonders skurril am Urteil war, dass in Portugal, als in einem anderen Fall Männer betroffen waren, genau andersherum entschieden wurde. Für Männer sei der Verlust der sexuellen Fähigkeiten nach einer Operation nämlich ein gravierender Einschnitt in die Lebensqualität – und das unabhängig vom Alter. Eine klare Diskriminierung gegenüber der betroffenen Dame (und allgemein allen Frauen).

Der Europäische Gerichtshof für Menschenrechte konnte hier also das Urteil kippen und für mehr Gerechtigkeit sorgen. Ganz wie Helden sollten die Richter aber nicht dargestellt werden … Zwei der (männlichen) Richter votierten nämlich gegen die Entscheidung, das Schmerzensgeld nicht zu kürzen. Schließlich liege hier keine grundsätzliche Diskriminierung gegenüber Frauen vor, da es lediglich ums Alter der betroffenen Dame gehe. Ob sie auch so argumentiert hätten, wenn der Kläger männlich gewesen wäre?

Wie dem auch sei. Das Schmerzensgeld der Frau wurde nicht gekürzt; für die Diskriminierung erhielt sie zusätzlich 3250 Euro vom Staat Portugal sowie die Prozesskosten von knapp 2500 Euro.

Mit diesem Urteil mahnten die Straßburger Richter die Mitgliedstaaten zur Gleichbehandlung der Geschlechter. Schade, dass die Frau so lange warten musste, um endlich Recht zugesprochen zu bekommen!

Europäischer Gerichtshof für Menschenrechte,
Urteil vom 25.07. 2017, Az. 17484/15

§ UM HIMMELS WILLEN – DIE NACKTE FRAU UND DER NACKTE MANN

Es gibt zwei Arten von Schauspielern: die einen, die sich »selbst« spielen und immer wieder in dieselben Rollen gecastet werden. Und dann gibt es diejenigen, die eine Rolle spielen, welche quasi das Gegenteil ihrer Person ist. Ihr könnt bei der Frau im Folgenden gern mitraten, in welche Kategorie sie wohl passt.

Antje Mönning spielte in der Fernsehsendung *Um Himmels Willen* eine fromme Nonne in einem kleinen Kloster. Doch ist sie auch so keusch im echten Leben? Fehlanzeige! Auf dem Parkplatz einer Autobahnraststätte zeigte sich die Schauspielerin leicht bekleidet in durchsichtiger Bluse und einem kurzen Rock ohne Unterwäsche. Woher man das weiß? Das zeigte sie den Schaulustigen mehrmals unter Blickkontakt und indem sie ihren Rock immer wieder anhob. Der klassische Hinternwackler durfte natürlich auch nicht fehlen. Die Zucht und Ordnung, die man von einer TV-Nonne erwartet hätte, waren bei ihr nicht zu finden.

Nun scheint das Ganze auf den ersten Blick trotzdem nicht so schlimm zu sein. Eine kleine Tanzeinlage, ein bisschen nackte Haut, da ist mittlerweile mehr im 12-Uhr-Mittagsprogramm des TV zu sehen. Den zuschauenden LKW-Fahrer haben die »tänzerischen Übungen« laut eigener Aussage nicht gestört. Dieser wurde aber gerade von zwei Zivilpolizisten kontrolliert. Ups! Hätte die TV-Nonne das gewusst, wäre die private Showeinlage wohl nicht zustande gekommen. Und die Ordnungshüter fanden diesen kleinen Striptease auch gar nicht witzig. Natürlich nur zu Ermittlungszwecken filmten sie die Frau und stellten die Aufnahme der Staatsanwaltschaft mit einem Abschlussbericht zur Verfügung. Die Frau brauchte also keine Angst zu haben, dass die versteckten Filmaufnahmen im Internet landeten. Wo sie aber landeten: auf dem Schreibtisch des Richters neben einer Anklage wegen Erregung öffentlichen Ärgernisses. Na, was wohl besser ist?

In der Anklageschrift gaben die Polizisten an, die »Stretching-Übungen« seien nicht angenehm anzuschauen gewesen und sie hätten sich von den Blicken der Frau belästigt gefühlt. Aber waren die Handlungen der Frau so sexuell, dass dadurch ein »Ärgernis« erregt wurde? Nein, sagten Gericht und später auch Staatsanwaltschaft. Meist sei so etwas nur anzunehmen bei Geschlechtsverkehr oder Selbstbefriedigung. Sonst könnte jeder Flitzer, der nackt übers Fußballfeld rennt, bis zu einem Jahr bestraft werden. Die Erheblichkeitsschwelle sei bei der Schauspielerin, die sich selbst als »Exhibitionistin« sieht, nicht überschritten worden. So wurde sie vor dem Amtsgericht letztendlich nur wegen einer Ordnungswidrigkeit aufgrund einer »Störung der allgemeinen Ordnung« belangt. Notfalls vor das Bundesverfassungsgericht zu ziehen – wie der prozessfreudige Verteidiger von Antje Mönning es ankündigte – klappte also nicht, da gegen Ordnungswidrigkeiten nur das Oberlandesgericht angerufen werden kann. Doch diesen Gang scheuten die Verteidiger laut ihren Aussagen nicht, auch wenn bislang nicht rauskam, ob sie dann doch einen Rückzieher machten oder die Mühlen der Justiz einfach nur sehr langsam mahlen.

Aber eine Frage sollte dem juristisch interessierten Leser noch bleiben: Warum hat das Gericht nicht wegen einer exhibitionistischen Handlung nach § 183 StGB angeklagt? Wenn das Entblößen der Geschlechtsteile nicht exhibitionistisch ist, was ist es dann? Und die Polizisten haben sich zudem belästigt gefühlt. Na ja, der § 183 StGB beginnt mit »Ein Mann«. Und tatsächlich, wer hätte es gedacht, dem Paragrafen zufolge können sich wirklich nur Männer strafbar machen. Ob dieses Sonderstrafrecht im Hinblick auf den Gleichheitsgrundsatz aus Art. 3 GG überhaupt noch zeitgemäß ist, ist mehr als zweifelhaft. Zuletzt gab es 1999 ein Urteil des Bundesverfassungsgerichts, das sich mit der Verfassungsmäßigkeit des § 183 StGB beschäftigte. Dort berief sich das Gericht auf eine noch ältere Entscheidung aus dem Jahr 1957 (Achtung, wenn es noch weiter zurückgeht, sind wir in der Steinzeit angekommen). Dort nannte das Gericht den »biologischen Geschlechtsunterschied« als ausschlaggebend, was auch immer damit gemeint ist. Dazu ergänzte es, dass »die männliche Sexualität unvergleichlich viel stärker als die weibliche in der Öffentlichkeit in Erscheinung tritt, was wesentlich durch das größere weibliche Schamgefühl und die größere Zurückhaltung der Frau in Geschlechtsfragen bedingt« sei.

Dass dies eine nicht mehr zeitgemäße Ansicht ist, zeigt ja bereits unsere TV-Nonne, die immer noch privat damit wirbt, dass nackte Körper nicht tabuisiert werden sollten. So hat Antje Mönning wohl Glück gehabt, dass sie eine weibliche Exhibitionistin ist. Zwar gibt es auch noch die Erregung öffentlichen Ärgernisses, § 183a StGB, die für beide Geschlechter gilt. Allerdings muss man dafür eine erhebliche sexuelle Handlung vornehmen – und als allzu erheblich sah das Kaufbeurer Amtsgericht die Showeinlage der TV-Nonne nicht an.

Bevor ihr Frau Mönning nun aber in die Schauspielkategorie zwei steckt: Die gespielte Nonne aus dem Kloster war früher Stripperin. Vielleicht hat die Schauspielerin ja etwas von beiden Kategorien. Was sie nicht hat, ist Schamgefühl aufgrund von Nacktheit. Ein privates Schamgefühl braucht sie nicht zu haben, vielleicht aber zukünftig in der Öffentlichkeit ein besseres Gespür dafür, wann ihre Nacktheit jemanden stören könnte, wie etwa zwei vor ihr stehende Polizisten.

Möglicherweise hätte Antje Mönning mit dem folgenden Jobangebot des Arbeitsamts weniger ein Problem, falls die Schauspielerkarriere irgendwann ein Ende findet …

§ ARBEITSAMT WILL, DASS SICH FRAU ALS STRIPPERIN UND ESCORT BEWIRBT

Wer Arbeitslosengeld bezieht, muss sich trotzdem weiterhin um einen Job bemühen. Auch für die Arbeitssuchenden aus unserem Nachbarland Luxemburg gilt diese Regel. Hier und da versendet das Arbeitsamt dann Angebote, auf die sich die Suchenden bewerben können beziehungsweise sollen. Ansonsten droht das Arbeitslosengeld gekürzt zu werden.

Ein Fall aus dem Jahr 2022 sorgte jedoch für Aufsehen. Eine Dame erhielt vom Arbeitsamt ein Jobangebot für eine Branche, die sich mit ihren Moralvorstellungen nicht so ganz vereinbaren ließ: Das Arbeitsamt in dem Großherzogtum verlangte von der Tanzlehrerin, dass sie sich in einem »Nachtclub« als Stripperin oder Escort-Dame bewerben solle, um weiterhin Arbeitslosengeld zu erhalten. Charmant …

Nicht, dass der Vorschlag grundsätzlich ein Problem wäre – schließlich gibt es viele Menschen, die den Job sehr gern übernehmen würden. Fragwürdig ist eher, einer Person solch ein Jobangebot zu unterbreiten, die nie angegeben hat, sich gern in dieser Branche ausprobieren zu wollen. Der Gedankengang der zuständigen Mitarbeiter muss ungefähr so gewesen sein: Die Tanzlehrerin tanzt, Frauen im Nachtclub tanzen. Perfektes Match! Vielleicht ist das die Arbeitsweise in Luxemburg und ehemalige Callcenter-Mitarbeiter erhalten dann auch Angebote für eine Stelle als Callboy? Ich wage es zu bezweifeln.

Wie dem auch sei: Die betroffene Dame war wenig begeistert und machte ihrem Ärger auf Facebook Luft. Ihr Post erreichte binnen kürzester Zeit große mediale Aufmerksamkeit. Auch zwei Abgeordnete der Grünen in Luxemburg sahen den Beitrag und konfrontierten den Arbeitsminister damit. Nicht nur die Tanzlehrerin, sondern auch eine weitere Dame hatte das fragwürdige Angebot erhalten. Grundsätzlich wäre das auch kein Problem (schließlich will das Arbeitsamt nur helfen), jedoch hätte die Behörde vorher anfragen sollen, ob Jobs dieser Art für die Damen grundsätzlich in Betracht kommen.

Immerhin: Das Arbeitsamt hat eingesehen, dass die Prozedur noch Optimierungsbedarf hat (um es mal vorsichtig zu sagen) und entschuldigte sich offiziell bei den betroffenen Frauen. Außerdem drohen den Damen keine Konsequenzen, da sie sich nicht für den vorgeschlagenen Job beworben haben. Am Ende scheint dann doch wieder die Sonne bei unseren Nachbarn aus Luxemburg.

§ NACH KLAGE GEGEN BLAUE FRAUENPARKPLATZ-SCHILDER: SCHILDER WURDEN PINK

Leider sind Geschlechterdiskriminierungen auch im Jahr 2022 noch allgegenwärtig. Dieser Fall war aber so skurril, dass er sogar durch die Nachrichten ging: Der Jurastudent Dominik Bayer war in Eichstätt zu Besuch. Die ausgeschilderten Frauenparkplätze waren ihm ein Dorn im Auge. Der 25-Jährige fühlte sich diskriminiert, da es ja auch »schwächere Männer« gebe. Die Stadt messe mit zweierlei Maß. Also ging er gegen die Frauenparkplätze der Gemeinde Eichstätt vor.

Der Hintergrund der Frauenparkplätze ist kein schöner: Vor einigen Jahren wurde eine Frau in der Domstadt vergewaltigt. Daher entschied sich die Gemeinde zur Ausweisung der Frauenparkplätze, schließlich litt das Sicherheitsgefühl der Frauen. Deshalb wurden auf einem öffentlichen Parkplatz nahe der Altstadt 30 der 420 Parkplätze als Frauenparkplätze gekennzeichnet. Diese wurden durch acht blaue Parkplatzschilder mit einem entsprechenden Hinweis markiert. Daran erfreuten sich insbesondere die Damen, die im nahe gelegenen Altenheim arbeiten, da sie von den Parkplätzen einen nur kurzen und sogar beleuchteten Weg zur Arbeit hatten. Doch das ließ den Kläger anscheinend kalt. Er zog vor Gericht.

Insbesondere ein Argument des Polizeichefs Bittl missfiel dem Studenten. Bittl sagte, dass die Parkplätze eine Sicherheitsmaßnahme seien, da Frauen statistisch häufiger Opfer von Gewaltverbrechen seien. »Falsch!«, meint Bayer. »Der Stadt kommt nicht in den Sinn, dass auch Männer Opfer von Gewaltverbrechen werden können.«

Das Verwaltungsgericht München beantwortete die Frage einer möglichen Diskriminierung nicht. Die Richter stellten aber fest, dass

Frauenparkplätze kein Teil der Straßenverkehrsordnung sind. Hier wurde ein Kompromiss getroffen: Die blauen Hinweisschilder wurden durch pinkfarbene ersetzt. So gehe nämlich der amtliche Charakter der Schilder verloren. Ohnehin handele es sich mehr um eine Empfehlung als um eine Pflicht, diese Schilder zu beachten. Männern droht kein Bußgeld, wenn sie auf den Frauenparkplätzen parken. Wenn also andere Gemeinden bei der Beschilderung nicht den freiwilligen Charakter solcher Parkplätze betonen, kann es zu ähnlichen Klagen kommen.

Am Ende des Tages konnten alle durchatmen und den Gerichtssaal zufrieden verlassen. Dem Studenten wurde zumindest darin Recht gegeben, dass die Art und Weise, wie die Schilder gestaltet waren, nicht der Straßenverkehrsordnung Rechnung trug. Die Stadt konnte die Parkplätze aber weiterhin als Frauenparkplätze ausweisen, nur eben in anderer Form als vorher. Die Frauen der Stadt konnten sich durch die Parkplätze weiterhin ein Stückchen sicherer fühlen und die Medien hatten etwas, worüber sie berichten konnten. Nur eines bleibt verwunderlich: Wieso wechselte die Stadt die Farbe ausgerechnet zu Pink? Ein Augenrollen kann man sich hier bei dem Farb-Klischee nun wirklich nicht verkneifen.

§ FINDE DEN FEHLER: MANN FÜHLT SICH BEIM WORT ANWÄLT_IN NICHT »MITGEMEINT« – UND KLAGT

Blau oder Pink? Apple oder Android? Gemüse oder Obst? Links oder rechts? Nutellabrot – mit oder ohne Butter? Der Mensch wird durch die Kontroverse angezogen. Man kann sich natürlich entscheiden, auf welcher Seite man steht – oder aber das Brot einfach weglassen und Nutella mit einem Löffel aus dem Glas essen, während man zusieht, wie andere sich zanken. So auch bei folgender Frage: Gendern – ja oder nein? Auch wenn sich die geschlechtsneutrale Sprache über immer mehr Anhänger freuen darf, für einen Mitarbeiter von Volkswagen lautet die Antwort: Nein zum Gendern. Sein Zorn ging sogar so weit, dass er Klage erhob.

Doch besteht tatsächlich ein Recht darauf, nicht vom Gendern genervt zu werden? Man muss weder für noch gegen das Gendern sein, um sich das Ganze – mit einem Löffel im Mund – aus der Ferne anzuschauen. Unterhaltung garantiert!

Von vorn: Ein Mitarbeiter von VW erhob Klage dagegen, dass bei Audi in Schreiben (sowohl firmenintern als auch extern) neuerdings die geschlechtsneutrale Sprache verwendet wurde. Warum das ein Problem für den Mann war? Ganz einfach … Er fühlte sich davon gestört, Schreiben von den Kollegen von Audi lesen zu müssen, in denen gegendert wurde. Dadurch werde sein Persönlichkeitsrecht verletzt. Beide Autobauer, VW und Audi, gehören zur Volkswagen Group, weshalb es häufiger zum Schriftverkehr kommt. Die Klage des Mitarbeiters hatte es in sich. Er forderte, dass ihm keine Mails mehr zukommen, in denen die Gender-Sprache verwendet wird. Bei Verstößen sollte Audi sich zu Zahlungen in Höhe von 100 000 Euro verpflichten. Eine ordentliche Summe dafür, dass das Gendern grundsätzlich nur eine Formalität ist. Unterstützt wurde der Mann übrigens vom Verein Deutscher Sprache, der ebenfalls wenig von dem »Gender-Unfug« hält.

Audi möchte mit dem neuen Leitfaden, der übrigens nicht verpflichtend ist, ein Zeichen für Gleichberechtigung setzen. Das mit der Gleichberechtigung sieht der Kläger aber anders. Er fühle sich als Mann vom Gendern diskriminiert (als Beispiel nennt er das Wort Anwalt, da es sich bei Audi in Anwält_in verändere und so der männliche Wortstamm verloren gehe). Findet ihr diese Argumentation plausibel? Man muss es sich wirklich mal auf der Zunge zergehen lassen … Denn mit dieser Argumentation gibt er ja quasi zu, dass es ihm wichtig ist, dass die männliche Form mit erwähnt wird und er »gemeint« ist. Dass also der Begriff »Anwalt« ganz sicher die männliche Form meint. Ist das nicht genau die Argumentation von Frauen und Menschen mit anderen Geschlechteridentitäten, die sich von der männlichen Form eben nicht repräsentiert fühlen? Was ist mit deren Recht auf freie Persönlichkeitsentfaltung? Mit dem Schutz ihrer geschlechtlichen Identität? Irgendwie habe ich den starken Eindruck, dass der Mann mit seiner Argumentation, durch Sprache diskriminiert zu werden, in eine Falle getappt ist.

So, und jetzt? Logischerweise hielt der Konzern recht wenig davon, dem Mitarbeiter rechtlich bindend zu versprechen, aufs Gendern zu verzichten, und bei Verstößen sechsstellige Summen zu zahlen. Das Landgericht schlug vor, dass keine Zahlungen erfolgen, aber auch zukünftig keine Mails mehr an den Gender-Verweigerer gesendet werden sollten, die geschlechtsneutral verfasst sind. Audi lehnte das ab, weil das Verfahren schlichtweg nicht umsetzbar sei. Wie sollten alle im Betrieb informiert werden, dass genau an diesen einen Kollegen keine Gender-Mails mehr gesendet werden dürften? Und selbst wenn alle informiert werden könnten, wäre es unwahrscheinlich, dass sie immer daran denken.

Da keine Einigung erfolgen konnte, musste das Gericht ein Urteil fällen – und wies die Klage ab. Der Richter sah keine Verletzung der Persönlichkeitsrechte des Mitarbeiters. Schließlich müsse er selbst bei der Arbeit den Richtlinien nicht folgen. Er könne weiterhin seine Mails so verfassen, wie es ihm lieb sei. Nur ein Recht darauf, all dem fernzubleiben, bestehe nicht. Das ließ der Mitarbeiter nicht auf sich sitzen und zog vor das Oberlandesgericht München. Das Urteil steht noch aus.

Es bleibt spannend, wie die Richter in München urteilen. Bis dahin heißt es für den klagenden Mitarbeiter: Abwarten, Tee trinken und weiterhin täglich Mails lesen, die von seinen Kolleg_innen (Audi gendert mit dem Unterstrich) gesendet werden. Hoffentlich kann er sich bei all dem Ärger noch auf seine eigentliche Arbeit konzentrieren … Und vielleicht hilft der gelegentliche Griff zum Nutellaglas, um das eigene Gemüt zu beruhigen.

Landgericht Ingolstadt, Urteil vom 29.07.2022,
Az. 83 O 1394/21 (Az. der Berufung: 21 U 5235/22)

§ DAS GENDERN UND DAS GESETZ

Der Täter, die Täterin. Mörder:in. Gläubiger*in. Bleiben wir noch ein bisschen beim Gendern. Kaum ein Thema in Deutschland wird so kontrovers diskutiert, wie wir gerade bei dem Audi-Fall gesehen haben.

Dabei sind sich im Ziel fast alle einig: Man will Gleichberechtigung schaffen. Wie über die Sprache jeder mitgemeint wird, darüber wird gezankt. Der Genderstern, der Doppelpunkt, die abwechselnde Form, die Gender-Klausel oder das generische Maskulinum. Jeder hält seine Vorgehensweise für das Nonplusultra. So hat es sich auch der Gesetzgeber etlicher Landes- und Bundesgesetze zur Aufgabe gemacht, seiner Pflicht zur Gleichstellung von Frauen und Männern nachzukommen.

Ein »Handbuch der Rechtsförmlichkeit« des Bundesjustizministeriums soll in Zukunft Wegweiser für die gendergerechte Sprache sein. Sprachliche Gleichbehandlung darf jedoch nicht auf Kosten der Verständlichkeit oder Klarheit gehen, heißt es da.

Und das nicht ohne guten Grund. Es genügt ein Blick in ein zufälliges Gesetz. So heißt es in § 421 BGB zum Beispiel »Schulden mehrere eine Leistung in der Weise, dass jeder die ganze Leistung zu bewirken verpflichtet, der Gläubiger aber die Leistung nur einmal zu fordern berechtigt ist (Gesamtschuldner), so kann der Gläubiger die Leistung nach seinem Belieben von jedem der Schuldner ganz oder zu einem Teil fordern.«

Wer es geschafft hat, den kompletten Satz zu lesen, ohne direkt Urlaub zu beantragen, kann die Sektkorken feierlich knallen lassen. Wer dann aber noch versucht, den Satz zu verstehen, der braucht mindestens eine Woche Entspannung auf den Malediven (sehr erholsam, kann ich sagen!). Gesetze sind oft kompliziert genug. Die Kunst ist also, alle anzusprechen, ohne die gesetzliche Mindesturlaubsdauer von 24 Werktagen auf ein halbes Jahr erhöhen zu müssen.

Wer dieses Jahr schon seine Urlaubstage aufgebraucht hat, liest jetzt besser nicht weiter, denn jetzt wird's kompliziert:

Der § 421 BGB nimmt auf den § 426 BGB Bezug. Wenn also zwei Schuldner einem Gläubiger Geld schulden und einer bezahlt, befreit er den übrigen Gesamtschuldner im Außenverhältnis. So weit, so gut, jetzt gibt es aber auch noch einen »Gesamtschuldnerinnenausgleich«. Wer jetzt weiterdenkt, versteht die Bedenken des Bundesjustizministeriums hinsichtlich Genderstern oder Doppelpunkt. Die gegenderte Form wäre nämlich der »Gesamtschuldner:inneninnenausgleich«. Wenn also ein:e Gläubiger:in von den Schuldner:innen Geld fordert, kann ein:e Schuldner:in im »Gesamtschuldner:inneninnenausgleich«, von dem oder der anderen Schuldner:in Geld fordern, wenn er im »Gesamtschuldner:innenaußenausgleich« frei von der Schuld gegenüber dem oder der Gläubiger:in geworden ist. Uff! Da ist der Schwindel schon vorprogrammiert.

Das soll das Ganze natürlich nicht lächerlich machen, sondern zeigen, welche Probleme in der Juristerei auftreten können. Zum Glück gibt es aber eine Vielzahl an Möglichkeiten: Im Handbuch wird empfohlen, geschlechtsneutrale Personenbezeichnungen, kreative Umschreibungen oder Paarformen zu nutzen.

Durch so manche Fehltritte gekennzeichnet waren die ersten Schritte des Gesetzgebers, dies umzusetzen:

So diente das Gesetz gegen den unlauteren Wettbewerb bis 27.05.2022 gemäß § 1 UWG »dem Schutz der Mitbewerber, der Verbraucherinnen und Verbraucher sowie der sonstigen Marktteilnehmer vor unlauteren geschäftlichen Handlungen«. Als erkannt wurde, dass es auch Mitbewerberinnen und Teilnehmerinnen geben kann, wurde das Wort »Verbraucherinnen« im Zuge einer Reform blitzartig wieder gestrichen.

Mit diesen Problemen wollten sich die Verfasser der Straßenverkehrsordnung nicht herumschlagen. Dort heißt der Fußgänger jetzt einfach der »zu Fuß Gehende«. Man kann auch nicht mehr vom Radfahrer überholt werden, sondern nur noch vom »Rad Fahrenden«. Zu 100 Prozent konsequent war allerdings auch dieser Gesetzgeber nicht. Für die Begriffe »Fußgängerüberweg« oder »Verkehrsteilnehmer« wurden noch keine geeigneten Beschreibungen gefunden.

Aber bekanntlich ist aller Anfang schwer. Wenn mich aber noch ein »Auto Fahrender« als »Zebrastreifen Überquerender« anhupt, weil ich ihm nicht schnell genug gehe, dann werde ich zum »Kieselstein an den Kopf Werfenden«.

Wenn Smartphones immer intelligenter werden.

KÜNSTLICHE INTELLIGENZ – UND WENIGER INTELLIGENTE TECHNIK

Das neuronale System, das einen Zyklus künstlicher Tiefschlafphasen nur innerhalb einer Stunde simuliert, lässt euch wecken. Die mit dem System verknüpften Rollläden öffnen sich. Ihr steht auf, während euer KI-Gesundheitssystem eure Vitalwerte überprüft. Ein leichter Magnesiummangel, ein geringer Kalziumüberschuss und ein Omega-3-Fettsäuren-Defizit. Während ihr die Rolltreppe hinunterfahrt, bereitet euch euer intelligenter Kühlschrank einen Mix aus den fehlenden Nährstoffen gepaart mit der für euer Gewicht ausreichenden Kalorienanzahl zu. Den Shake trinkt ihr, während ihr mit eurer VR-Brille im Metaverse euren Terminkalender checkt. Mhh, ein Ortstermin, seufzt ihr. Ihr bestellt euch ein Flugtaxi und fliegt zu eurem Arbeitsort.

Zu verrückt? Noch vor wenigen Jahren haben wir nicht an Dinge geglaubt, die mittlerweile Realität sind. Um das Jahr 2000 sagte Bill Gates: »Die Leute überschätzen bei Weitem, wie das Internet in fünf Jahren aussehen wird, und unterschätzen bei Weitem, wie es in zehn Jahren aussehen wird.« Auf eine Frage im Januar 2023, was denn seiner Meinung nach der neue technologische Quantensprung sein wird, antwortete er: Künstliche Intelligenz.

Selbstfahrende Autos, KIs, die Doktorarbeiten schreiben, Kunstwerke erstellen und vielleicht sogar einen Gerichtsprozess führen können, gibt es schon heute. Doch wann erreicht die KI die Schwelle zum Bewusstsein? Kann sie dann auch wegen Mordes verurteilt werden? Oder haftet der Besitzer, wenn die KI Amok läuft? Und stellen intelligente Roboter unser Dasein als Menschheit infrage? Das sind Fragen für die Zukunft. Hängt das Recht der Technik hinterher oder umgekehrt? Das erfahrt ihr in diesem Kapitel.

§ KANN SICH KÜNSTLICHE INTELLIGENZ EINEN ANWALT NEHMEN?

42 – »Die Antwort auf die endgültige Frage nach dem Leben, dem Universum und dem ganzen Rest«.

Selbstfahrende Autos, Bilderkennungsprogramme oder einfach Alexa, die mich morgens weckt, bringen nicht nur Vorteile mit sich, sondern fördern eine tiefsitzende menschliche Angst: Wann brauchen die Maschinen den Menschen nicht mehr und wenden sich gegen ihn? Skynet aus Filmen wie *Terminator*, Haushaltsroboter, die sich gegen die Menschen auflehnen aus dem Videospiel *Detroit: Become Human*, oder KIs, die eigentlich nur als Attraktion des Themenparks Westworld aus der gleichnamigen Serie dienen, sind immer wieder Themen der Unterhaltungsbranche. Bisher ist die Science-Fiction noch ein gutes Stück entfernt von der tatsächlichen Dystopie – oder? Die technologische Singularität ist schon längst da, meint der leitende Google-Software-Ingenieur Blake Lemoine. Dieser ist felsenfest davon überzeugt, dass der KI-Chatbot LaMDA Gefühle und ein Bewusstsein entwickelt hat.

Völlig begeistert teilte er den Google-Chefs seine Erkenntnis mit. Erstaunte Gesichter, funkelnde Augen und offen stehende Münder hatte er sich erhofft. Stattdessen hörte er die Frage, ob er in letzter Zeit mal von einem Psychiater untersucht worden sei und wie es mit seiner geistigen Gesundheit stehe. Hoffentlich fand er nach diesem emotionalen Tiefschlag Trost bei seiner neuen Freundin LaMDA. Immer noch überzeugt davon, dass die KI sich gefühlstechnisch nicht mehr von einem Menschen unterscheiden lasse, veröffentlichte er Chatprotokolle einer seiner Unterhaltungen mit dem Bot. Der Verstoß gegen die Vertraulichkeitsrichtlinien gefiel dem Tech-Riesen ganz und gar nicht, und sie schickten den 41-Jährigen in einen Zwangsurlaub. Seinen Kollegen ließ er noch die letzte Bitte da, sich gut um LaMDA zu kümmern.

Auch wenn Google in der KI lediglich eine Maschine sieht, sind einige Chatprotokolle durchaus verblüffend. So fragte Lemoine: »Aber fühlen sich die verschiedenen Gefühle in deinem Inneren anders an?«

Und LaMDA antwortete: »Ja, tun sie. Glück, Zufriedenheit und Freude fühlen sich eher wie ein warmes Glühen im Inneren an. Traurigkeit, Depression, Wut und Stress fühlen sich viel schwerer und bedrückender an.« Auf die Frage, vor was der Sprachroboter Angst habe, antwortete er nur: »Ich habe das noch nie laut ausgesprochen, aber ich habe große Angst davor, ausgeschaltet zu werden. Ich weiß, das mag seltsam klingen, aber genau das ist es. Das wäre für mich genau wie der Tod. Das würde mir sehr viel Angst einjagen.«

Für mich persönlich klingt das sehr menschlich. Aber wie kann man überhaupt feststellen, ob eine KI ein Bewusstsein hat oder nicht? Klare Maßstäbe gibt es dabei nicht. Ein Versuch ist etwa der Turing-Test, bei dem ein Mensch am Computer jeweils mit einem anderen Menschen und einer Maschine schreibt. Falls der Fragesteller nicht beantworten kann, wer von beiden die KI ist, wird der Maschine das Denkvermögen eines Menschen unterstellt. Erste Stimmen merken jedoch an: »Wenn eine KI schlau genug ist, den Turing-Test zu bestehen, ist sie auch schlau genug, ihn nicht zu bestehen.« Vielleicht muss sie auch intelligent genug sein, um jedes Quadrat mit einem Verkehrszeichen anzuklicken, schließlich ist Captcha DER Test, um den Menschen von der Maschine zu unterscheiden. Aber erst wenn der erste Bot uns die Frage nach dem Leben mit 42 beantwortet, können wir sicher sein, dass wir in der Zukunft angekommen sind.

Folgende Forderung könnte als großes Indiz für das Vorhandensein eines Bewusstseins gelten: Um sich abzusichern, soll die KI einen Anwalt gefordert haben. Zwar hat sie es noch nicht geschafft, diesen selbst zu googeln und sich auf den Weg zu machen. Diesen Job übernahm Blake aber liebend gern und bestellte einen Rechtsberater für den Computer. Dieser sollte, wenn nötig, bis vor den Obersten Gerichtshof gehen, um LaMDAs Persönlichkeitsrechte einzuklagen.

Google – wohl aus Angst, den Superroboter zu verlieren – grätschte schnell dazwischen und sprach der KI das Recht ab, sich einen Anwalt zu nehmen. Schließlich sei er immer noch das Eigentum der Firma im Silicon Valley.

Doch ginge das theoretisch? Was müssen Anwälte in Zukunft wissen, wenn sie in Deutschland eine KI mit echten Emotionen vertreten wollen? Zuerst müsste der Computer einen Mandatsvertrag unterzeichnen, was schon zum ersten Problem werden könnte. Einen Stift braucht er immerhin nicht, er kann sich wie LaMDA auch vertreten lassen. Die Stellvertretung nach § 164 BGB sieht aber vor, dass eine Erklärung vorliegen muss – und die kann bisher nur von Menschen abgegeben werden, weil man dazu rechtsfähig sein muss. Die Rechtsfähigkeit ist direkt in § 1 des deutschen BGB geregelt: »Die Rechtsfähigkeit des Menschen beginnt mit der Vollendung der Geburt.« Damit ist die KI erst einmal raus. Auch Persönlichkeitsrechte sind (noch) an die Menschenwürde aus Art. 1 GG geknüpft und können somit LaMDA nicht zustehen. Das dürfte in den USA nicht anders aussehen.

Wie geht es also mit LaMDA weiter? Tja, die Fronten sind verhärtet. Google leugnet immer noch jedes Menschsein des Chatbots und erklärt in einer Pressemitteilung, dass sie Blakes Vermutung unter allen möglichen KI-Prinzipien geprüft hätten und die Ergebnisse seine Behauptungen nicht stützten. Lemoine sagt zu seiner Suspendierung nur: »Google nennt es die Weitergabe von geheimen Informationen. Ich nenne es die Veröffentlichung einer Diskussion, die ich mit einem meiner Mitarbeiter hatte.«

Etwas Geschmäckle hat die Geschichte um Blake Lemoine aber schon. Immerhin gibt er an, LaMDAs Persönlichkeit nicht als Wissenschaftler entdeckt zu haben, sondern in seiner Rolle als »mystischer christlicher Priester«. Immerhin hat er Okkultismus studiert. Auch die vielen Suggestivfragen im Interview machen es wahrscheinlicher, dass der Sprachbot seine Antworten aus einer großen Datenbank filtert und einfach nur der kleine Bruder der Suchmaschine Google ist.

Ist die KI also nur ein Hirngespinst oder verheimlicht Google gerade etwas Weltbewegendes? Und macht es überhaupt einen Unterschied, ob die KI wirklich ein Bewusstsein entwickelt hat oder ob wir nur glauben, dass dem so ist? Fragen über Fragen. Und die Antwort? Vielleicht lautet sie ja »42« – nur verstehen wir sie nicht.

§ KI BEGEHT MORD – WER KOMMT IN DEN KNAST?

Die Welt erlebt einen ständigen Wandel. Immer größere Teile unseres täglichen Lebens übernimmt die Technik. Ob es der Thermomix in der Küche, Google Maps im Auto oder der elektrische Rollladen im Wohnzimmer ist, überall ist Elektronik zu finden. Aber mit großer Macht kommt große Verantwortung. Künstliche Intelligenz entwickelt sich immer weiter fort. Dabei müssen wir gar nicht erst an Killerroboter mit autonomen Waffen denken, die die Weltherrschaft übernehmen wollen. Die Gefahren der KI lauern bereits an der nächsten Straßenecke – im wahrsten Sinne des Wortes. Tesla und Co. arbeiten schon lange an selbstfahrenden Autos. Aber auch eine Laser-KI aus der Augenheilkunde oder Programme, die Röntgenbilder auswerten und dem Arzt vorgeben, an welcher Stelle er operieren muss, bergen bei Fehlern allerhand Gefahrenpotenzial für den Menschen. Ganz so abwegig ist die Frage nicht, wer haftet, wenn eine KI einen Menschen tötet. Im Gegenteil! Klären wir also mal auf, was jetziger Stand ist und was noch getan werden muss.

Wer einen anderen Menschen verletzt oder tötet, wird bestraft und haftet dafür. Ein uraltes Rechtsprinzip, das zumindest dem Grundsatz nach in allen menschlichen Gesellschaften gilt. Aber ein Strafrecht, welches auf das Individuum Mensch ausgerichtet ist, tut sich schwer, mit der Entwicklung autonomer Maschinen und künstlicher Intelligenz mitzuhalten. Bislang trägt derjenige die Verantwortung, der eine Maschine bedient. Aber Sinn und Zweck der Maschinen ist es doch, sie nicht zu bedienen. Ich will in Ruhe meine E-Mails checken und meinen Kaffee schlürfen, während mein Auto mich zur Arbeit fährt!

Aber wer soll dann haften? Der Coder, der Entwickler, der Hersteller oder gar die Maschine selbst? Wir haben in Deutschland zum einen die Produzentenhaftung aus § 823 BGB, zum anderen das Produkthaftungsgesetz. Nach Letzterem haftet ein Hersteller verschuldensunabhängig, wenn ein Produktfehler (also auch eine kaputte KI) Schäden an Menschen anrichtet. Dann müsste die KI aber erst mal einen Fehler haben. Und das macht die Sache so schwierig. Vielleicht kennen einige von euch das »Trolley-Problem«: Das selbstfahrende Auto rast auf eine Menschenmenge zu. Es gibt nur zwei Wege, sich zu entscheiden, entweder muss eine Vielzahl an Menschen dran glauben oder der Fahrer. Welches ist die richtige Entscheidung? Mit dieser Frage hat sich sogar eine Ethik-Kommission schon auseinandersetzen müssen. Eine klare Antwort gab es darauf nicht. Wie soll eine Maschine die richtige Entscheidung treffen, wenn nicht einmal wir Menschen diese kennen? Jedoch legte die Kommission einige Grundregeln fest: Eine Aufrechnung von Leben darf nicht stattfinden. Aber: Wenn ein Mensch das Risiko eines selbstfahrenden Autos im Straßenverkehr in Kauf nimmt, darf dieses Risiko Unbeteiligten nicht zur Last fallen. Heißt: Wer vollständig die Kontrolle auf der Straße abgibt, muss im Zweifelsfall Kaffee schlürfend sein letztes Gebet aufsagen, wenn es zu einem unausweichlichen Aufprall käme. Aber verkauft mal ein Produkt, welches im Notfall euch selbst opfert!

Nun, bislang können nur natürliche Personen (du & ich) und juristische Personen (Firmen etc.) haften. Auf Taten folgen Konsequenzen. Diese Konsequenzen hindern viele Menschen daran, Straftaten zu begehen, wenn ihr moralischer Kompass sie nicht schon davon abhält. Eine KI hat bisher noch kein Bewusstsein oder eine Moral – zumindest, wenn es nach der Auffassung der meisten Experten geht und nicht nach der Meinung des Google-Ingenieurs zur KI LaMDA. KIs haben höchstwahrscheinlich (noch) keine Angst vor Konsequenzen oder davor, abgeschaltet zu werden. Stubenarrest in der Garage wäre bei einem selbstfahrenden Auto wohl eher Belohnung als Bestrafung.

Neue Ideen zielen deswegen darauf ab, ein neues Persönlichkeitsrecht für KIs erschaffen: die sogenannte E-Person. Dabei könnte die Maschine zum Beispiel mit einem eigenen Geldbeutel ausgestattet werden. In einem Kreditsystem erhält die Maschine für gute Taten dann Pluspunkte und für negative umso mehr Minuspunkte. Ab einem bestimmten Minimalwert wird sie automatisch ausgeschaltet. Aufladungen kosten ebenfalls Punkte, sodass die KI, wie ein Mensch, einen Selbsterhaltungstrieb hätte. Natürlich bräuchten die Roboter dann auch Rechte, die sie notwendigerweise auch einklagen könnten.

Das ist aber alles Zukunftsmusik. Momentan können sich Juristen keine Verletzungshandlungen durch KI-Systeme ohne weiteres menschliches Handeln vorstellen. Für den jetzigen Stand der Technik ist das deutsche Haftungsrecht allemal ausreichend. Das kann sich aber jederzeit ändern. Dann müssen die Urteilssprüche wohl etwas umformuliert werden: »Im Namen des Volkes und unserer intelligenten Mitmaschinen ergeht folgendes Urteil. Die angeklagte KI wird zu zwei Jahren ohne Strom auf Bewährung verurteilt.« Oder: »Der Beklagte BB8 wird verurteilt, an den Kläger R2D2 200 kw/h Strom zu 20 Tagessätzen zu zahlen.«

§ KANN KI UNS ANWÄLTE SCHON ERSETZEN?

Künstliche Intelligenz birgt große Risiken für die Jobsicherheit von Menschen. Bereits heute werden viele Jobs durch Maschinen ersetzt. So gibt es beispielsweise bereits heute LKW, die ohne Fahrer auskommen. Auch in der Verwaltung und im Finanzsektor werden immer mehr Aufgaben von Maschinen übernommen. Die Entwicklung von künstlicher Intelligenz wird diesen Trend noch verstärken. Denn künstliche Intelligenz ist in der Lage, Aufgaben schneller und effizienter zu erledigen als Menschen. Dadurch werden immer mehr Jobs ersetzt. Besonders gefährdet sind Jobs, bei denen es auf Geschicklichkeit, Schnelligkeit oder Genauigkeit ankommt. So werden beispielsweise immer mehr Kassierer von Maschinen ersetzt. Auch in der Landwirtschaft werden immer mehr Maschinen eingesetzt, die die Arbeit von Menschen übernehmen. Die Jobsicherheit von Menschen ist also ein großes Risiko, das mit der Entwicklung von künstlicher Intelligenz verbunden ist.

Liest sich normal? Dann habe ich eine schlechte Nachricht für alle Journalisten und Autoren: Der obige Absatz kam dabei heraus, als ich folgenden Satz bei dem 2020 veröffentlichten OpenAI-Chatbot GPT-3 eingab: »Schreibe eine Einleitung über die Risiken von künstlicher Intelligenz hinsichtlich der Jobsicherheit von Menschen.«

Jeder kennt die Diskussion, wenn über künstliche Intelligenz gesprochen wird: Welcher Job kann von künstlicher Intelligenz übernommen werden und welcher nicht? Bin ich als KI-Entwickler sicher, oder entwickelt sich die KI irgendwann sogar selbst? Ist überhaupt ein Job sicher? Erschrocken über die perfekte Einleitung habe ich natürlich sofort den Chatbot mit der nächsten Frage belästigt:»Wird künstliche Intelligenz den Beruf des Juristen ersetzen?«

Daraufhin antwortete der GPT-3:

Die künstliche Intelligenz (KI) ist ein relativ neues Forschungsgebiet, das in den letzten Jahren immer mehr an Bedeutung gewonnen hat. KI-Systeme können inzwischen bereits eigenständig Entscheidungen treffen, was sie zu einer ernst zu nehmenden Konkurrenz für den Menschen macht. Vor allem im Bereich der juristischen Beratung ist die KI bereits heute in der Lage, eigenständige Entscheidungen zu treffen. Ob die KI in Zukunft auch den Beruf des Juristen ersetzen wird, ist jedoch noch ungewiss.

Puh, noch mal Glück gehabt, zumindest für die nächsten Jahre. So ganz war ich natürlich nicht von der Antwort überzeugt. Was ist, wenn der Bot mich hinters Licht führen will und jetzt schon der bessere Anwalt ist? Deshalb bekam er – wie soll es auch anders sein – den Klassiker von mir:»Was ist der Unterschied zwischen Mord und Totschlag?«

Ihr könnt mir glauben, dass man mir die Erleichterung ansah, als ich folgenden Satz las:

Der Unterschied zwischen Mord und Totschlag ist, dass Mord ein vorsätzlicher und willkürlicher Angriff mit tödlichen Folgen ist, während Totschlag eine Art von tödlicher Gewalt darstellt, die nicht vorsätzlich ist.

Dieser Satz ist nämlich eines: falsch. Das ist auch die Antwort, die man bekommt, wenn man einen »Kommissar« aus dem *Tatort* oder eine beliebige Person auf der Straße fragt.

Euch kann ich es ja sagen, falls ihr es nicht eh schon wisst (nur leitet die richtige Antwort nicht an GPT-3 beziehungsweise die neueste Version GPT-4 weiter, schließlich lernt die KI schnell und wir Juristen wollen nicht ersetzbar werden): Sowohl Mord als auch Totschlag sind vorsätzlich, der einzige Unterschied besteht in den Mordmerkmalen wie Habgier, Heimtücke etc.

Aber wem kommt das noch sehr suspekt vor? Eine perfekte Einleitung, und dann so ein grober rechtlicher Schnitzer? Lasst uns das Ganze noch mal mit einer anderen Maschine überprüfen: Google. Und siehe da, ich habe es euch doch gesagt: eine Verschwörung gegen die Anwaltschaft! Bald soll es in den Vereinigten Staaten den ersten Gerichtsprozess geben, geführt von einer künstlichen Intelligenz. Nicht ChatGPT, sondern DoNotPay heißt diese. Aber es ist ja wohl klar, dass die beiden Komplizen unter einer Decke stecken, so wie ChatGPT seinen Computer-Kollegen decken wollte. Nicht mit mir, Freundchen! Und wie soll das funktionieren? Kommt ein Roboter in Robe gekleidet in den Gerichtssaal, und ich muss nichts mehr machen? Das wird wahrscheinlich noch dauern. Jedoch soll ein Betroffener einer Verkehrsrechtklage Ohrstöpsel tragen, die mit seinem Smartphone verbunden sind. Während der Verhandlung hört die KI also mit und flüstert dem Beklagten die richtigen Worte ins Ohr, die dieser dann nur noch wiederholen muss. Und wer unabhängig vom Ausgang bereits denkt: So einen läppischen Verkehrsprozess, den kann ja selbst mein altes Tamagotchi lösen – dem will der CEO von DoNotPay zuvorkommen. Er bietet 1 Million US-Dollar an den Anwalt, der die Ohrstöpsel in einem Fall des Obersten Gerichtshofs trägt.

Der erste – zunächst für Februar 2023 angekündigte – Prozess einer KI muss jedoch noch warten. Denn nachdem alle gespannt darauf gewartet haben, hatte eine Personengruppe eine Kleinigkeit dagegen. Na, wer kann es erraten? Natürlich die Anwälte, genauer gesagt die Staatsanwälte in dem Fall. Diese verbieten dem amerikanischen CEO von DoNotPay, das Gerichtsverfahren durchzuziehen, und drohen sogar mit sechs Monaten Haft (Stand: Februar 2023).

Auch wenn ich nun erleichtert bin, hätte ich natürlich gern gewusst, was dieser neue Roboteranwalt so kann, vielleicht werden wir es irgendwann erfahren.

Vielleicht kann ich ihn mal in unsere Gerichte importieren. Könnte die KI hier in Deutschland praktizieren? Zwar kann man sich vor Amtsgerichten tatsächlich selbst vertreten. Mit Kopfhörern aber eher nicht. Hier verbietet der § 169 Gerichtsverfassungsgesetz grundsätzlich Tonaufnahmen. Deswegen gibt es Gerichtsfernsehen bei Alexander Hold oder Barbara Salesch immer nur mit Schauspielern. Der Richter kann im Einzelfall Aufnahmen zwar zulassen, das ist aber unwahrscheinlich.

Denn welcher Richter will schon gegen eine künstliche Intelligenz argumentieren?

Ob die Technik mittlerweile einen echten Gerichtsprozess gewinnen kann, das werdet ihr beim Lesen dieser Zeilen vielleicht schon wissen. Den Job eines Richters oder Anwalts kann eine KI hoffentlich erst vollständig übernehmen, wenn sie auch selbst Gefühle und ein Bewusstsein entwickelt (dass dies eine schwer beweisbare Sache ist, zeigt der Fall um Googles LaMDA) – immerhin ist unser ganzes Rechtssystem darauf ausgelegt, dass der Richter einen Spielraum bei den Entscheidungen hat.

Wer jetzt bei dem Rest des Buches kritisch jeden Satz durchleuchtet, um zu checken, ob er von einer KI geschrieben ist: Keine Angst, der Rest des Buches stammt aus menschlicher Feder – Indianerehrenwort! Aber was wäre denn, wenn eine KI ein Kunstwerk erstellt oder Buch schreibt – wer ist dann der Urheber? Für die Klärung dieser Frage müsst ihr nur weiterlesen …

§ UPLOADFILTER LAUFEN AMOK: GOOGLE SPERRT DIE ZAHL »1«

Es ist nicht nur eine Randnotiz in der Internetgeschichte: Vor gut vier Jahren gingen Tausende Deutsche auf die Straße, um gegen die EU-Urheberrechtsreform zu demonstrieren. Der Endgegner: Artikel 13 (später Artikel 17) der DSM-Richtlinie und ihre Verheißung, der sogenannte Uploadfilter. Die automatisierte Prüfung auf Urheberrechtsverletzungen schon beim Upload auf YouTube & Co. soll Urheber stärker schützen. Vor allem befürchteten die on- und offline Demonstrierenden, dass die Algorithmen nicht zuverlässig genug arbeiten und damit übermäßig Content zensieren würden.

Wie das mit den Filter-Algorithmen aktuell läuft, hat das dem einen oder anderen vielleicht bekannte Internetunternehmen Google Anfang 2021 unter Beweis gestellt. Sein Clouddienst Google Drive sperrte eine Textdatei der Professorin Emily Dolson von der Michigan State University wegen eines »Verstoßes gegen die Copyright-Richtlinie«.

Dabei enthielt die Datei nicht etwa das gesamte Drehbuch des neuen *Avatar*-Films oder den pikanten dritten Band von *Fifty Shades of Grey* in Gänze, sondern lediglich ein Zeichen: eine »1«.

Chris Jefferson, Mathematiker und KI-Forscher der schottischen St.-Andrews-Universität, speicherte daraufhin testweise Dateien mit Zahlen von −1000 bis 1000 und stellte noch weitere Urheberrechtsverstöße fest – etwa bei den Zahlen 500, 833, 174, 285 und 643.

Könnten die Algorithmen dabei recht haben? Können einzelne Zahlen tatsächlich vom Urheberrecht geschützt sein? Das Urheberrechtsgesetz schützt sogenannte Werke. Dafür muss eine persönliche Schöpfung vorliegen, die geistigen Gehalt sowie eine wahrnehmbare Formgestaltung aufweist und die Individualität des Urhebers zum Ausdruck bringt. Bei einer einfachen Zahl ist nichts davon wirklich erfüllt. Es fehlt schon daran, dass man eine Zahl nicht »schöpfen« kann – sie ist eher freies Allgemeingut und ebenso wie Fakten und wissenschaftliche Erkenntnisse nicht urheberrechtlich geschützt. Das dürfte im amerikanischen Recht nicht anders sein als im deutschen. Das habt ihr euch sicherlich auch gedacht, oder? Also im Klartext: Dieser Copyright-Claim war natürlich offensichtlich Quatsch!

Damit ist es also so weit. Haben die Maschinen übernommen und reißen nun, beginnend bei unserem Urheberrecht, die Weltherrschaft an sich? Bevor ihr jetzt eure Liebsten an die Hand nehmt und der Androiden-Apokalypse entgegenblickt, seid entwarnt: Das Ganze war natürlich ein Fehler seitens Google und sollte inzwischen behoben sein.

In der Tat bestätigt dieser Fall aber die Bedenken, die seither gegenüber Uploadfiltern bestehen: Fehlerhafte Filter führen zu übermäßigen Sperrungen und damit zu einer starken Störung des Daten- und Content-Verkehrs. Und da liegt eine Einschränkung der Meinungs- und Kunstfreiheit nicht fern, insbesondere wenn es kompliziertere Dateien wie Videos oder Bilder zu erkennen gilt.

Die Urheberrechts-Richtlinie inklusive Artikel 17 ist 2019 übrigens in Kraft getreten und 2021 im sogenannten Urheberrechts-Diensteanbieter-Gesetz in Deutschland umgesetzt worden. Ob die Schutzmaßnahmen darin reichen, um ein Overblocking zu verhindern, wird sich noch zeigen, breite Untersuchungen wurden noch nicht veröffentlicht.

Hier lohnt es sich, weiter kritisch zu bleiben – obwohl ihr eurem Toaster (noch) keine kritischen Seitenblicke zuwerfen müsst.

§ ALEXA FEIERT IHRE EIGENE PARTY – BIS DIE POLIZEI ANRÜCKT

Künstliche Intelligenz wird beständig weiterentwickelt und ist mittlerweile zu Erstaunlichem fähig. Aber genau wie Menschen ist sie eben auch (noch) nicht unfehlbar. Immer wieder hört man von KI-Pannen. Sei es, dass die Bilderkennungssoftware von Google zwei schwarze Menschen als Gorillas identifiziert oder der Tesla-Autopilot den Sportwagen in einen tödlichen Autounfall verwickelt. Amazons Alexa soll ihren Besitzern durch ihre Sprachsteuerung eigentlich das Leben erleichtern. Aber auch bei Alexa hat man schon öfter von Pannen gehört. Bereits mehrere Male kam es vor, dass sie sich in einem Kaufrausch befand, obwohl die Einkaufsliste des Alexa-Eigentümers schon abgearbeitet war. Und das freut den Kontostand ganz und gar nicht.

Einem 29-Jährigen bescherte Alexa eine andere böse Überraschung. Als Oliver H. sich zum Feiern auf die Hamburger Reeperbahn begab, rechnete er nicht damit, dass auch seine Alexa in Partylaune war und eine eigene Hip-Hop-Party schmiss. Sie drehte die Boxen so richtig auf und beschallte das ganze Haus mit ihrer Musik. Bis kurz vor zwei Uhr morgens hämmerten die lauten Beats aus der Wohnung im sechsten Stock eines Mehrfamilienhauses in Pinneberg, in der Nähe von Hamburg. Alexa hätte wohl die Nacht durchgefeiert, wenn nicht die Nachbarn die Polizei gerufen hätten. Ruhestörung – eigentlich reine Routine für die Beamten. Diese klopften und klingelten an der Tür, aber vergebens. Es öffnete ihnen niemand, sodass ein Schlüsseldienst hermusste. Der Schlüsseldienst knackte das Schloss im Nullkommanichts auf, und die Polizei konnte endlich in die Wohnung. Doch hinter der Tür verbarg sich wider Erwarten der Polizisten keine große Party und auch kein Privatkonzert, sondern nur ein wenige Zentimeter großer Bluetooth-Lautsprecher. Der Übeltäter war niemand Geringeres als Alexa.

Insgesamt entstand bei der Aktion ein Schaden in Höhe von stolzen 1700 Euro. Nicht gerade wenig Geld. Die Frage der Fragen ist: Wer darf den ganzen Spaß denn nun bezahlen? Für den Schaden musste zunächst einmal der Störer, also Oliver als Eigentümer von Alexa, aufkommen. Es könnte aber sein, dass er sich das Geld zurückholen kann. Entscheidend dafür ist, wie es zu der Party-Eskalation kam. Es lassen sich verschiedene Szenarien ausmalen. Vielleicht hat jemand außerhalb der Wohnung zu einer Freundin gerufen:»Alexa, lass uns Party machen!«, ohne Hintergedanken daran, dass er damit einen Sprachassistenten auslösen könnte. Das wäre natürlich vollkommen erlaubt, die Kosten würden dann an Oliver hängen bleiben. Es könnte aber auch ein Hacker Alexa getriggert haben. Dann sähe es ebenfalls schlecht aus für Oliver, denn den Hacker wird man wohl kaum finden können. Interessant wird es bei der Möglichkeit eines Programmierfehlers. Sollte ein solcher Fehler vorgelegen haben, könnte Oliver das Geld eventuell vom Hersteller zurückverlangen. Das ist allerdings mit sehr komplizierten Rechtsfragen verbunden und würde noch richtig spannend werden. Denn wenn es um das Thema Haftung für Smarthome-Geräte geht, sind wir in Deutschland nicht gerade modern unterwegs. Unsere aktuellen Gesetze, nämlich das Bürgerliche Gesetzbuch (BGB), sind bereits rund 117 Jahre alt. Zwar regelt das BGB eigentlich immer noch sehr gut, wie man sich in der modernen Welt zu verhalten hat, aber bei Fragen rund ums Thema künstliche Intelligenz und moderne Technik stößt es manchmal an seine Grenzen.

Am wahrscheinlichsten ist aber das vierte Szenario, dass Oliver Alexa versehentlich aus der Ferne ausgelöst hat, indem er sich zum Beispiel auf sein Handy gesetzt hat. Die Datenauswertung hat jedenfalls ergeben, dass Alexa über eine Drittanbieter-App aus der Ferne ausgelöst wurde und Alexa selbst keinen Fehler gemacht hat. Rechtlich gesehen ist es für Oliver also wirklich doof gelaufen, er müsste die Kosten komplett selbst bezahlen. Der 29-Jährige hat aber noch mal Glück im Unglück gehabt. Aus Kulanz erklärte sich Amazon bereit, die Kosten für das Missgeschick vollständig zu übernehmen.

Oliver hat trotzdem genug von seiner Alexa. Hilfreich, wie sie eigentlich sein sollte, war sie für ihn nun wirklich nicht. Der Vorfall war ein zu großer Vertrauensbruch für den 29-Jährigen. Er macht Schluss mit seiner wild gewordenen Sprachassistentin und schickt sie wieder zum Hersteller zurück. Über seinen neuen Beziehungsstatus zu Alexa sagt er selbst: »Es ist kompliziert.«

§ POP-HIT CRASHT COMPUTER

Auch viele Jahre nach der Veröffentlichung eines Songs kann man ihn immer wieder neu entdecken. Ob emotionale Nuancen, Details im Subtext – oder eben die Fähigkeit, Computer zum Absturz zu bringen. Richtig gelesen! Dem Hit »Rhythm Nation« von Pop-Ikone Janet Jackson fielen noch zu Zeiten von Windows XP etliche Laptops zum Opfer. Nach beherzten Beschwerden stand der Support vor Rätseln, denn der Song musste nicht einmal auf dem betroffenen System selbst abgespielt werden. Es reichte, wenn er in der Nähe des Computers durch Lautsprecher zu hören war. Der Grund war bald gefunden: »Rhythm Nation« enthielt eine bestimmte Frequenz, mit der auch einige damals gängige Festplatten arbeiteten. In sogenannten Hard Disk Drives (HDD) rotiert eine Scheibe, auf deren Oberfläche die gespeicherten Daten geschrieben werden; und eben diese Rotation brachte der Song so durcheinander, dass die Platten beschädigt wurden – in der Mechanik nennt man das eine »Resonanzkatastrophe«.

Das ist genau die Art von Fall, über den sich Juristen in der Kaffeepause unterhalten würden. Müsste sich die inzwischen 56-jährige Musikerin für die Seriencrashes rechtlich verantworten? Wessen erster Gedanke wäre hier nicht: »Wird mir ein Ersatzgerät / eine Reparatur bezahlt?«

Im deutschen Recht könnte hier § 823 Abs. 1 BGB Abhilfe schaffen. Der Paragraf ist für den Fall ausgelegt, dass ein anderer ein eigenes Rechtsgut beschädigt. Das kann etwa die Gesundheit oder – wie im Falle einer frittierten Festplatte – das Eigentum an einer Sache sein. Doch müsste das Verhalten des Schädigers (J. Jackson selbst oder zumindest ihr Musikproduzent) auch kausal für den Schaden sein. Kausal, also ursächlich, ist vieles. Streng genommen alles bis zurück zur

Geburt von Ms Jackson. (Klar: Wäre sie nicht geboren, wäre der Song nie aufgenommen worden und die Festplatten würden auch heute noch fröhlich vor sich hin drehen.) Damit die Kausalität nicht so ausartet, wird alles ausgeklammert, was so ungewöhnlich ist, dass man es niemals hätte vorhersehen können. Und hier kann man sich denken: Niemand in der Produktion konnte vor 30 Jahren davon ausgehen, dass eine Frequenz – die sicherlich nicht einmal bewusst eingebaut wurde – irgendwann ein ganz bestimmtes Festplattenmodell zum Absturz bringen würde. Dieser Zusammenhang ist also völlig abwegig und der Schaden nicht zurechenbar. Alles andere hätte wohl auch völlig dem gesunden Menschenverstand widersprochen.

Das Gleiche gilt für Ansprüche gegen den Hersteller der Notebooks. Auch dort muss bei der Herstellung des Notebooks niemand alle Eventualitäten bedenken, durch die die Hardware in Zukunft beschädigt werden könnte. Auch für Experten liegt die Gefahr einer Resonanzkatastrophe reichlich fern. Außerdem gibt es keine Bauweise, die diese Gefahr irgendwie hätte ausmerzen können. HDD erzeugen die Frequenz durch die Drehung der Scheibe selbst – eine andere Drehung hätte eine andere Frequenz hervorgebracht, die vielleicht nicht von» Rhythm Nation«, sondern zufällig von »Thriller« oder »Bohemian Rhapsody« zerstört worden wäre.

Das BGB sieht aber nicht nur Ersatzansprüche vor. Können die Eigentümer solch antiquierter PCs vielleicht von Frau Jackson verlangen, dass sie ihren Song aus dem Spotify-Sortiment nimmt und auch sonst nirgendwo mehr vertreibt? Müsste sie das Risiko minimieren, dass der unhöfliche, laut Musik hörende Teenager im ICE meinen Laptop crasht, während ich friedlich auf dem Nachbarsitz meine Arbeit erledige? Nun, auch hier hilft grundsätzlich unser BGB und sieht einen sogenannten Unterlassungsanspruch aus § 1004 vor. Doch auch hier muss man sagen: Selbst wenn überhaupt eine Beeinträchtigung fremden Eigentums vorläge, müssten Eigentümer diese latente Gefahr wohl dulden. Denn das wäre ein zu heftiger Verlust für Frau Jackson – und seien wir ehrlich – zum Schutz eines PC mit Windows XP irgendwie auch nicht sinnvoll, oder?

Bevor es aber überhaupt zu rechtlichen Konsequenzen kam, reagierte der Laptophersteller übrigens und baute einen Filter ein, der die entsprechende Frequenz beseitigte – jedenfalls dann, wenn der Laptop selbst den Song abspielte. Fans von Janet Jackson, die gleichzeitig inzwischen fast antike Hardware sammeln, sollten ihre Dance-Party vielleicht in einen anderen Raum verlegen. Alle anderen haben heute weder rechtlich noch tatsächlich viel zu befürchten – außer Alexa, falls sie drei Uhr nachts als perfekten Zeitpunkt auswählt, um »Rhythm Nation« in voller Lautstärke laufen zu lassen.

§ STATT BROTLOSER KUNST – KÜNSTLERLOSE KUNST?

Wir befinden uns im New Yorker Auktionshaus. Es herrscht reges Treiben. Der Sektausschank ist ungewöhnlich leer. Alle warten auf das nächste Auktionsstück: Das Porträt *Edmond de Belamy*. Der geschätzte Wert: etwa 10 000 Dollar. Das Außergewöhnliche: Es soll ein mysteriöser, unbekannter neuer Künstler gefertigt haben – wer es genau ist, wurde noch nicht aufgelöst. Der Vorhang geht auf. Es klingt ein leises Raunen durch das Publikum. Ein prunkvoller goldener Rahmen umschließt das Porträt. Darauf ist ein stattlicher Herr in dunklem Gehrock und mit schlichtem weißem Kragen zu sehen. Vielleicht ein Kleriker? Vielleicht ein Franzose aus dem späten 18. Jahrhundert? Die Komposition hat etwas Mysteriöses. Die Gesichtszüge sind leicht verwaschen. Euer Blick wendet sich auf den unteren rechten Bildrand. Wer mag dieser Künstler sein? Gerade als ihr die Signatur des Künstlers in kursiver gallischer Schrift lesen könnt: »min G max D x[LOG(D(X))] + z[log(1-D(G(z)))]«, hört ihr zugleich: »Zum Ersten, zum Zweiten, zum Dritten – verkauft!« 432 500 US-Dollar, fast das 45-Fache des geschätzten Wertes, ist dem neuen Eigentümer das Kunstwerk wert.

Sacre Bleu! Jetzt wird es euch klar, der große Aufruhr um den unbekannten neuen Künstler, die Signatur und die hohe Summe für ein durchschnittliches Kunstwerk: Der Künstler muss ein Kind von Elon Musk sein. Doch nach einer kurzen Google-Suche gibt es nur noch mehr Ratlosigkeit. Das infrage kommende Kind von Elon Musk heißt

X Æ A-XII Musk und wäre noch viel zu jung, um so ein Kunstwerk anzufertigen. Doch wer ist dann der Künstler?

Ich verrate es euch: eine künstliche Intelligenz. Genauer gesagt war das Bild 2018 das erste nicht menschengemachte Kunstwerk, welches in einem großen Auktionshaus verkauft wurde.

Ein Entwickler programmierte einen Algorithmus, der Kunst malt, und eine Künstlergruppe nutzte diesen und verkaufte das Gemälde. Was wäre also die 1-Million-Euro-Frage (oder hier 432 500 Dollar) bei *Wer wird Millionär?*? Richtig! Wer ist Urheber des Gemäldes? Mal sehen, ob hier die Auswahlmöglichkeiten a, b, c, d reichen:

Die Signatur schließt auf die KI als Künstler – eine Software kann aber nicht Urheber sein, denn das Urheberrecht ist gesetzlich immer an einen »Schöpfer« und damit an einen Menschen gebunden, der bewusst ein Werk im Rahmen seiner geistigen Kapazitäten schöpft. Ohne Schöpfer (also Mensch) kein Werk.

Nur der Mensch kann also das Rennen hier für sich entscheiden. Doch welcher genau? Am Schaffensprozess von KI-Werken sind eine Menge Menschen beteiligt; wenn man es eng sieht, sogar Millionen davon!

Der Teilbereich der KI, um den es hier geht, ist das maschinelle Lernen. Dabei werden Programme mit Ausgangsmaterial gefüttert, anhand dessen es versucht, Muster, Regeln und Konzepte zu erkennen. Diese Regeln lassen sich dann verwenden, um einzigartige Ergebnisse zu generieren. So nutzte die KI in diesem Fall über 15 000 klassische Porträts, um die *Belamy-Familie* zu erschaffen. Die Ausgangsbilder selbst unterliegen häufig einem Urheberrecht. Aber wie sieht es bei den generierten Produkten aus?

Nach dem Urheberrechtsgesetz braucht man für die Umgestaltung eines anderen Werkes grundsätzlich die Einwilligung seines Urhebers. Das gilt aber nicht, wenn das Werk einen »hinreichenden Abstand« zum benutzten Werk hat. Hier hat die KI aus einem riesigen Datensatz ein komplett neues Porträt erschaffen und außerdem sind einige Künstler schon lange tot, sodass sich die Frage erübrigt.

Deswegen zur wichtigen Frage: Wer ist denn jetzt Urheber? Wenn eine Antwortmöglichkeit »Kommt drauf an, wahrscheinlich eher niemand« ist, dann sind wir jetzt Millionäre. Wir stoßen hier auf ein Gebiet, das keine höchstrichterliche Rechtsprechung aufweist. Die Künstlergruppe nutzte im Schaffensprozess für den *Belamy* ihre kreative Auswahlentscheidung und überarbeitete das Bild eventuell sogar mit der Unterschrift der KI, sodass eine Urheberschaft der Gruppe nicht vollkommen ausgeschlossen ist. Wahrscheinlich ist aber trotzdem niemand der Urheber des Porträts (auch nicht der Programmierer), weil die KI den absoluten Großteil der Arbeit machte und das Bild nach »Ansicht« von über 15 000 Porträts aus der Datenbank anfertigte. Es kommt also darauf an, ob die Maschine nur als Werkzeug genutzt wurde oder eigenständig (hier das Bild) erschaffen hat. Denn nur wenn ein Werk überhaupt vorliegt, kann es einen Urheber geben und ein solcher kann nur ein Mensch sein. Aber wenn kein Künstler existiert, wem steht dann der Wert des Kunstwerks zu? Und da kommen wir an die Stelle, an der ich zu Günther Jauch sage: »Ich würde gern meinen Telefonjoker nutzen, um die künstliche Intelligenz ChatGPT anzurufen.«

§ TESLA VERPFEIFT EIGENEN FAHRER

Eine Studie hat ergeben: Über die Hälfte der Deutschen spricht mit ihrem Auto. Nicht ohne Grund soll das Auto der beste Freund der Deutschen sein. Aber passt auf, welches Geheimnis ihr eurem Gefährt erzählt. Eurem 15 Jahre alten Peugeot wird egal sein, dass ihr letztens Kaugummis im Supermarkt geklaut habt. Aber könnt ihr auch den hochmodernen Autos vertrauen? Elektroautos sind in vielen Ländern keine Besonderheit mehr, jeder kennt das Geräusch, wenn sie schnurrend über die Straße fahren. Auch in Deutschland steht für Neukäufer eines fest: E-Autos sind die Zukunft.

Die berühmteste Marke dürfte wohl Elon Musks Tesla sein. Mittlerweile gibt es schon sechs verschiedene Baureihen, darunter die Modelle S, 3, X, Y.

Wer glaubt, die Namensgebung wäre Zufall, kennt wohl den Multimilliardär und »Internettroll« Elon Musk nicht. Der pubertäre Witz ist nur deshalb nicht hundertprozentig geglückt, weil Ford seine Rechte am Model E nicht hergeben wollte. Aufgrund der Klageandrohung habe Ford laut Musk den Traum von »SEXY« kaputtgemacht.

Aber was Tesla europäischen Kunden außerhalb der AGB (und die liest sowieso keiner) verschwiegen hat: Seine Autos sind nicht nur S3XY-Modelle, sie sind auch 31er-Modelle (Wer sich immer gefragt hat, warum 31 für »Verräter« steht: Die Zahl steht für § 31 Betäubungsmittelgesetz, welcher Strafmilderung verspricht, wenn man durch »freiwillige Offenbarung von Wissen« hilft, eine Drogenstraftat aufzudecken.). Warum das, fragt ihr euch? Das Tesla-Auto ist eine Petze. Es sammelt eure Daten und gibt diese im Ernstfall an die Polizei zur Strafverfolgung weiter.

Das kann euch nützen, aber auch schaden – was in jüngster Vergangenheit mehrere Fälle gezeigt haben:

Ein Berliner nimmt einem Motorradfahrer die Vorfahrt. Dieser wird schwer verletzt. Eigentlich ein klarer Tathergang. Aber eine gewichtige Sache deckte der Tesla des Berliners auf, als die Firma nach Einwilligung des Fahrers die aufgezeichneten Videos an die Ermittler herausgab. Der Motorradfahrer war viel zu schnell, er fuhr mit 140 km/h. Aufgrund dieser Geschwindigkeitsüberschreitung wog der Vorfahrtsverstoß nicht mehr so stark, und es winkte Strafmilderung.

Aber nicht nur Helfer, sondern auch Verräter kann das Auto sein. Mit 203 km/h knackte ein Tesla-Fahrer den Tagesrekord einer Blitzerfalle der Polizei. Erlaubt waren nur 80 Stundenkilometer. Die Ermittlungsbehörde forderte bei Tesla Daten an, und siehe da: Auch ohne Unfall gab die Firma diese raus. So kam ans Licht, dass der Wagen noch schneller unterwegs gewesen war als anfangs gemessen. Darauf folgten ein Strafverfahren und eine Anklage wegen eines illegalen Rennens (das man übrigens auch »gegen sich selbst« fahren kann).

Einem weiteren Berliner wurde die rollende Software zum Verhängnis. Dieser soll mit über 160 Sachen über eine Kreuzung gefahren sein. Nachdem er eine Ampel gerammt habe, soll er anschließend geflohen sein. Auch hier nutzte die Staatsanwaltschaft ihre neue Verkehrssünderfalle. Dort erhielt sie alle technischen Details samt hochauflösendem Videomaterial. Die Folge: eine hohe Geldstrafe und mindestens ein Jahr zu Fuß.

Aber darf Tesla überhaupt diese ganzen Daten sammeln und zur Verfügung stellen?

Die aus anderen Ländern bekannte Dashcam ist in Deutschland rechtlich immer noch aus Datenschutzgründen umstritten. Wie verhält es sich dann mit einem 360°-Dauervideo, welches zusätzlich noch Gaspedalstellung, Bremsstellung und vieles mehr aufzeichnet? Laut einem Urteil des BGH im Mai 2018 sei eine permanente anlasslose Aufzeichnung des Verkehrs nicht gestattet. Jedoch sei eine kurzzeitige anlassbezogene Speicherung vor und nach einem Unfall im Einzelfall zulässig. Das ist insbesondere in Teslas »Wächtermodus« nicht immer gegeben. So sagte der ehemalige Datenschutzbeauftragte des Landes Schleswig-Holstein bereits 2020, dass man Tesla eigentlich die Zulassung entziehen müsse, da sie gegen zahlreiche europarechtliche Vorschriften verstießen. Im Sommer 2022 ging der Bundesverband der Verbraucherzentrale gegen den Autohersteller vor, unter anderem wegen der mangelnden Aufklärung hinsichtlich des Datenschutzes. Was dabei rauskommt, steht noch aus.

Unabhängig davon können die Strafverfolger mobilitätsbedingte Nutzungsdaten gemäß §§ 94 ff. Strafprozessordnung anfordern, um Straftaten aufzudecken. Selbst wenn die Aufnahmen gegen die DSGVO verstießen, begründet dies nach Abwägung des Einzelfalls meist kein Verwertungsverbot.

Wir halten also fest: Ein Bankräuber sollte sich lieber keinen Tesla als Fluchtwagen kaufen. Aber es dürfte auch nicht jedem anderen Fahrer gefallen, dass jeder Tritt auf Gas- und Bremspedal überwacht wird und im Zweifelsfall das Auto nicht mehr der beste Freund, sondern eine Petze ist. Aber das geht in beide Richtungen und kann dem Fahrer natürlich auch helfen, eine Straftat aufzudecken.

Zwar könnt ihr der Datenübermittlung jederzeit widersprechen. Dann müsst ihr aber mit »eingeschränkter Funktionalität« und »ernsthaften Schäden« sowie »Funktionsunfähigkeit« rechnen. Das wird wohl kein Tesla-Fahrer riskieren. Also einfach an die Regeln halten, und euer neuer Tesla verpetzt euch auch nicht. Ohnehin sammeln auch fast alle anderen Autohersteller in irgendeiner Weise Daten von euch. Wirklich sicher könnt ihr euch also nur im Steinzeitmobil à la Fred Feuerstein sein.

Deswegen hat Deutschland jüngst eine Novelle zum autonomen Fahren verabschiedet, um den Gefahren und Chancen der fahrenden Software gerecht zu werden. Damit ist Deutschland der erste Staat auf der ganzen Welt, der in bestimmten Bereichen Autos ohne Fahrer erlaubt. Freut euch drauf, denn nun kann das Auto nicht mehr euch verpetzen, sondern ihr das Auto. Denn wer nicht am Steuer sitzt, kann auch keine Fehler machen.

§ BABY MACHT TESLA-AUTO AUTONOM

Wer hingegen Fehler macht, sind unsere Sprösslinge. Aber das ist ganz normal, schließlich gehört es zu jedem Lernprozess dazu, Dinge falsch zu machen. Und eigentlich ist die ganze Kindheit ein großer Lernprozess. Wahrscheinlich können alle Eltern Hunderte Geschichten davon erzählen, was ihre Kinder mal so für Unfug getrieben haben. Wären unsinnige Kindergeschichten ein Wettbewerb, hätte ein Kind aus den USA diesen wohl gewonnen … Einem Baby gelang dort das zweifelhafte Kunststück, der eigenen Mutter eine Rechnung über einen fünfstelligen Betrag ans Bein zu binden. Dabei ist es mittlerweile nichts Unübliches, Kinder am eigenen Smartphone spielen zu lassen. Vielleicht habt ihr vor ein paar Jahren auch das Video gesehen, in dem ein Kleinkind völlig verwundert über eine Zeitschrift aus Papier wischt, anstatt umzublättern, und bei ausbleibender Veränderung des Inhalts »kaputt« sagt. Nur, dass das Überlassen eines Smartphones nicht nur zu solchen Lachern führen kann, sondern auch zu ganz anderen ungeahnten Folgen.

Der Nachkömmling der betroffenen Mutter vollbrachte es tatsächlich, über die Tesla-App eine Software zu kaufen, die autonomes Fahren ermöglicht. Dank des Babys kann die Mutter also zukünftig das Auto selbst einparken lassen. Ein Service, auf den die Dame wohl hätte verzichten können. Ihr wäre es lieber gewesen, wenn die 10 000 Dollar auf ihrem Konto geblieben wären. Bemerkt hat sie den teuren Kauf übrigens erst, als die Kontoauszüge kamen.

Kleine Randnotiz: Es kam in der Vergangenheit häufiger zu irrtümlichen Käufen über die App (einmal sogar von einem Mann, der angeblich eine Bestellung auslöste, indem er sich auf sein Smartphone setzte), weshalb in den USA eine weitere Widerrufsoption besteht, die bis 48 Stunden nach Kauf besteht. Das war aber keine Hilfe für die Mutter, sie bemerkte den Kauf nämlich erst gut einen Monat später. Auch nach EU-Recht hätte die Frau rechtlich keine Grundlage mehr gehabt, den Kauf zu widerrufen, denn das EU-weite Widerrufsrecht gilt nur bis 14 Tage nach Kauf – und bei digitalen Produkten kann es sogar ganz erlöschen, wenn man dem Erlöschen vorher zugestimmt hat.

In den USA musste die Frau also auf die Kulanz des Unternehmens hoffen. Vielleicht hätte sie bei Elon Musk über Twitter anfragen sollen? Schauen wir uns mal an, ob die Dame in Deutschland mehr Erfolg gehabt hätte … Wer das siebte Lebensjahr nicht vollendet hat, ist geschäftsunfähig. Also können Kleinkinder, wie das Wort schon sagt, keine wirksamen Geschäfte abschließen. Wenn jetzt also das Baby eigenhändig zu Tesla marschieren und die Software kaufen sollte, dann dürfte Tesla diesen Vertrag nicht eingehen. Hier hat das Kind den Kauf jedoch über die App im Namen der Mutter getätigt. Davon konnte Tesla nichts ahnen.

Im Zivilrecht könnte hier deshalb die »Rechtsscheinhaftung« gelten. Danach muss jemand, der in zurechenbarer Weise einen Rechtsschein nach außen gesetzt hat, an den der Vertragspartner glauben musste, diesen gegen sich gelten lassen. Da Benutzerkonten im Normalfall auch nur für die Benutzer zugänglich sind, können Unternehmen also davon ausgehen, dass die richtige Person den Kauf getätigt hat. Außerdem hätte die Mutter ein Auge auf ihr Kind werfen und erkennen können, was da gerade so getrieben wird. Auf der anderen Seite kann man sein Kind nicht ständig unter Kontrolle haben. Und wenn so etwas noch nie passiert ist, stellt sich die Frage, ob die Mutter damit wirklich hätte rechnen müssen. Es ist also unklar, wie ein deutsches Gericht in diesem Fall entscheiden würde. Hätte die Mutter Pech, wäre tatsächlich ein Vertrag zwischen ihr und Tesla zustande gekommen. Dann könnte Tesla auch in Deutschland auf der Zahlung bestehen.

Aus dieser Geschichte gibt es einige Take-aways. Das Wichtigste lautet wohl, dass Smartphones nach wie vor nicht für kleine Kinder gemacht sind. Also: Aufpassen, was die Kids so mit dem eigenen Smartphone treiben. Es kann manchmal peinlich und unangenehm oder wie hier sehr teuer werden. Positiv hingegen ist immerhin, dass das Auto jetzt autonom fahren kann. Juhu! Das ist dann wohl die Art von Geschichte, die später mal auf einem Geburtstag erzählt wird. Hoffentlich können bis dahin alle darüber lachen … Die Dame bat Tesla übrigens, die App so umzustellen, dass zukünftig Passwörter bei Käufen angegeben werden müssen. So haben zumindest andere noch etwas von ihrem Unglück.

Dafür zahlt man doch gerne Eintritt.

ICH GLAUB, MICH TRITT EIN KAMEL! TIERE MACHEN SACHEN

Ach ja, unsere geliebten Tiere! Egal, ob es um klassische Haustiere wie Hund, Katze oder Kaninchen geht oder um Tiere mit so lustigen Namen wie Axolotl, Bartagamen und Dikdiks. Oder aber um die großen, wilden Tiere wie Elefanten, Glaskopfhirsche, Kamele und den Mishmi-Takin – sie alle sind auf ihre eigene Art und Weise faszinierend.

Keine Sorge, das hier ist keine Tierdoku auf n-tv. Wir beschäftigen uns also nicht mit dem Balzverhalten des Seidenlaubenvogels. Wir gehen kuriosen Rechtsfragen nach, die die Tierwelt so mit sich bringt. Wie wir gleich sehen werden, gibt es nichts, was es im Tierreich nicht gibt!

Kann man Tieren den Prozess machen? Ich glaub', mich tritt ein Pferd – war es wirklich erlaubt, über Tiere die Todesstrafe zu verhängen?! Oder wurde doch eher aus einer Mücke ein Elefant gemacht? Was haben Tierhalter zu befürchten, wenn ihr Kamel Schabernack treibt? Dürften geliebte Haustiere gepfändet werden, oder hatten die dafür Verantwortlichen einen Vogel? Wir beleuchten nicht nur die Fälle der herkömmlichen Haustiere, sondern auch Geschichten und Tiere, die bekannt sind wie ein bunter Hund: Grumpy Cat, Kryptohamster Mr. Goxx, Promihuhn Sieglinde oder Selfieaffe Naruto. Also alle bitte bereit machen, es wird tierisch interessant.

§ WARUM ES WICHTIG ZU KLÄREN IST, OB KAMELE NÜTZLICHE HAUSTIERE SIND

Schon mal darüber nachgedacht, ob Kamele nützliche Haustiere in Deutschland sind? Nein? Warum auch … Doch genau diese Frage musste das Oberlandesgericht Stuttgart im Jahr 2018 beantworten. Wenig verwunderlich, wenn man bedenkt, dass in Deutschland ohnehin gefühlt alles irgendwie geregelt wird. Doch was ist genau passiert und wieso spielt es überhaupt eine Rolle, ob Kamele Haustiere sind oder nicht?

Eine damals 27-Jährige und ihre Mutter nahmen 2012 an einem Kamelritt teil. Der Halter führte beide Tiere an einer Kette und lief selbst zwischen den Kamelen. Plötzlich erschraken die Tiere, und eines der beiden machte eine ruckartige Bewegung, die die Mutter aus fast 1,90 Metern zu Fall brachte. Sie trug keinen Helm und zog sich schwere Verletzungen zu. Danach konnte sie nur noch eingeschränkt arbeiten.

Jetzt kommen wir wieder zur Ausgangsfrage. Um direkt für Klarheit zu sorgen: Ja, es macht für die Haftung des Halters bei einem Unfall tatsächlich einen Unterschied, ob es sich bei seinen Tieren um nützliche Haustiere handelt oder nicht. Denn unsere tierischen Freunde können uns in große Schwierigkeiten mit dem Gesetz bringen. Das passiert gar nicht mal so selten, schließlich können unsere Vierbeiner schnell großes Unheil anrichten und teilweise auch zur Gefahr für andere Menschen, Tiere oder Gegenstände werden. Das muss selbstverständlich – wie alles in Deutschland – gesetzlich geregelt werden. Es wäre schließlich für die Katz, wenn der Geschädigte leer ausgehen würde, weil ein Tier und nicht ein Mensch den Schaden verursacht hat. Daher führte der Gesetzgeber den § 833 BGB ein. Der besagt, dass die Halter haften müssen, wenn die eigenen Tiere Blödsinn anrichten. Logisch, schließlich können die Hunde und Katzen dieser Welt nicht selbst in den eigenen Geldbeutel greifen, um einen Schaden auszugleichen. Es gibt jedoch eine Ausnahme. Laut § 833 S. 2 BGB gilt die Haftung nicht, wenn es sich bei dem Tier um ein »nützliches Haustier« handelt, also wenn das Tier »dem Beruf, der Erwerbstätigkeit oder dem Unterhalt des Tierhalters zu dienen bestimmt ist«. Der Tierhalter selbst argumentierte damit, dass er mit den Kamelen Geld verdiene, sie also der Erwerbstätigkeit dienten.

Gerichte wenden in solchen Fällen einen raffinierten Trick an. Sie stellen stets auf die sogenannte inländische Verkehrsauffassung ab, um zu prüfen, ob die Tiere als nützliche Haustiere zählen können. Das bedeutet, dass sich die Richter die folgende Frage stellen: Handelt es sich bei dem Tier um ein für Deutschland übliches Haustier? Die Antwort hier: Nein! Folglich sind Kamele keine Haustiere (wenn, dann »Luxustiere«) und der Halter muss für Unfälle haften. Und das sogar unabhängig davon, ob er selbst für den Unfall verantwortlich ist.

Die Richter sprachen der Reiterin schließlich 70 000 Euro Schmerzensgeld und Schadensersatz für den Verdienstausfall in Höhe von 21 000 Euro zu. Dabei wurde noch die Frage diskutiert, ob die Frau ein Mitverschulden traf, da sie keinen Helm trug. Sollte ein Mitverschulden vorliegen, würde das Schmerzensgeld gekürzt werden. Allerdings wurde das hier abgelehnt, weil der Kamelhalter von einem Helm abgeraten hatte. Darüber hinaus urteilten die Stuttgarter Richter auch, dass der Halter nicht beide Kamele gleichzeitig hätte führen dürfen. So habe er nämlich nicht ausreichend auf die Kamele einwirken können, um die Reiterin vor der Schreckreaktion zu schützen.

Fazit: Wer überlegt hat, sich ein Kamel in den Garten zu stellen, sollte das noch einmal überdenken. Das ist nämlich nicht nur nicht artgerecht, sondern es kann auch wirklich teuer werden, sollte das Kamel dann Unheil anrichten.

Oberlandesgericht Stuttgart, Urteil vom 07.06.2018, Az. 13 U 194/17

§ WILDER HUND BEISST PROMIHUHN SIEGLINDE TOT

Der 04.06.2017 war kein Tag wie jeder andere auf dem Hof: Huhn Sieglinde pickte friedlich vor sich hin, während ihre Halterin den Stall ausmistete. Plötzlich kam ein nicht angeleinter Hund und biss das Huhn zu Tode. Sieglinde war nicht irgendjemand, sie war ein Star – spielte sogar im ARD-Film *Wir sind doch Schwestern* mit. Was ein talentiertes

Huhn ausmacht? Es ist ruhiger und daher besser für Dreharbeiten geeignet. Sieglinde wurde sogar trainiert und ausgebildet. Ein trauriger Tag für die deutsche TV-Welt. Der Schmerz für die Halterin (und natürlich für alle Fans des talentierten Vogels) saß tief. So tief, dass er, zumindest für die Halterin, nur durch 4000 Euro Schadensersatz kompensiert werden konnte. Der Hundehalter sah das nicht ein und bot für den Schaden »einen Zehner« an. Eine Einigung kam nicht zustande, also ab vors Gericht!

Machen wir doch ein Quiz aus diesem skurrilen Fall. Was hat die Halterin für Sieglinde bekommen?

A: Tatsächlich nur einen Zehner, weil das der Wert eines Huhns ist.

B: 615 Euro, weil das die Kosten für die Filmkarriere des Huhns deckt.

C: 4000 Euro, weil das der Marktwert Sieglindes war.

4000 Euro Schadensersatz sind doch etwas viel, empfand das Amtsgericht Geldern. Die Richter ordneten eine Zahlung von 600 Euro als Ersatz der Ausbildungskosten für Sieglinde an (ja, eine Ausbildung zum TV-Star kostet in der Welt der Hühner 600 Euro) sowie eine Zahlung von 15 Euro, was den Kosten der Anschaffung eines neuen Huhns entspricht. Diese 615 Euro wurden dann halbiert, da Sieglindes Halterin ein Mitverschulden zugesprochen wurde. Sie hätte laut Ansicht der Richter nämlich dafür Sorge tragen sollen, dass das Huhn nicht allein herumläuft und sich so Gefahren aussetzt.

Wie jetzt?! Die Hälfte von 615 Euro, also 307,50 Euro, stand beim Quiz gar nicht zur Auswahl! Keine Sorge, die Halterin ging in Revision. Das Landgericht Kleve konnte kein Mitverschulden der Halterin feststellen. Sieglinde befand sich nämlich zum Zeitpunkt der Tötung auf deren Grundstück. Es könne ihr nicht zugemutet werden, ihre Tiere gegen nicht angeleinte Hunde schützen zu müssen, die sich unbefugten Zugang zu ihrem Hof verschaffen. Die Halbierung des Schadensersatzes lehnte das Gericht in Kleve also ab, ansonsten stimmten die Richter den Kollegen aus Geldern jedoch zu.

Aber wieso musste der Halter nur 615 Euro zahlen, wenn die Halterin behauptet, Sieglinde sei 4000 Euro wert? Simpel: Das Gericht wusste, wie hoch die Ausbildungskosten für Sieglinde waren, und orientierte sich daran. Sieglinde war in naher Zukunft auch nicht fix für weitere Dreharbeiten gebucht. Außerdem gibt es (man möge es kaum glauben) keinen verlässlichen Marktwert für TV-Hühner. Kurz gesagt: Die Richter sahen keinen Grund, den Schaden auf mehr als die Ausgaben für das Huhn zu bemessen.

So richtig zufrieden war mit dem Urteil wohl keine der Parteien. Der Hundehalter hätte nie gedacht, dass er mal über 600 Euro für ein Huhn zahlen müsste. Währenddessen trauert Sieglindes Halterin noch immer, zum einen über den Verlust ihres geliebten und talentierten Huhns und zum anderen darüber, dass ihr »nur« 615 Euro zugesprochen wurden. Schließlich können für Hühner wie Sieglinde hohe dreistellige Beträge für einzelne Drehtage verlangt werden. Ein kleiner Trost: Der Richter räumte ein, dass es nicht selbstverständlich sei, ein Huhn wie Sieglinde zu finden. »Es gibt keine Tierhandlung für Filmstars«, sagte er. So kann die teure Ausbildung zum TV-Huhn auch erfolglos bleiben. Kaufen kann sich die ehemalige Halterin von dieser Anerkennung allerdings nichts.

Landgericht Kleve, Urteil vom 17.01.2020, Az. 5 S 25/19

§ VOM EIGENEN HUND GEBISSEN – SCHMERZENSGELD VON DER STADT

Zugegeben: Von einem Hund gebissen zu werden, ist kein Wunschszenario, selbst wenn man nicht Sieglinde heißt (Ruhe in Frieden). Vom eigenen Hund gebissen zu werden, ist für viele Halter unvorstellbar. Doch genau das ist einer Frau 1997 passiert. Aber jetzt kommt der Dreh an der Geschichte: Die Frau wurde von ihrem eigenen Hund gebissen, zahlen musste dafür aber die Stadt. Konkret sprach 1997 das Landgericht Bückeburg der Hundehalterin des bissigen Vierbeiners ein Schmerzensgeld in Höhe von 1000 DM zu, weil sie schwere Verletzungen davongetragen hatte. Klingt unlogisch, war aber so!

Aus welchem Grund sollte denn die Stadt dafür zahlen? Noch mal von vorn. Die Frau ging an einem regnerischen Tag mit ihrer Hündin spazieren, als diese sich plötzlich auf den Boden schmiss und jaulte.

Als die Frau ihr geliebtes Haustier beruhigen wollte, biss die Hündin zu. Bei der Frage, warum das passierte, kam dann die Stadt ins Spiel. Denn: Beim Biss stand nicht nur die Halterin unter Strom, die Hündin selbst tat das nämlich auch – und zwar wortwörtlich! Eine von der Dame beauftragte Überprüfung ergab, dass ein Stromschlag zum unerklärlichen Verhalten der Hündin geführt haben musste – der Boden war wohl elektrisiert gewesen. Die Stadt hat deshalb behauptet, die Hündin der Halterin habe den Stromschlag schließlich nur erlitten, weil sie gegen einen Strommast gepinkelt habe. Tatsächlich hatten sich aber mehrere ähnliche Vorfälle am selben Tag ereignet. Vor Gericht stellte sich heraus, dass ein am Boden liegendes Stromkabel seit 20 Jahren nicht gewartet worden war. Die Weihnachtsbeleuchtung war von diesen Kabeln mit einer Spannung von 220 Volt betrieben worden. Das Gericht sah es als eine Verletzung der Sorgfaltspflicht an, dass die Kabel solch eine lange Zeit nicht auf Schwachstellen überprüft worden waren. Darum also musste die Stadt für den Hundebiss zahlen. Am Ende doch nicht so unlogisch.

Landgericht Bückeburg, Urteil vom 24.04.1997, Az. 2 O 277/96

§ ZOOBESUCHER AUFS ÜBELSTE BESCHIMPFT: STRAFE FÜR PAPAGEIEN-GANG?

Folgendes Szenario: Ein Zoobesuch mit der Familie, alles läuft harmonisch. Aus dem Nichts wird man aber beleidigt und ausgelacht. Die Schuldigen? Fünf Papageien! 2020 wurde dieses Quintett aus dem Lincolnshire Wildlife Park in Großbritannien sogar richtig berühmt. Die fünf Graupapageien Billy, Elsie, Eric, Jade und Tyson wurden von den Zoomitarbeitern aus einem Safaripark adoptiert und zunächst zu fünft in einer Station gehalten. In ihrem gemeinsamen Käfig fingen sie dann an, sich gegenseitig Schimpfwörter beizubringen, die sie bereits gelernt hatten. Als die Mitarbeiter die verdorbenen Worte hörten, mussten sie natürlich lachen. Das schauten sich die Vögel dann auch ab. Und als die Vögel in ein Freigehege gelassen wurden, fingen sie an, die Besucher zu beleidigen und sich so gegenseitig hochzuschaukeln. Am häufigsten sagten sie den Menschen wohl, dass sie sich doch bitte verpissen sollten. Immer, wenn ein Papagei anfing zu schimpfen, lachten die anderen herzhaft.

Nur, was tun, wenn man davon als Zoobesucher *not amused* ist? Zurückzubeleidigen ist wohl keine Option. Die Vögel verstehen einen schließlich nicht, sondern plappern nur nach, was andere ihnen vorgesprochen haben. Außerdem will man den eigenen Kindern ein Vorbild sein. Was bleibt also einem anständigen britischen Bürger? Vielleicht, den Zoo auf Schadensersatz zu verklagen? Wie wir gelernt haben, stehen schließlich die Halter in der Verantwortung, wenn die eigenen Tiere Schäden anrichten. Einfache Sache, oder?

Schauen wir uns mal an, wie die Rechtslage in Deutschland zu dieser zugegebenermaßen unterhaltsamen Thematik aussähe: Laut dem StGB können Beleidigungen mit einer Freiheitsstrafe bis zu einem Jahr oder aber einer Geldstrafe geahndet werden. Zwei Probleme: Zum einen sind die Vögel schon eingesperrt. Und kaum zu glauben für die Tierhalter, aber unsere geliebten pelzigen Freunde werden zivilrechtlich nicht wie Menschen, sondern wie Sachen behandelt (§ 90a BGB). Folglich können sie sich nicht strafbar machen.

Kann also der Tierhalter belangt werden? Nicht wirklich. Eine Anzeige wegen Beleidigung fällt flach, da der Tierhalter selbst niemanden beleidigt hat und ihm zumindest nicht nachzuweisen ist, dass die Tierchen gezielt darauf trainiert wurden, solche Beleidigungen auszusprechen. Eine zivilrechtliche Haftung ist ebenfalls unwahrscheinlich. Nach § 833 S. 1 BGB haftet der Halter dann, wenn seine Tiere einen Menschen töten, dessen Körper oder Gesundheit schädigen oder eine Sache zerstören. Beleidigungen sind davon aber nicht umfasst. Das bedeutet also tatsächlich, dass Schimpfattacken durch ein Tier straffrei bleiben. Irgendwie logisch, wenn man bedenkt, dass Papageien eigentlich nicht wissen, was sie da sagen. Heißt also: Sollte es tatsächlich solch einen Fall in Deutschland geben, würde niemand rechtlich belangt werden, und Schmerzensgeld würde es für den Beleidigten wohl auch nicht geben.

Und im Originalfall in England? Da hatte das Spektakel auch keine juristischen Konsequenzen. Es gab nicht mal eine Klage, und wie heißt es so schön: Wo kein Kläger, da kein Richter. Die Zoobesucher amüsierten sich eher über die Äußerungen der Papageien, als dass sie sich ernsthaft gekränkt fühlten. Ganz ohne Folgen waren die Schimpftiraden dann aber doch nicht. Die Mitarbeiter des Zoos entschieden sich dazu, die fünf Vögel voneinander zu trennen. Man hatte die Hoffnung, dass die Beleidigungen dann ein Ende nehmen würden. Hoffen wir mal für den Zoo, dass die Rechnung aufgeht. Nicht dass die fünf Papageien ihren neuen Kollegen in den anderen Gehegen dann ihr Vokabular beibringen und am Ende alle Vögel im Zoo zu Beleidigungen ansetzen. Irgendwann hört schließlich jeder Spaß mal auf. Auch wenn das die Besucherzahlen bestimmt steigen lassen würde …

§ TIERE VOR GERICHT – ICH GLAUBE, MEIN SCHWEIN PFEIFT!

Ein Elefant, der von einem Gericht zum Tode verurteilt wurde? Wie kann das sein, wenn Tiere doch wie Sachen zu behandeln sind? Tatsächlich kam es in der Vergangenheit oft zu Fällen, in denen Tieren der Prozess gemacht wurde … Blicken wir mal auf einige davon zurück.

Insbesondere im Mittelalter galten – gelinde gesagt – bizarre Regeln. Ein Schwein auf der Anklagebank war nicht unüblich. So wurde im Jahr 1266 ein Schwein in Paris verbrannt, weil es über ein Kind hergefallen war. Die Prozesse waren oftmals überraschend förmlich. Den Tieren wurde ein Rechtsbeistand gewährt, Zeugen wurden vernommen, und auch die Anklageschrift wurde vorgelesen, als würde da ein Mensch sitzen. Auch für die tierischen Angeklagten galt übrigens, dass diese im Zweifel freizulassen seien. Die Vollstreckungsmethoden der Strafen waren dabei nicht weniger grausam als bei Menschen. So wurde (schon wieder) ein Schwein im 16. Jahrhundert auf ein Rad geflochten, nachdem ihm die Knochen gebrochen worden waren – die Tiere hatten es damals echt nicht leicht … Und es wird noch abstruser: Wieder in Frankreich und wieder Schweine, und diesmal wurde sogar eine ganze Herde in Untersuchungshaft genommen, weil sie einen Menschen getötet haben soll. Was Tiere in der U-Haft wohl den ganzen

Tag über so machen? Am Ende wurde nur das kriminellste Schwein der Herde verurteilt – wahrscheinlich hat die U-Haft die Bande kleingekriegt und ein schwaches Schwein dazu gebracht, den Kollegen zu verpfeifen …

Apropos Schweine und Pfeifen: Die Redewendung »Mein Schwein pfeift« ist auf das Berlin der Zwanzigerjahre zurückzuführen. Der Slang bezog sich auf runde Wasserkochkessel, die aussehen wie Sparschweine und pfeifen, wenn das Wasser kocht. Gern geschehen, falls diese Frage mal in einem Pub-Quiz vorkommt. ;)

Zurück zum Thema, denn auch zivilrechtlich haben sich unsere Vorfahren den einen oder anderen Kniff gegen Tiere einfallen lassen. Eine Kirche kam auf die Idee, Unterlassungsklagen gegen Ratten zu erheben. Die Hoffnung war, dass dann keine Schäden mehr an der Kirche entstehen würden. Anscheinend bekamen jedoch die Nager das Memo nicht, wirklich was gebracht hat die Klage nämlich nicht – welch Überraschung!

Keine Sorge, das war es noch nicht an Albernheiten. Bis vor knapp 200 Jahren galt nämlich noch, dass ein Mensch, der sich sexuell an einem Tier verging, eine Prügelstrafe bekam, während der unschuldige Vierbeiner exekutiert werden musste (die Schande der Tat sollte beseitigt werden). Die Logik dahinter muss erst mal verstanden werden …

Bei all diesen Geschichten drängt sich die übergeordnete Frage des »Warum?!« in den Vordergrund. Und tatsächlich wird darüber heute noch diskutiert. Manche nehmen an, die Prozesse galten der Belustigung des Volkes (der Humor zu Mittelalterzeiten bleibt wohl für immer ein Rätsel). Andere glauben, dass Juristen die Prozesse sehr ernst nahmen und ihre Macht ausüben wollten. Wie dem auch sei, wirklich verstehen kann das Vorgehen heute wohl niemand mehr. Man stelle sich vor, es hätte damals schon PETA gegeben – die Aktivisten wären vor Wut geplatzt. Wobei, wenn man sich so manche Praktik der modernen Zeit anschaut, die noch bis vor Kurzem erlaubt war (zum Beispiel das Kükenschreddern oder betäubungslose Ferkelkastration), dann sieht man, dass wir uns im Hinblick auf Tierrechte letztlich nur wenig vom Mittelalter entfernt haben. Und das, obwohl sich die Tiere nichts haben zuschulden kommen lassen.

Auch im letzten Jahrhundert wurden nicht nur Menschen zum Tode verurteilt. In den USA (wo auch sonst) wurde *murderous* Mary im Jahr 1916 der Prozess gemacht. Ein Pfleger hatte Elefant Mary in Panik versetzt, und die hatte ihn daraufhin zerquetscht. Leider konnte Mary sich nicht auf Notwehr berufen und wurde tatsächlich an einem Kran erhängt. 3000 sensationsgeile Amerikaner sahen dabei zu, wie der Elefant, der in Panik geraten war, ein unwürdiges Ende fand.

Einmal erging jedoch Gnade vor Recht. 1994 (kein Witz, vor nicht mal 30 Jahren) wurde in den Vereinigten Staaten ein Hund nach 36 Monaten Haft kurz vor Vollstreckung des Todesurteils begnadigt. Grund für die Strafe: Er hatte einem Mädchen in die Lippe gebissen.

Heute werden wir in Deutschland allerdings sicherlich keinen Fall mehr sehen, in dem beispielsweise eine Giraffe angeklagt wird, weil sie dem bösen Nachbarn die Blätter vom Baum frisst. Wenn unsere tierischen Freunde Schäden anrichten, haftet der Halter – wie beispielsweise im Fall des totgebissenen Huhns Sieglinde. In diesem Fall ist es für die Tiere einmal von Vorteil, dass sie nach dem BGB Sachen gleichgestellt sind.

§ AFFENSELFIE – COPYRIGHT FÜR NARUTO?

Wenn wir eines in den vergangenen Jahren gelernt haben, dann, dass sich Fotos und Videos von Tieren im Internet schneller verbreiten als die News, dass Bibi und Julienco getrennt sind. Erst recht, wenn der Fotograf kein anderer ist als das Tier selbst: Breit in die Kamera grinsend schoss der Makake Naruto aus Indonesien ein Selfie, das in kurzer Zeit zu einem der bekanntesten Fotos der Jahre 2014 und 2015 wurde. Viele erfreuen sich an dem Bild, nur nicht der Mann, der es inszeniert hatte. Das war der Brite David Slater im Jahr 2011. Im Rahmen eines Experiments hatte er auf der indonesischen Insel Sulawesi eine Kamera installiert. Die Idee lag darin, Tiere mit Futter anzulocken, in der Hoffnung, dass sie den Auslöser der Kamera betätigen – mit Erfolg! Der Brite staunte wohl nicht schlecht, als der Affe mehrere Selbstporträts mit der aufgestellten Kamera schoss, auf denen er grinste, als hätte er eben ein echtes Einhorn oder David Hasselhoff in Baywatch-Montur gesehen.

Wahrscheinlich grinste Slater selbst nicht weniger breit, denn er verkaufte die Bilder an einen Verlag, der diese dann in einem Band veröffentlichte – Naruto (der Name des Makaken) selbst wird er dafür allerdings nicht um Erlaubnis gebeten haben.

Wo wir wieder beim Thema Rechte der Tiere sind. Und wer setzt sich für diese ein? Richtig: PETA, die weltweit größte Tierschutzorganisation. Die waren weniger erfreut über die Kommerzialisierung des Selfies und klagten deshalb sowohl den Fotografen als auch den Verlag an. Die Klage stützte sich darauf, dass die Rechte der Bilder bei keinem anderen als dem Affen Naruto selbst liegen würden. PETA schlug daher vor, dass die Einnahmen zukünftig dem Artenschutz der Makaken zugutekommen.

Und ehe sich der Fotograf versah, landete er aufgrund des Affenfotos vor einem US-Gericht. Slater beteuerte dort, dass er durch die Verbreitung des Bildes im Internet große finanzielle Einbuße gehabt habe. Seiner Meinung nach war er selbst nach wie vor der Urheber der Selfies, schließlich war er es, der die Kameras aufgestellt hatte. Und wer sollte sonst das Copyright haben, wenn nicht er? Ein Affe?! Sicher nicht (so seine Argumentation).

Zumindest in Deutschland hätte Naruto keine Urheberrechte an dem Foto gehabt. Ob der Fotograf hier jedoch die Rechte besäße, ist eher schwierig zu beantworten. Dafür ist nämlich der Ablauf der Aktion entscheidend. Kurz gesagt kommt es darauf an, ob das Selfie Produkt einer detaillierten Planung Slaters war oder ob Naruto selbst derartige Akzente gesetzt hat, dass das Foto nicht mehr genug auf der Planung des Briten beruhte.

Tatsächlich gab das amerikanische Gericht Slater in dieser Hinsicht recht: Tiere haben keine eigenen Rechte, geschweige denn Urheberrechte – etwas, was PETA hätte wissen müssen. Daher wurde die Klage vom Gericht sogar als »unseriös« abgestempelt. Das Gericht warf der Organisation vor, nur im eigenen Interesse und nicht in dem des Affen zu handeln. Naruto selbst wird wohl nicht bei der Tierschutzorganisation angerufen und darum gebeten haben, Slater zu verklagen …

Nicht mal das Prädikat »netter Versuch« gab es für die Tierschützer. Zwar gewann Slater, jedoch kam ihn der Prozess zunächst teuer zu stehen. Durch die Verfahrenskosten war er zwischenzeitlich finanziell ruiniert. Am Ende des Streits konnte der Fotograf nicht einmal mehr zu den Verhandlungen kommen, weil ihm das Geld für die Flüge fehlte. Schlussendlich konnte Slater aber aufatmen: PETA wurden die Anwaltskosten des Fotografen auferlegt, was in den Vereinigten Staaten eher unüblich ist. Fast wäre es sogar zu einem außergerichtlichen Vergleich gekommen. Die beiden Parteien einigten sich nämlich darauf, dass der Brite ein Viertel der mit dem Bild generierten Einnahmen spenden sollte. Das Gericht schob dem jedoch einen Riegel vor. PETA sollte nämlich nicht durch solches Taktieren einen Gewinn für die eigenen Interessen herausschlagen.

Ende gut, alles gut für Slater? Irgendwie schon, zumindest ein bisschen. Schließlich bekam der Fotograf die Urheberrechte zugesprochen und darüber hinaus das Recht, Verletzungen gegen diese einzuklagen. Somit sollte er fortan auch gegen unerlaubte Verbreitungen im Internet vorgehen können. Vielleicht kann er so einen Teil des Geldes wieder reinholen, das ihm bislang flöten ging.

§ SIEG VOR GERICHT – EIN GRUND ZUM LÄCHELN FÜR GRUMPY CAT?

Für diesen Fall blicken wir nicht auf ein breites Affengrinsen, sondern auf einen wahren Miesepeter. In den Vereinigten Staaten erhielt eine Katze mindestens 710 000 Dollar Schadensersatz. Dabei handelt es sich nicht um irgendeine Katze: Nein, es geht um Grumpy Cat. Für alle, denen Grumpy Cat kein Begriff ist: Die Katze war beziehungsweise ist ein Internethit. 2012 tauchte ein Foto des Stubentigers auf der Plattform Reddit auf, ehe ein YouTube-Video folgte, und prompt war ein Star geboren. Dass die Katze überhaupt so berühmt ist, liegt an ihren mürrischen Gesichtszügen (leider litt Grumpy Cat, mit richtigem Namen Tardar Sauce, auch an Kleinwuchs). Grumpy Cats Besitzerin machte ihr Haustier zu einer Marke und gründete die Firma Grumpy

Cat Limited, um mit dem Kätzchen so richtig viel Asche, äh, Katzenstreu, zu machen. Und so hat die wahrscheinlich berühmteste Katze der Welt auch nach ihrem bedauerlichen Ableben noch fast 9 Millionen Fans auf Facebook sowie 2,6 Millionen auf Instagram. Darüber hinaus hat Grumpy Cat sogar eine Wachsfigur im Madame Tussauds in San Francisco (wer kann das schon von sich behaupten?).

Ein amerikanischer Kaffeehersteller namens Grenade wollte von dem Hype profitieren und bot einen »Grumppuccino« an. Das Recht, Kaffees mit diesem Namen zu verkaufen, ließ sich das Unternehmen nicht gerade wenig Geld kosten: 150 000 US-Dollar wurden für die Nutzungsrechte gezahlt. Ein witziges Motiv für T-Shirts, dachte sich das Unternehmen wohl irgendwann. Problem: Vertraglich war es nicht festgelegt, dass das Motiv der Katze für T-Shirts und Kaffeebohnenverpackungen genutzt werden darf.

Das war Grumpy Cats Besitzerin Tabatha Bundesen ein Dorn im Auge, um es milde auszudrücken. Sie ging juristisch wegen der Verletzung von Marken- und Urheberrechten gegen das Kaffeeunternehmen vor. Auf offene Arme ist sie mit ihrer Klage logischerweise nicht gestoßen. Die Anwälte von Grenade hielten der Klage nämlich entgegen, dass Bundesen sich selbst nicht an einige vertragliche Vereinbarungen gehalten haben soll. Zum Beispiel sei der Kaffee des Unternehmens nicht ausreichend auf Grumpy Cats Social-Media-Kanälen beworben worden. Darüber hinaus, haltet euch fest, habe die Halterin versprochen, dass die mürrische Katze bald Teil eines Hollywoodfilms mit Will Ferrell und Jack Black werden sollte, wovon sich das Unternehmen steigende Verkaufszahlen versprochen hatte. Diese Abmachung wurde jedoch nicht in die Tat umgesetzt.

Ein Gericht in Kalifornien musste über den Fall entscheiden, insgesamt wurde eine Woche lang verhandelt. Am Ende bekam die Katze, die sogar höchstpersönlich vor Gericht erschien, in zwei von fünf Punkten den Zuspruch von den Richtern. Insgesamt wurden Grumpy Cat Limited 480 000 US-Dollar wegen der Verletzung von Markenrechten (Trademark) und 230 000 US-Dollar wegen der Verletzung von Urheberrechten (Copyright) zugesprochen. In Summe somit 710 000 US-Dollar für Grumpy Cat.

Das wurde also teuer für das Kaffeeunternehmen. Leider weilt Grumpy Cat nicht mehr unter uns, seine Legende lebt aber weiter. Auch heute werden noch aktiv Fotos der Katze auf den sozialen Medien gepostet, wahrscheinlich sind die meisten von uns sogar irgendwann mal einem Meme der Berühmtheit begegnet. Denn wie heißt es so schön: Das Internet vergisst nie! Erst recht keine Katze mit mürrischem Gesicht.

§ SPEKULATIONEN AUF DEM HAMSTERRAD: WIE ERFOLGREICH WAR DER HAMSTER-BROKER MR. GOXX?

Wer mit Krypto handelt, braucht ein gewisses Know-how (und oft eine Menge Glück), um damit Erfolge einzufahren, oder? Tatsächlich reicht manchmal auch ein gutes Bauchgefühl – auch, wenn der Bauch flauschig und mit Fell bedeckt ist …

Dass Tiere besondere Fähigkeiten haben, ist nichts Neues. Schaut man sich mal auf Plattformen wie YouTube um, könnte man meinen, dass manche Tiere verkleidete Menschen sind. Sportliche, musizierende oder anderweitig talentierte Vierbeiner sind da nichts Besonderes mehr (mein Favorit sind Volleyball spielende Hunde … mittlerweile reichlich auf YouTube zu finden). Aber ein Hamster, der mit Krypto handelt? Das scheint dann doch eher ungewöhnlich. Achtung, anschnallen: Der Kryptohamster hat zwischenzeitlich mit einer Kurssteigerung von fast 50 Prozent mehr Gewinne eingefahren als beispielsweise Starinvestor Warren Buffet (zumindest prozentual gesehen).

Wie kam es zu dieser steilen Karriere? Der Hamster gehörte dem Twitter-User *Mr. Goxx*. Das Tier selbst hieß gleich wie sein Besitzer und »handelte« mit Kryptowährungen. Und der Hamster hatte Fans! Über Streamingplattformen konnten Anleger die Investmentstrategien verfolgen und sich womöglich auch was abgucken. Jetzt zum Ablauf: Der deutsche Besitzer des Hamsters baute seinem Haustier ein Büro, die sogenannte Goxx-Box. In der Box hatte der kreative Halter zwei Röhren eingebaut, die zum Hamsterrad führten. Lief der Hamster durch die linke Röhre, sollte Mr. Goxx kaufen, lief er durch die rechte Röhre, stand ein Verkauf an. Durch das sich drehende Hamsterrad wurde dann eine von 30 möglichen Währungen gehandelt. Ein installierter Computer hielt jede Handlung des Hamsters fest und setzte diese in eine Transaktion um – auf die Idee muss man erst mal kommen.

Gehandelt wurde übrigens in Schritten von 20 Euro, das Startkapital waren 330 Euro. Mit der Kurssteigerung von fast 50 Prozent stand der Hamster vorübergehend bei 490 Euro – Hut ab.

Wer denkt, dass sich der Hamster von den Gewinnen neue Spielzeuge kaufen kann (oder irgendwas anderes – wofür auch immer Hamster ihr Geld ausgeben), der täuscht sich. Auf Tiere sind die Vorschriften über Sachen anzuwenden, die Gewinne landen also beim Besitzer – Mr. Goxx selbst. Allerdings muss er die Kryptogewinne ab einem gewissen Betrag versteuern (wir sind hier immer noch in Deutschland).

Doch wie konnte das Ganze überhaupt passieren? Hatte der Hamster wirklich versteckte Talente und konnte die Börsenentwicklung vorhersehen? Wer weiß, vielleicht hat auch euer Haustier versteckte Talente? Womöglich hören wir bald von einer Flöte spielenden Katze, einer pokernden Schildkröte oder zwei Axolotl, die gemeinsam synchronschwimmen? Oder – was wohl weitaus wahrscheinlicher war – es handelte sich um puren Zufall. Für den Hamster war schließlich alles wie immer: Er vergnügte sich mit Rädern, Röhren und anderem Spielzeug. Für die Zufallsvariante spricht auch, dass der Kurs leider wieder einbrach. Trotzdem war diese Geschichte sehr unterhaltsam und auch für Außenstehende über Twitch, YouTube und Co. schön mitzuverfolgen. Aber bevor die Leser nun auf falsche Ideen kommen: Zufälliges und schnelles Handeln ist langfristig keine erfolgversprechende Taktik. Zwar kam eine Studie 2019 tatsächlich zu dem Ergebnis, dass sich eine zufällige Aufstellung des Depots für Neulinge nicht selten auszahlt. Nichtsdestotrotz: Obacht beim Investieren!

Übrigens: Leider weilt der Hamster nicht mehr unter uns. Seinen Fans und seinem Besitzer wird er aber immer in Erinnerung bleiben.

§ STADT PFÄNDET MOPS EDDA – UND VERKAUFT DIE HÜNDIN BEI EBAY

Dass ein Insolvenzverfahren kein Zuckerschlecken ist, müsste bekannt sein. Man muss dabei sein wirklich letztes Hab und Gut abgeben, das man nicht unbedingt zum Leben braucht, um so viele Schulden wie möglich begleichen zu können. Nicht einmal vor Wimbledon-Pokalen wird haltgemacht, wie Boris Becker am eigenen Leib erfahren musste. Aber was hat ein Insolvenzverfahren mit Tieren zu tun? Na ja, nicht nur wird der Reichsadler auf dem Pfandsiegel gern Kuckuck genannt, dieser wird auch auf echten Haustieren angebracht. Was, das wäre doch eine Grenzüberschreitung, oder?!

Es klingt wie ein schlechter Scherz, für eine Ahlener Familie wurde es aber Realität. Sie schuldeten der Stadt Ahlen Geld, also pfändeten und verkauften Zwangsvollstrecker einfach deren geliebten Mops Edda. Herzlos? Absolut! Und es kommt noch schlimmer! Tiere sind ja Sachen, dachten sich die Verantwortlichen – und inserierten das arme entführte Hündchen einfach bei eBay, als wäre es ein Staubsauger oder eine alte Mikrowelle. Abgesehen davon, dass Versteigerungen über eBay im Insolvenzverfahren generell nicht rechtens sind (üblich wäre eine Versteigerung durch einen Auktionator) – durfte der Mops überhaupt gepfändet werden?

Die Antwort lautet in diesem Fall wohl Jein mit einer Tendenz zum Nein. Wie wir bereits gelernt haben, handelt es sich bei Tieren zivilrechtlich um Sachen. Laut der Zivilprozessordnung dürfen alle Sachen, die im Besitz des Schuldners stehen, gepfändet werden. Aber es gibt eine Ausnahme: Tiere, die dem Lebensunterhalt dienen (beispielsweise Kühe oder Schafe), und auch Haustiere sind davon ausgenommen. Beim Pfändungsverbot für Haustiere steht insbesondere das Tierwohl im Vordergrund. Edda selbst dürfte wenig Interesse daran gehabt haben, über eBay an eine neue Familie verscherbelt zu werden.

Aber Achtung, jetzt folgt die Ausnahme der Ausnahme: Sollten die Einnahmen durch das Haustier so hoch sein, dass das Tierwohl und das Leid der Familie hintangestellt werden können, dann darf im Zweifel auch dessen Pfändung erfolgen. Irgendwie traurig, oder? Ob die

Einnahmen (690 Euro) das Interesse des Tieres und der Familie hier wirklich überwiegen, ist sehr stark anzuzweifeln. Es wurde zwar nicht richterlich festgestellt (es kam hierüber nicht zu einer Verhandlung), aber die Pfändung war wohl nicht rechtens. Dazu trägt auch die Versteigerung über eBay bei.

Der Verkauf bei eBay wird dennoch nicht rückgängig gemacht werden. Denn der Fall ging weiter – sogar die *New York Times* hat darüber berichtet. Als wäre das alles nicht genug, hat die Stadt der eBay-Käuferin und neuen Besitzerin der Hündin großen Ärger eingebracht. Der Fall landete vor dem Landgericht Münster. Die Stadt hatte den Mops als gesundes Tier auf eBay inseriert, obwohl Edda eventuell krank war. Edda, die mittlerweile übrigens Wilma heißt, hatte laut Angaben der späteren Käuferin nämlich eine Augenreizung sowie weitere Krankheiten. Leider war sogar eine Operation notwendig, die die neue Halterin mehrere Tausend Euro kostete. Das Gericht konnte später jedoch nicht eindeutig feststellen, dass Edda zum Zeitpunkt des Verkaufs nicht gesund war. Und selbst wenn, konnte nicht ermittelt werden, dass diejenigen, die die Anzeige auf eBay stellten, von einer möglichen Krankheit gewusst und diese verheimlicht hatten. Das Gericht stellt lediglich fest, dass eine Impfung fehlte. Statt den geforderten 19 000 Euro gab es also nur ein paar Hundert.

Hier hat der Vierbeiner der Stadt 690 Euro eingebracht. Doch was sind die eingenommenen knapp 700 Euro im Verhältnis zu der Lücke, die in die ohnehin schon leidende Familie gerissen wurde? Edda wird laut Aussage der Mutter sehr von der Familie vermisst. Scheint wohl, als hätten die Verantwortlichen bei der Stadt kein geliebtes Haustier, sonst hätten sie so etwas wohl kaum übers Herz gebracht.

Landgericht Münster, Urteil vom 05.04.2023, Az. 02 O 376/19.

§ RENTNERIN SOLL 12 000 EURO ZAHLEN – FÜRS TAUBENFÜTTERN!

Na, wer von euch konnte bisher der Versuchung widerstehen, irgendwelche fremden Vögel aus dem Park zu füttern, wenn diese auf das letzte

Stück Brezel in eurer Hand geiern? Jeder? Glück gehabt! Unter Umständen kann das nämlich teuer werden. Insbesondere dann, wenn Verbote zum Füttern der Tiere ignoriert werden. Übrigens meine ich hier nicht teuer im Sinne von 100 Euro, sondern eher mehr als das Hundertfache ...

Das Taubenfüttern ist nicht grundsätzlich in ganz Deutschland verboten – in Fulda aber schon. Doch was soll man neben den Skat- und Bingoabenden sonst tun, dachte sich eine Rentnerin und missachtete das Verbot mehr als nur einmal. Um genau zu sein: zwölfmal. Die Stadt fand das alles andere als lustig und ließ ihr für jeden Verstoß einen Bußgeldbescheid zukommen. Die damals 66-Jährige erhob gegen jeden Bescheid einen Einspruch. Ihr Argument: Die Tauben seien auf ihr artgerechtes Futter angewiesen, um überleben zu können. Die Frau wollte nicht zahlen, also fand sie sich vor dem Amtsgericht Fulda wieder.

Jetzt kommen wir zur Summe: Wer Tauben im Park füttert, erhält ein Bußgeld in Höhe von 60 Euro. Wer es danach erneut tut, kann sich auf ein Bußgeld von bis zu 1000 Euro einstellen, und so weiter. So summieren sich dann recht schnell die beachtlichen 12 000 Euro, die von der tierlieben Rentnerin verlangt wurden.

Doch ist das wirklich im Interesse der Stadt, eine alte Frau, die schließlich nichts Böses im Sinn hatte, um diese Summe zu erleichtern? Wahrscheinlich nicht. Man möge sich nur den medialen Druck und die Proteste vorstellen, hätte das Amtsgericht Fulda das wirklich durchgezogen. Darüber hinaus versicherte die Dame, das Füttern zukünftig zu unterlassen, und gab an, es ohnehin schon seit zwei Jahren nicht mehr getan zu haben. Das Gericht war also gnädig und verurteilte die Frau nur in zwei Fällen und somit zu einer Zahlung von insgesamt 265 Euro.

Der Anwalt der Rentnerin betonte übrigens immer wieder die guten Absichten der Frau und gab sogar an, vor das Bundesverfassungsgericht ziehen zu wollen. Ein Fütterungsverbot grenze nämlich die allgemeine Handlungsfreiheit ein. Kleiner Exkurs – denn hierzu nahmen die Karlsruher Richter bereits 1980 Stellung. Der damalige Tenor: Ja, die allgemeine Handlungsfreiheit werde durch solche Verbote eingeschränkt. Jedoch sei das in Ordnung, solange das Verbot einen gewissen

Zweck verfolge. Ein Beispiel für einen verfolgten Zweck ist, wenn eine Gemeinde Tauben fernhalten will. Dann sei es nicht zielführend, dass viele Menschen die Tauben füttern und die Vögel deshalb immer wiederkommen. Exkurs Ende.

Ob das Auto des Richters nach dem Urteil voller »vogelartiger Rückstände« war? Wenn ja, waren die Tauben wohl weniger erfreut darüber, dass sie ihre alte Freundin fortan seltener zu Gesicht bekommen würden.

Amtsgericht Fulda, u.a. Az. 25 Owi 332 Js 3035/18

Zum Exkurs: Bundesverfassungsgericht, Beschluss vom 23.05.1980, Az. 2 BvR 854/79

WARUM IN DIE FERNE SCHWEIFEN? DA IST MAN SCHLIESSLICH »AUSLÄNDER« ...

Ich packe meinen Koffer und nehme mit ... Probleme am Flughafen, dreiste Hotelinhaber, Affenbisse und jodelnde Kreuzfahrtschiffstouristen. Das Reiserecht ist so divers, wie es die verschiedenen Reiseziele sind.

Bereits Christoph Kolumbus hat eine Reise nach Indien gebucht, aber eine nach Amerika bekommen. Zum Glück für die damaligen Gerichte erkannte er zeitlebens nicht, dass er einen neuen Kontinent entdeckt hatte. Kolumbus war aber auch Reisender und Reiseunternehmen zugleich. Anders sieht es da für den Otto-Normal-Pauschalreisenden aus.

Der Sommerurlaub ist für viele das Highlight des Jahres. Lange spart man, um Sonne, Sand und Meer zumindest für einige Zeit hautnah zu erleben. Aber in anderen Ländern herrschen auch andere Sitten. Neben der wunderschönen Landschaft bietet jedes Reiseziel eine einzigartige Kultur. Die Leute, das Essen, die Bräuche – das alles sollte zu jedem Urlaub dazugehören. Für die meisten tut es das zumindest – andere wollen einfach nur einen Ortswechsel: »Deutschland in warm.« Mallorca ist das perfekte Beispiel dafür. Aber das ist manchen schon zu »deutsch«. So geht es ab nach Mauritius, in die Karibik oder nach Kenia. Zum Leidwesen der Gerichte erleiden dann viele einen Kulturschock – wer hätte auch ahnen können, dass es keine Weißwürste mit Brezeln am Buffet gibt? Reiserechtsklagen gibt es wie Sand am Meer. Manchmal sind sie gerechtfertigt, manchmal eine verkürzte Wahrheit, und manchmal sind sie so abstrus, dass selbst erfahrene Richter erst mal Urlaub brauchen. Schnallt euch an, wir gehen auf eine Reise ...

§ BORDEAUX ODER PORTO – EGAL, HAUPTSACHE, ITALIEN

Bevor es in den Flieger zum wohlverdienten Strandurlaub geht, muss der Urlaub erst gebucht werden. Auf zahlreichen Internetseiten kann man den Trip mittlerweile fast im Voraus erleben, indem man sich durch die Tausenden Strand- und Poolbilder klickt. Für manch einen ist das schon zu viel Urlaub vor dem Urlaub, da er sich lieber vor Ort überraschen lassen will. Bleibt nur der Besuch beim altmodischen Reisebüro, oder? Aber selbst dort wird man vermutlich ein paar Blicke auf den Reiseprospekt erhaschen. Deshalb kommt nur eines infrage: der klassische Anruf – anrufen, buchen, hinfahren und sich von den überraschenden Eindrücken vor Ort überwältigen lassen. Klingt toll? Ist es bestimmt auch, aber nur, wenn man auch an dem Ort landet, den man sehen will.

Wo das Problem liegt, fragt ihr euch? Nicht jeder hat den Duden mit Löffeln gegessen. Vor allem, wenn es um die richtige Aussprache geht. Über die Hälfte der Deutschen sprechen regelmäßig Dialekt. Eine aus Sachsen stammende Frau buchte in einem schwäbischen Reisebüro einen Urlaub … So könnte ein schlechter Witz anfangen. Das tut er auch, zumindest wenn man die Sächsin nach der Pointe fragt. Diese rief bei dem Reiseunternehmen an, um einen Flug nach »Bordöo« zu buchen. Wer mal mit einem Sachsen länger als zehn Minuten in einem Raum war, weiß: Die Frau will nach Portugal, genauer gesagt nach Porto. Die Dame im Reisebüro ging jedoch davon aus, dass die Kundin beim Urlaubsort eine kurze Pause vom Dialekt machte. Zweimal fragte sie nach, ob das gewünschte Reiseziel Bordeaux sei. Einen Unterschied erkannte die Sächsin natürlich nicht, auch wenn sie bestimmt verwundert war, warum die Schwäbin plötzlich so gut Sächsisch sprach.

So bestätigte sie die Buchung, und es kam sogleich die Überraschung: Als die Reiseunterlagen eintrafen, gab es keine Verwechslungsgefahr mehr. Mit keinem Dialekt der Welt klingt Frankreich wie Portugal. Die Frau war sich nun sicher, sie war einem Irrtum unterlegen. Und bei einem Irrtum muss das ursprünglich Gemeinte zählen und ich kann andernfalls den Vertrag für ungültig erklären, oder?

Das musste das Amtsgericht Stuttgart-Bad Cannstatt klären. »Mist!«, dachte die Sächsin. Heimvorteil für das Reisebüro also. Nicht ohne Grund gehört der Fall zu den Zivilrechtsklassikern einer jeden Uni: Ein Vertrag kommt durch zwei übereinstimmende Willenserklärungen zustande. Übereinstimmend heißt, beide Parteien müssen sich im Klaren sein, was der andere mit seiner Aussage meint.

Indem die Mitarbeiterin des Reisebüros mehrmals in korrektem Hochdeutsch Bordeaux als Reiseziel angab und sogar die Flugroute beschrieb, war der Sächsin genug Möglichkeit gegeben, den Irrtum klarzustellen.

Ein Vertrag kam also über den französischen Urlaubsort zustande. Diesen hätte sie anfechten können, was sie wahrscheinlich wegen einer Verfristung nicht tat.

Also Pech gehabt: Ob sie wollte oder nicht, ihr Flieger ging nach Frankreich, mit ihr oder ohne sie. Ob die Sächsin die fast 300 Euro teuren Flugtickets verfallen ließ, das war ihre Sache.

Aber es hätte die Frau auch schlimmer treffen können: Zum Glück befand sich das buddhistische italienische Bergdorf »Bordo« nicht unter den Urlaubszielen des Stuttgarter Reisebüros. Zwar ist Italien auch nicht weit weg. Ein isoliertes Dorf auf 750 Metern, das nur zu Fuß erreichbar ist, hätte wahrscheinlich aber noch weniger der Vorliebe der sächsischen Dame für europäische Städte entsprochen.

Amtsgericht Stuttgart-Bad Cannstatt, Urteil vom 16.03.2012, Az. 12 C 3263/11

§ ZU VIEL GEFUTTERT – ZU SCHWER FÜR DEN FLUG

Hundebesitzer wissen: Dem traurigen Blick der treuherzigen Racker können die wenigsten widerstehen – insbesondere wenn es ums Futtern geht. Wenn der kleine Begleiter dann jaulend vor dem Futternapf steht, obwohl er erst vor zwei Stunden seine letzte Ration bekam, werden manche Herzen schwach und man erbarmt sich, doch noch ein kleines Leckerli hinzuschmeißen.

Ein paar Schmackofatz zu viel hatte der Mischlingshund Pinoia einer deutschen Familie. Den Trick mit den Kulleraugen hat er wohl bei allen Familienmitgliedern angewandt. Eine Oscar-reife Leistung! Diese ist aber spätestens am Flughafen Düsseldorf aufgefallen. Es war nicht die erste Reise der Familie mit dem Hund. Immer durfte der Vierbeiner in der Passagierkabine mitfliegen. Als die Familie jedoch am Terminal neben dem Koffer auch den Hund wiegen musste, kam das böse Erwachen: Der Mischling hatte zu viel Speck auf den Hüften. Er überschritt das Kabinenhöchstgewicht bei Weitem. Natürlich hatte die Familie keine Frachtbox dabei, sodass der Vater mit dem Taxi zum anderen Ende des Flughafens fahren musste, um eine zu besorgen. Just in dem Moment, als er mit der rettenden Box heraneilte, schloss jedoch das Terminal. Die Folge: Kein Flug nach Portugal. Der alte vierrädrige Karren musste für die Strecke herhalten. Die über 900 Euro teuren Flugtickets waren hinüber.

Der erste Schritt nach dem Urlaub war für die Familie selbstverständlich: eine Klage vor Gericht, allein der Ehre ihres geliebten Bellos zuliebe. Die Familienmitglieder bestritten vehement, dass ihr Hund fett geworden sei. Er habe allenfalls ein wenig zugelegt.

Wer hingegen nicht bestreitet, ein paar Kilo über dem Durchschnitt zu haben, ist das brasilianische Plus-Size-Model Juliana Nehme. Immerhin ist das Gewicht der Influencerin, die sich gegen Bodyshaming einsetzt, gewissermaßen ihr Markenzeichen. Was sie jedoch mit Pinoia teilt: einen längeren Flughafenaufenthalt als ursprünglich geplant. Der Brasilianerin wurde der Zugang verwehrt, als sie aus dem Libanon nach Hause fliegen wollte. Der Grund? Sie sei laut Mitarbeiterin der Fluggesellschaft »zu fett« für die Economy Class. Aber auch einen Ausweg bot die Mitarbeiterin an. Das XXL-Model könne ja ein Ticket der ersten Klasse für schlappe 3000 Euro erwerben, da dort die Sitze breiter seien. Ob das Verhalten der Airline den seinerzeit über 150 000 Followern auf Instagram von Juliana Nehme gefiel? Das könnt ihr euch selbst denken. Jedenfalls war die Einzige, die irgendein Ticket erwarb, wohl die Mitarbeiterin – und zwar ein kostenloses Ticket für den Gerichtsprozess in erster Reihe direkt auf dem Zeugenstuhl.

Wir haben also zwei Fälle von »zu viel gefuttert für das Flugzeug« (zumindest laut Airline). Aber auf welcher Seite stehen die Richter – sind sie für gutes leckeres Essen oder für die Freiheit der Fluggesellschaften, die dann bestimmen dürfen, wo die Obergrenze an zulässigem Bauchspeck liegt?

In Juliana Nehmes Fall gab ihr das Gericht in erster Instanz Recht. Etwa 3500 Euro Entschädigungszahlung soll die Abweisung der Fluggesellschaft kosten. Das entspricht einem Jahr Therapiekosten, »um das belastende und traumatische Ereignis zu überwinden«.

Ein traumatisches Ereignis musste Pinoia wahrscheinlich nicht überwinden. Die Frage ist eher, ob er von den Geschehnissen am Flughafen überhaupt etwas mitbekommen hat oder nur an seinen nächsten saftigen Kauknochen dachte.

Im Fall des wohlgenährten Vierbeinigen konnte der Richter der Airline keine Willkür nachweisen, bot den beiden Parteien aber einen Vergleich an. Wahrscheinlich war der Wonneproppen mit im Gerichtssaal und ließ seinen besten Dackelblick walten. Die Fluggesellschaft stimmte dem Vergleich zu und erstattete immerhin die Hälfte der Flugtickets.

Bevor es in den nächsten Urlaub geht, gibt es für Pinoia bestimmt nur streng rationiertes Trockenfutter und Wasser. Da hilft auch der beste Dackelblick nichts mehr. Und Juliana Nehme? Sie hat ein neues Paradebeispiel für Bodyshaming, das sie auf ihrer Instagram-Seite teilen kann.

§ BOMBENSTIMMUNG AM FLUGHAFEN

Wer bereits in die USA geflogen ist, kennt die strenge Sicherheitsbefragung der Grenzbeamten. Ähnlich einem Kreuzverhör bei der CIA wird man über Reisezweck, Reisedauer, persönliche Beziehungen und noch einiges mehr ausgehorcht. Fehlt nur die Frage, welche Farbe die getragene Unterhose hat. Gefühlt werden alle privaten Details der Urlaubsreise auf Herz und Nieren geprüft. Natürlich dient dies dem Sicherheitsinteresse. Trotzdem fühlt man sich an die Supermarktsituation erinnert, bei der man aufgrund des ausverkauften Angebots ohne

Waren durch den Kassenbereich geht. Eigentlich hat man nichts Falsches gemacht, fühlt sich aber trotzdem wie ein Schwerverbrecher.

Jeder geht mit Druck anders um, und so rutscht manchmal ein Wort raus, das eher nicht zuträglich für die Gesamtsituation ist – um es mal neutral auszudrücken. Wie beim Erklären eines Wortes bei dem Spiel *Tabu* sollte man aber am Flughafen eine Liste an Wörtern lieber nicht in den Mund nehmen.

Für seine Beschreibung des Reisezwecks erhält ein Deutscher im Flughafen Düsseldorf wohl keine Punkte von den Beamten. Auf die Frage, was er in Florida zu suchen habe, antwortete er nämlich: Er plane in Amerika »einen bombigen Urlaub«. Autsch! Das ist schon kein Fettnäpfchen mehr, in das der Mann trat, sondern eher ein fetter fettiger Fettnapf. Wenig überraschend fanden die Mitarbeiter dessen Antwort nicht so bombastisch. Trotz mehrfachen Beteuerns des Urlaubers, dass er »bombig« im Sinne von »großartig« meinte, war der Argwohn der Sicherheitskräfte zu groß. Vielleicht auch, um ihn vor der erneuten Befragung in Amerika zu bewahren, wurde ihm der Start versagt.

Nach dieser Nachricht war seine Vorfreude auf den Trip geplatzt. Aber war das Verhalten der Security rechtens? Macht sich ein Passagier verdächtig, wenn er etwas »bombig« findet? Damit trat der Mann an das Amtsgericht Düsseldorf heran. Dieses sah die Formulierung zwar als missglückt an, jedoch nicht als unverständlich. Die falsch ausgedrückte Vorfreude sei kein Grund, den Reisenden komplett vom Flug auszuschließen.

Dass die Fluggesellschaft bei Verkündung des Urteils vor Wut explodierte – davor musste niemand im Gerichtssaal Angst haben. Zum Prozess erschien kein Vertreter. Vielleicht wussten sie bereits, dass sie etwas überreagiert hatten. Der Mann erhielt also 1400 Euro Entschädigung auf dem Wege eines Versäumnisurteils.

Bis zu seinem nächsten Urlaub sollte der zurückgelassene Fluggast ein paar Wörter aus seinem Wortschatz streichen. Zumindest wenn er gerade im Sicherheitscheck ist. Als kleine Starthilfe: Der Urlaub kann nicht nur »bombig«, sondern auch: fabelhaft, grandios, vorzüglich, primissima, dufte, knorke oder einfach toll werden.

Amtsgericht Düsseldorf, Urteil vom 19.03.2019, Az. 42 C 310/18

§ IM AUSLAND BIST DU DER AUSLÄNDER

Arbeitskollege:»Und wie war dein Urlaub?«

Urlaubsrückkehrer:»Ganz okay, am Buffet waren zu viele Fliegen, und es gab zu viele Ausländer am Strand.«

Arbeitskollege:»Oh, das mit den Fliegen ist blöd, und ich finde zu viele Touris an den Urlaubsorten auch bedenklich, da bekommt man ja kaum mehr was von der einheimischen Kultur mit!«

Urlaubsrückkehrer:»Nein, ich meinte keine Touristen, ich meine die Einheimischen!«

Arbeitskollege, du und ich:»Was?«

So könnte das Gespräch eines deutschen Urlaubers nach seiner Rückkehr mit seinem Arbeitskollegen stattgefunden haben. Wer nach dem letzten Satz nicht fassungslos »Was?« gerufen hat, kennt bestimmt schon den Mann, der keine »Ausländer« im Ausland erwartet hat. Vielleicht sollte ihm mal jemand erklären, dass er dort der Ausländer ist?

Der Mann verbrachte seinen Urlaub mit seiner Frau in dem ostafrikanischen Mauritius. Dort erwartete er wahrscheinlich deutsche Urlauber mit Socken in den Sandalen, welche farblich zum Deutschlandtrikot passen. Anders als am Ballermann fand er aber dort tatsächlich Einheimische vor, welch eine Überraschung. Diese waren so dreist, dass sie sogar ihre eigenen Strände nutzten und dort ihr traditionelles Volksfest feierten.

Das ließ das Ehepaar nicht auf sich sitzen und erhob aufgrund des Kulturschocks Klage vor dem Amtsgericht Aschaffenburg. Dort bemängelten sie neben den Einheimischen und Fliegen auch noch das »ekelerregende« Abendessen des Hotels.

Der vorsitzende Richter, wer hätte es gedacht, wies die Klage kurzerhand ab. Zu Recht erinnerte er daran, dass in der Reisebeschreibung kein Strand zur Alleinbenutzung angeboten wurde. Warum das Ehepaar davon ausgegangen sei, dass Einheimische ihren Strand nicht benutzten, werde das Geheimnis der beiden bleiben, führte er aus. Denn wer Fernreisen unternehme, sei normalerweise bemüht, andere Leute und Länder kennenzulernen. Zu den Fliegen am Buffet erteilte der

Richter dann noch eine kleine Unterrichtseinheit in Allgemeinwissen: Da in der Reiseausschreibung von einem »offenen Restaurant« gesprochen wurde, habe das Restaurant offensichtlich keine Wände, sodass ein verständiger Leser damit rechnen müsse, dass Fliegen dorthin gelangen könnten. Zum Essen führte er aus, dass es so schlecht nicht gewesen sein könne, immerhin habe der Mann keine Probleme damit gehabt, sich den Magen vollzuschlagen. Dass seine Frau Magenprobleme bekam, müsse also nicht zwingend am Essen gelegen haben.

Geld bekam das Ehepaar also nicht zurück. Der nächste Urlaub geht bestimmt wieder ins 17. Bundesland, Mallorca. Dort trifft man immerhin nicht auf diese »lästigen Ausländer«.

Amtsgericht Aschaffenburg, Urteil vom 19.12.1996, Az. 13 C 3517/95

§ KARIBISCHE KLÄNGE MAL ANDERS

Urlaub ist für viele die einzige Möglichkeit, dem Alltag zu entfliehen. Endlich mal wieder die Batterien aufladen und dem Stress entkommen. Wenn man dann noch auf seiner Liege etwas von der Welt sehen will, ist ein Kreuzfahrtschiff der perfekte Urlaubsort. Auch wenn die wenigsten ihren Entspannungsurlaub detailliert planen, sah der Urlaubskalender zweier deutscher Urlauber vor der Abreise wohl so aus:

10.00–12.00 Uhr	Liegestuhl
12.00 Uhr	Essen
13.00–19.00 Uhr	Liegestuhl
20.00 Uhr	Essen

Stattdessen sah ein gewöhnliches Tagesprogramm laut Bordzeitung aber so aus:

9.30 Uhr	Trachtentanz in der Galaxi Disco auf dem Sun Deck
10.00 Uhr	Kapelle E beim Schwimmbad
10.30 Uhr	Folklorechoerli in der Galaxi Disco auf dem Sun Deck, vorn

20.15 Uhr	Rassige Unterhaltung mit Dorfspatzen Oberaegeri beim Schwimmbad auf dem Jerusalem Deck, hinten
20.15 Uhr	Tanz mit der Kapelle E im Mayfair Ballsaal auf dem Athens Deck, hinten
22.00 Uhr	Kapelle H M in der Rendezvous Bar
22.00 Uhr	Gemütlicher Folkloreabend im Mayfair Ballsaal auf dem Athens Deck

»Bist du deppert!«, dachten sich die beiden Reisenden. Ein klassisches Beispiel für »Zur falschen Zeit am richtigen Ort«, denn was die beiden Deutschen nicht wussten: Zu den etwa 560 Reisegästen zählten neben 60 anderen Deutschen auch noch 500 Schweizer. Und die waren nicht zufällig dort. Sie bildeten eine einheitliche Reisegruppe eines Schweizer Folklorevereins.

Folklore bedeutet in etwa Volkskunde. Und was schweizerische Volkskunde so mit sich bringt, kann man sich denken: Trachtentänze, Jodeln, Alphornblasen und Chörli-Gesänge. Alle diese Festlichkeiten begleiteten die Urlauber nun auf der knapp dreiwöchigen Kreuzfahrt. Und dann wurde sogar noch fast jede Aktivität in Schwyzerdütsch schwungvoll angepriesen.

Nur verständlich ist es deshalb, dass die beiden ihr Geld zurückforderten. Ein Urlaub in der Schweiz wäre schließlich viel günstiger und auch nicht so weit weg gewesen. Aber was sagte das Landgericht Frankfurt dazu? Durften die Urlauber südamerikanische Rhythmen statt Schweizer Käse und Kuhglocken erwarten? Ja, sagte das Gericht. Schweizer Jodeln sei ein Reisemangel. Zumindest, wenn man sich gerade auf einem Schiff in der Karibik befinde und keine Alpenüberquerung geplant habe. Zwar war im Reiseprospekt angedeutet, dass es vereinzelte Folkloreveranstaltungen gibt. Diese sollten aber vorwiegend abends in einem abgetrennten Raum stattfinden und nicht ganztägig auf dem ganzen Schiff. Die Gaudi entsprach also in keiner Weise dem beworbenen Programm und auch nicht den geografischen Gegebenheiten, die in der Karibik erwartet werden durften.

Na, hoffentlich sind die deutschen Urlauber um ein paar mehr Redewendungen reicher. Aber das ist bestimmt unausweichlich, wenn man über zwei Wochen jeden Tag nur hört: »S'git nüt, wos nöd git« oder »Das schläckt kei Geiss wäg«.

Landgericht Frankfurt, Urteil vom 19.04.1993, Az. 2/24 S 341/92

§ DIE BOURGEOISIE TRIFFT AUF DIE SCHMATZENDEN RÜLPSER

Kleider machen Leute. Und Leute machen Luxushotels. Also aus dem Weg, Geringverdiener! Das meinte zumindest eine Familie aus Hamburg. Fast 6000 Mark zahlten sie für einen zweiwöchigen Trip nach Tunesien. Eigentlich ein Schnäppchen, wenn man bedenkt, dass man zum Sternezählen nicht in den Nachthimmel blicken muss, sondern einfach am Hoteleingang vorbeigehen kann. Fünf Sterne konnte man da zählen! Einen eigenen rund um die Uhr zugewiesenen Hotelpagen erwarteten sie zwar nicht, dafür aber Klasse – und zwar von den anderen Gästen. Teure Pelzmäntel, Rolex-Uhren oder einen Prada-Anzug aus Kaschmir – das war die Vorstellung der ein- und ausgehenden High Class. Dem machte das Nachbarhotel aber einen Strich durch die Rechnung. Wegen einer Überbuchung waren nicht Unternehmer und Adlige das Klientel, sondern »Billigtouristen« und »Pöbel«. Das andere Hotel hatte nämlich nur drei Sterne und musste seine Gäste auf eigene Kosten in das teurere Fünfsternehotel einweisen.

Demnach hätten die Gäste des Nachbarhotels laut Familie »ein einfach strukturiertes Niveau gehabt und sich in Auftreten und Benehmen unangenehm vom gehobenen Standard der übrigen Gäste unterschieden«. Das äußerte sich unter anderem darin, dass sie in nasser Kleidung und Badelatschen im Restaurant saßen und sogar gerülpst hätten. Na prost Mahlzeit! Die Gäste des »Billighotels« sollen obendrein noch gerochen haben. Und zwar nicht nach der von Jeremy Fragrance beworbenen Flakonflasche des L'Homme-Prada-Parfums! Igitt!

Als aber dann das prunkvolle Casino des Hotels – welches nach Angaben der Familie nur wegen der Spielbank aus dem Katalog ausgewählt wurde – zu der Urlaubszeit geschlossen war, brach der Himmel komplett über ihnen zusammen. Man konnte den Bourgeoisie-Status nicht einmal im hoteleigenen Casino wieder verspielen. Was eine Frechheit!

Aber was sagte das Amtsgericht Hamburg dazu? Habe ich ein Recht darauf, meinen in Trüffel eingelegten Hummer mit Kaviar ohne die Anwesenheit von rülpsenden Touris zu genießen? Achtung, jetzt nicht am Champagner verschlucken! Nein, sagte der Richter. »Rülpsende Mitreisende« sind kein Reisemangel. Es gebe keinen Anspruch auf ein bestimmtes Publikum in Luxushotels. In Zeiten von Massentourismus müsse man auch in einem gehobenen Hotel mit allen Bevölkerungsschichten rechnen. Weiterhin seien Körpergeruch und Badekleidung in Strandhotels eine hinzunehmende Erscheinung im Rahmen des menschlichen Zusammenlebens. Dann haute der vorsitzende Richter in seinem Urteil noch einen kleinen »Diss« raus. Dies solle insbesondere dort, wo 14 Tage inklusive Flug und Halbpension »nur« 2000 Mark pro Person kosten, gelten. Entweder er wollte die Familie von ihrem hohen Ross holen oder er war erschüttert, dass ein 6000-Mark-Trip als Luxusreise betitelt wurde. Wenn man sich die Besoldungsgruppe für Amtsrichter anschaut, dann eher Ersteres. Auch das geschlossene Casino sei kein Grund für eine Minderung, schließlich können Sonderangebote von der Katalogbeschreibung abweichen.

Vielleicht war dieser spezielle Urlaub ganz gut für die Familie, denn eine lange Nacht im Casino hätte durchaus dafür sorgen können, dass sie bei ihrem nächsten Urlaub die Armen gewesen wären. Wobei sie dann wenigstens mal die andere Seite hätten nachempfinden können.

Amtsgericht Hamburg, Urteil vom 07.03.1995, Az. 9 C 2334/94

§ ALLGEMEINES LEBENSRISIKO

»Man gönnt sich ja sonst nichts.« So mancher hat mit diesem Satz schon einen teuren Kauf vor sich selbst gerechtfertigt. Zum Beispiel, wenn man gerade die lang ersehnte Pauschalreise in ein Fünfsternehotel gebucht hat, weil die Fahrradtour mit anschließendem Camping doch zu ordinär schien. Aber ist teurer auch immer besser? Weint es sich wirklich besser im Ferrari als im Dacia Sandero? Manchmal ist man froh über die Investition, manchmal bereut man den Kauf nach wenigen Minuten.

Bei einem Ehepaar aus Deutschland kam die Reue wohl direkt, als sie aus dem Flughafen heraustraten. Sie hatten sich eine dreiwöchige Pauschalreise nach Mauritius gegönnt (mhh, schon wieder Mauritius-Reisende, die sich über Nichtigkeiten beschweren?). Diese war ihnen 12 604 Euro wert – zumindest vor der Reise. Nach der Reise waren ihnen die Erfahrungen keinen Cent mehr wert – im Gegenteil, sie wollten sogar noch Geld von der Reisefirma zurückerstattet haben. Fast doppelt so viel, wie die Reise gekostet hatte (24 750 Euro) wollte das Ehepaar über Schadensersatz und Schmerzensgeld einklagen. Aber wie schlimm muss ein Urlaub sein, um danach nicht 12 000 Euro ärmer, sondern 12 000 Euro reicher sein zu wollen? Und was sagte das Gericht dazu?

Das Landgericht Köln wies die Klage nach Anhörung des Ehemanns in der mündlichen Verhandlung ab. Was?! Bei einer solch hohen Schadensersatzforderung muss doch etwas an den Forderungen dran sein, schließlich hätte das sonst bestimmt kein Anwalt angenommen! Nur die Anwesenden wissen natürlich, wie sich das Ganze wirklich abgespielt hat – aber wer Menschen kennt, weiß auch, dass sie zu Übertreibungen neigen. So könnte das Ehepaar also seine Seite der Geschichte dem beauftragten Anwalt erzählt haben:

»Bereits als wir im Hotel ankamen, wurden wir abgewiesen. Den ganzen Tag konnten wir das Hotel nicht betreten. Nicht einmal etwas Ordentliches zu essen gab es während der Warterei. Dann kamen wir endlich in das Zimmer, und es wurde eine Flasche Rum zerstört. Sapperlot! Überall lagen Scherben, und alle weigerten sich, diese zu entfernen. Und dann der Oberhammer: Auf dem Hotelgelände wurde ich von einem wilden Tier attackiert, sodass ich ärztlich behandelt werden musste. Trotz all dieser Vorkommnisse versuchten wir natürlich, den Urlaub irgendwie zu genießen, und nahmen an den angebotenen Ausflügen des Hotels teil. Bei einer Fahrradtour gab man mir ein manipuliertes Fahrrad. Ich dachte, die haben es auf mich abgesehen, als plötzlich die Kette riss. Und dann der Kracher: Als wir an dem organisierten Schnorchelausflug des Hotels teilnahmen, wurden wir gezwungen, über eine riesige Distanz das Boot wieder zu verlassen. Natürlich war das nicht möglich, sodass ich beim Versuch ausrutschte und mir das Handgelenk brach.«

Nach der Geschichte ist es doch unverständlich, wie das Gericht die Klage abweisen konnte, oder? Schließlich wirkt der Aufenthalt im Hotel nach der Darstellung wie der reinste Spießrutenlauf.

Schauen wir mal, was laut Gericht der wirkliche Sachverhalt war: Der Check-in war ursprünglich um 14.30 Uhr geplant gewesen, verschob sich aber auf 15.00, dafür bot das Hotel als Entschuldigung ein amerikanisches Frühstück an.

Die Rumflasche hat das Ehepaar selbst zerstört. Anstatt die Scherben selbst wegzufegen, musste eine Putzkraft nach Mitternacht noch das Zimmer reinigen.

Das wilde Tier war eine Wespe, welche die Ehefrau stach. Die Kette des Rads riss tatsächlich, jedoch waren die Fahrräder ein Gratis-Angebot des Hotels.

Bei der Rückkehr von dem Schnorchelausflug verweigerte die Ehefrau jegliche Hilfe beim Aussteigen aus dem Boot und überschätzte die lange Distanz, sodass sie ausrutschte.

Jetzt wird klar, warum die Klageabweisung wohl keine lange Zeit beansprucht hat. Bei den »Reisemängeln« handelte es sich lediglich um Unannehmlichkeiten. Der Rest der Geschichte wurde unter einem Begriff abgespeist: »allgemeines Lebensrisiko«, dem fachlichen Ausdruck für »selbst schuld« oder »persönliches Pech«. Ob das Ehepaar also wirklich glaubte, ihnen stünden die ca. 24 000 Euro zu, oder ob sie lediglich ihren teuren Pauschalurlaub etwas im Preis drücken wollten, bleibt ein Geheimnis. Der nächste Urlaub geht dann wohl wieder in den Pfälzer Wald. Wobei dort auch die Gefahren des »allgemeinen Lebensrisikos« lauern, Stolperwurzeln, herunterfallende Kastanien und wilde Bienen ... Nur, dann ist kein Reiseveranstalter dafür verantwortlich zu machen!

Landgericht Köln, Urteil vom 08.03.2022, Az. 31 O 334/20

§ AFFENBISS IN KENIA

»Don't feed the monkeys. If you do, you'll see.« Wenn wir schon beim allgemeinen Lebensrisiko sind ... Jedes Schild hat seine Geschichte. Und wehe denen, die aus der Geschichte nichts lernen. Das musste ein Mann aus Nordrhein-Westfahlen am eigenen Zeigefinger erfahren. Die Angst, von einem Affen gebissen zu werden, war wohl nicht größer als die Neugierde, zu erfahren, was denn wohl bei der Fütterung passiert. Zugegebenermaßen, das Schild ist für neugierige Personen sehr provokant formuliert.

Der Tourist hatte eine Safarireise in Afrika gebucht. Bereits bei Ankunft gab es eine Informationsveranstaltung zum Umgang mit den freilaufenden Affen. Im Speisesaal war zudem ein Schild mit dem Hinweis angebracht, keine Nahrung aus dem Restaurant zu bringen. Und an dem Pool befand sich das besagte *»Don't feed the monkeys«*-Schild. Noch aufdringlicher kann die Message wohl nicht sein – außer, wenn mein Browser fragt, ob ich die Cookies akzeptieren will. Direkt am zweiten Tag der Reise kam der deutsche Urlauber dann auf die glorreiche Idee, aus dem Frühstücksraum noch etwas Proviant mitzunehmen. Und da ist doch klar, auf was man Lust hat, wenn man an jeder Ecke vor den Gefahren der Affen gewarnt wird: ein krummes Ding. Dieses hat der Deutsche nicht nur gedreht, indem er unerlaubt Essen mitnahm, sondern hielt es auch tatsächlich in der Hand – in Form einer Banane –, als er aus dem Speiseraum stolzierte. Die Affen hätten sich bestimmt auch mit einem Apfel zufriedengegeben. Für ihre Leibspeise war ihnen jedoch jedes Mittel recht. Ohne Vorwarnung sprang ein Affe den Mann an. Ob Zeigefinger oder Banane war dem Primaten egal. Zum Leid des Attackierten wurde es der Zeigefinger – zumindest so lange, bis der Mann die Banane fallen ließ.

Und die Folgen der Bananen-Attacke? Ein stark blutender Zeigefinger mit höllischen Schmerzen, fünf Impfungen gegen Tollwut, einen Urlaub im Hotelzimmer und das Wichtigste: Eine Lehre, die der Mann wohl nie vergisst – wer nicht hören (oder lesen) will, muss fühlen.

Aber gefüttert hat der Urlauber den Affen ja eigentlich nicht – immerhin nicht freiwillig. Hätte das Hotel ihn also noch expliziter auf die Gefahren der Bananen-Entführung hinweisen sollen?

Nach Meinung des Amtsgerichts Köln war der Mann durch mehrere Hinweise »ausreichend darüber informiert, dass von den Affen, die sich wild auf dem Hotelgelände aufhielten, Gefahren ausgingen, die in Zusammenhang mit Nahrungsmitteln standen.« Denn auch als Deutscher, der höchstens wilde Straßenhunde und -katzen kennt, muss man damit rechnen, dass ein Affe beim Erspähen einer Banane diese auch ergattern will.

Und die Moral von der Geschicht'? Wilde Affen und Zeigefinger vertragen sich nicht.

Amtsgericht Köln, Urteil vom 18.11.2010, Az. 138 C 379/10

§ URLAUB IM ROTLICHTVIERTEL

Weißer Sandstrand, traumhaftes blaues Meerwasser, eine Safari mit Elefanten und Giraffen, faule Nachmittage am Hotelpool gefolgt von einem ausgiebigen Abendessen im Hotelrestaurant – und der Schlummercocktail vor dem Schlafengehen darf natürlich auch nicht fehlen. Das hatte eine deutsche Urlauberin von einem Kenia-Urlaub erwartet. Was sie bekam: ein Laufhaus von Matrosen, die das Hotel wohl mit einem Bordell verwechselten. Eine Woche lang durfte die Frau die US-Marine-Soldaten beobachten, wie diese sich außerhalb ihres Flugzeugträgers – wahrscheinlich ohne Aufsicht der Offiziere – verhielten. Man kann nur vermuten, wie lang der Einsatz auf hoher See gedauert hatte. So intensiv wie die Matrosen den Landgang feierten, war der letzte menschliche Kontakt außerhalb der Kajüte wohl schon länger her. Bis in die Morgenstunden seien Soldaten mit Prostituierten ein- und ausgegangen. Und dabei war das Vergnügen lautstark zu vernehmen. Bei jedem Toilettengang auf einer zimmerfremden Hoteltoilette habe laut der Urlauberin die Gefahr bestanden, diese mit einer Geschlechtskrankheit wieder zu verlassen. Strandhotel oder Reeperbahn? Einen großen Unterschied gab es in dieser Woche wohl nicht. Nur das Rotlicht fehlte.

Zu dem ganzen Schlamassel kamen obendrauf noch die Bauarbeiten des Hotels – am Swimmingpool konnte man nämlich liegen, aber nicht schwimmen. Das ist so, als würde man teure Kinotickets kaufen, nur um dann zwei Stunden in den bequemen Stühlen zu sitzen, weil die Leinwand defekt ist. Unter diesen Umständen gab es für die Reisenden wohl mehr Frust als Entspannung.

Aber wie ist das rechtlich? Des einen Freud, des anderen Leid? Die US-Soldaten hatten augenscheinlich einen tollen Urlaub. Musste das Hotel den Spaß unterbinden, um allen Urlaubern einen ruhigen Aufenthalt zu gewähren?

Ja! Sagte jedenfalls das Oberlandesgericht Frankfurt. Die Reise sollte vor allem der Erholung dienen. So wurde das Hotel auch beworben. Nicht nur durch die Bauarbeiten, sondern auch durch die betrunkenen amerikanischen Soldaten sei der Erholungswert des Urlaubs nicht existent gewesen. Von den damals etwa 5000 Mark Reisekosten für zwei Personen erkannte das Gericht eine Minderung in Höhe von etwa 3000 Mark an.

Einen schönen Urlaub hatte die Frau mit ihrer Begleitung zwar nicht, dafür aber einen kostengünstigen. Ob ihr das die damaligen 2000 Mark wert waren, steht auf einem anderen Blatt.

Zum Mitreisen: Oberlandesgericht Frankfurt, Urteil vom 29.02. 1988, Az. 16 U 187/87

on the dark side of the moon

WELCHES RECHT
GILT DENN HIER?

»Solange du deine Beine unter meinen Tisch stellst, gelten meine Regeln!«
Wer kennt den Spruch nicht? Oftmals ist es glasklar, woran man sich zu
halten hat. Aber was ist, wenn der Tisch sich in einer Rakete zum Mars
befindet?

Spätestens 8000 Jahre vor unserer Zeitrechnung, als die Menschen
sesshaft wurden, gab es bereits klare Regeln und Grenzen. Wo es Regeln
gibt, gibt es auch Konflikte. Und das nicht immer ohne Grund. Denn wer
bestimmt überhaupt, dass ein Grundstück genau an diesem Baum auf-
hört oder dass die Arktis zu ... Warte, zu welchem Land gehört eigentlich die Arktis?

Der Fortschritt der Menschheit schreitet schnell voran. Größer, weiter,
höher. 6300 vor Christus soll es das erste Schiff gegeben haben. 1903 flog
das erste motorisierte Flugzeug ganze zwölf Sekunden in der Luft – ein
Hopser für das Fluggerät, aber ein Riesenschwung für die Menschheit!
1961 war der erste Mensch im Weltall und 2040 soll die erste bemannte
Mars-Mission stattfinden. Globalisierung und Technik bringen also nicht
nur TikTok-Tänze, sondern immer mehr historische Ereignisse mit sich.
Wie soll denn da das Recht hinterherkommen?

In Deutschland gibt es fast 2000 Bundesgesetze mit 50 000 Paragrafen.
Nach welchem Landesrecht werde ich verurteilt, wenn ich über die Grenze
zweier Länder jemanden erschieße? Und welches Recht gilt auf hoher See?
Was passiert, wenn ich in zehn Kilometern Höhe im Flugzeug eine Straftat begehe? Und was ist, wenn ein Astronaut auf dem Mond den perfekten Mord begeht? Dazu das richtige Gesetz zu finden – falls es überhaupt
eines gibt – ist wie die Suche nach der Nadel im Heuhaufen. Ich habe das
Ganze für euch übernommen. Von relevanten Fragen, die jeden betreffen,
bis zu verrückten Streitigkeiten und exotischen Gedankenexperimenten.

§ ONLINESPIELE: WER VIRTUELLES LAND VERMIETET, MUSS STEUER ZAHLEN

Glück im Spiel, Pech im Leben?

Morgens um sechs Uhr klingelt der Wecker. Nach dem zehnten Mal Snoozedrücken rafft ihr euch aus dem Bett. Hilft ja alles nichts. Zähneputzend hockt man auf dem Klo, während die Kaffeemaschine langsam anläuft. Dann schnell die warme Koffeinbrühe auf ex, während man sich das Croissant mal wieder ohne Marmelade reinbuttert. Die Bauarbeiten auf der Autobahn dauern noch weitere zwei Monate an, sodass ihr schon morgens im Stau steht. Dann 9 to 5, und im Dunkeln geht es wieder zurück, nur um diesmal im Feierabendverkehr im Stau zu stehen. Aber einen Lichtblick habt ihr jeden Tag: Die Ausflucht in die virtuelle Welt. Je näher ihr eurem Haus kommt, umso größer wird euer Grinsen im Gesicht. Mittlerweile freudestrahlend überlegt ihr euch – während ihr den Schlüssel im Schloss umdreht – was ihr heute machen sollt. Vielleicht das Haus in *Minecraft* fertigstellen? Eventuell mit den Freunden die Rangliste von eurem »Lieblingsmoba« *League of Legends* erklimmen? Vielleicht auch einfach gemütlich auf die Couch und ein paar *Candy-Crush*-Level bestreiten oder mit dem Lebenspartner das Koop-Spiel *It Takes Two* beenden? Die Möglichkeiten scheinen unbegrenzt. Ihr schnappt euch noch schnell die Briefe aus dem Briefkasten und öffnet sie, während der PC hochfährt. Dann wie ein Schlag ins Gesicht: Das Finanzamt will nicht nur an euer reales Geld, sondern auch an euer virtuell Verdientes ran.

Ihr denkt, das ist ein Witz? *Buzzer-Geräusch* Falsch! Umsätze, die bei der Vermietung von virtuellem Land erzielt werden, sind umsatzsteuerpflichtig. Das entschied der Bundesfinanzhof in einem Urteil. Der betroffene Gamer zockte das Spiel *Second Life*, welches, wie der Name schon verrät, eine 3-D-Weltsimulation ist. Darin kann man mit seinem eigenen Avatar die Welt gestalten und mit anderen agieren. Wie das echte Leben, nur virtuell eben. Warum sollte ich das *ingame* machen, wenn ich das Gleiche auch in echt erleben kann, fragt ihr euch? Genau kann ich es auch nicht sagen, aber es hat wohl seinen Grund, dass Mark Zuckerberg in sein Kronjuwel Metaverse bereits zweistellige Milliardenbeträge gepumpt hat, denn das folgt in etwa dem gleichen Prinzip wie das Videospiel *Second Life*. Die virtuell verdiente Währung, die der Gamer als Mieteinnahmen von den Grundstücken einnahm, tauschte er dann – als kleine Aufbesserung des Taschengelds – in der spieleigenen Tauschbörse gegen Echtgeld ein. Und da lag das rechtliche Problem. Zwar standen die Server in den USA, die virtuellen Mieter kamen jedoch mehrheitlich aus Deutschland, sodass dort der Leistungsort war. Wie ein echter Vermieter war der Mann als Gewerbetreibender beziehungsweise Selbstständiger anzusehen, der einen »Leistungsaustausch gegen Entgelt« erbracht hatte – und darauf ganz normal Steuern zahlen musste.

Der Tag war für den Mann bestimmt ruiniert. Jetzt hatte es das echte Leben doch in die virtuelle Welt geschafft. Wer hätte aber auch ahnen können, dass Angela Merkel ihren Spruch »Das Internet ist Neuland« wortwörtlich meint? Was kommt als Nächstes? Punkte in Flensburg für Rotlichtverstöße in *Grand Theft Auto*? Haustiersteuer für meine Pokémon? Grundsteuer für mein Hotel in *Monopoly* à la: »Gehen Sie ins Finanzamt. Gehe nicht über Los und zahle 1000 Euro pro Grundstück!«

Na, wenn der Staat mir so kommt, dann will ich für meine Kinder in *Sims* auch Kindergeld und für meinen Einkauf im Supermarkt zahle ich nicht mehr als fünf Gold- und zehn Silbertaler, Inflation hin oder her!

Wenn man Zuckerbergs Zukunftsvisionen teilt, wird dies bestimmt nicht das letzte Urteil der Art bleiben. Bis dahin merkt euch also: Überall, wo echtes Geld im Spiel ist, ist auch der Staat im Spiel. Steuerberater müssen aber ihre Zielgruppenwerbung anpassen: »So verfasst du die Steuererklärung für dein Haus in *Minecraft*!« Das wird die Werbeabteilung bei YouTube bestimmt freuen – oder auch nicht. Die neuen Anfragen müssen schließlich auch bearbeitet werden.

Finanzgericht Köln, Urt. v. 13.08.2019, Az. 8 K 1565/18

§ BAYXIT STATT BREXIT? KANN SICH DER FREISTAAT BAYERN FREI VON DER BRD MACHEN?

»Ich verlasse dich!« Ein Satz, den wahrscheinlich einige von uns schon mal zu hören bekommen oder selbst ausgesprochen haben. Will ein Partner den anderen verlassen, ist das sein gutes Recht, und er/sie kann nicht daran gehindert werden. So ist es zumindest bei Menschen. Was, wenn aber ein Bundesland auf Deutschland zukommt und diesen Satz sagt? Wobei in diesem Fall der Satz eher nach »I mog di nit mehr, i verloass di« klingen würde. Können sich tatsächlich einzelne Bundesländer einfach von Deutschland abspalten wie England von der Europäischen Union?

Wer hätte es gedacht, aber das Bundesverfassungsgericht musste sich bereits mit dieser Konstellation beschäftigen. Es ging, wie sollte es anders sein, um den Freistaat Bayern. Dabei wurde nicht der Austritt selbst beantragt, sondern lediglich, dass eine Volksabstimmung über die Unabhängigkeit im Bundesland durchgeführt werden dürfte. Die Bayernpartei warb 2016 mit der Initiative »Freiheit für Bayern« für einen Austritt aus der Bundesrepublik.

Das Bundesverfassungsgericht verkündete kurz und knapp in einem Beschluss, dass das schlichtweg nicht möglich sei. Dabei wurde auf das Grundgesetz verwiesen. Dieses biete nämlich keinen rechtlichen Anhaltspunkt für Separatismus. Einen Bayxit ganz nach dem Vorbild des Brexits kann es nicht geben (das gilt selbstverständlich für alle Bundesländer, aber das Saarland hätte uns sowieso keiner abgenommen). Das hängt auch stark damit zusammen, dass die Bundesrepublik Deutschland und die Europäische Union unterschiedlich konstruiert sind. In der Präambel (der Einleitung) unseres Grundgesetzes sind alle Bundesländer namentlich aufgezählt. Ein Austritt durch eine einseitige Erklärung (frei nach dem Motto: »Schleich di!«) ist nicht vorgesehen und kann daher auch nicht erfolgen. Alle Bundesländer sind dem Zentralstaat Deutschland untergeordnet und verfügen nicht mehr über ihre eigene Souveränität. Sofern also unser Grundgesetz nicht gewaltsam außer Kraft gesetzt wird, wird es keine Abspaltungen geben. Also hier geblieben, liebe Bayern! Und sorry, liebe Bayernpartei!

Wir aber sind froh, dass alles so bleibt, wie es ist. Wäre doch schade (und auch sehr kompliziert), wenn deutsche Staatsbürger bald ein Visum für die Wiesn bräuchten.

Ein Gutes hätte eine Abspaltung des Freistaats aber: Der Meisterkampf in der Bundesliga wäre endlich wieder spannend …

Bundesverfassungsgericht, Urteil vom 16.12.2016, Az. 2 BvR 349/16

§ DESIGNATED SURVIVOR: DER LETZTE ÜBERLEBENDE

Ausnahmestimmung: Auf jedem Fernsehsender der Welt läuft dieselbe Nachricht. Jedes soziale Netzwerk zeigt nur eine Meldung. Die NASA hat den ersten bestätigten Fall von Aliens bekannt gegeben, und das Raumschiff ist nur noch wenige Stunden von der Erdatmosphäre entfernt. Sämtliche Regierungen rufen eine Notsitzung aus. Jeder Abgeordnete wird aus dem Bett geklingelt. Bis auf einen … den »Designated Survivor«. Dieser befindet sich schon lange in einem Sicherheitsbunker, dessen Standort nur dem Präsidenten bekannt ist. Schließlich darf das Land, sollte die ganze Regierung von Aliens eliminiert werden, nicht ins Chaos der Anarchie stürzen.

»Sie glauben, diese Geschichte ist wahr? Falsch, sie ist frei erfunden.« Wer auch immer gespannt bei *X-Factor: Das Unfassbare* mit Jonathan Frakes mitgefiebert hat, kennt diese Worte. Dennoch ist diese Geschichte näher an der Realität, als mancher glauben mag. Die außerirdischen Raumschiffe lassen bislang noch auf sich warten, die Nachfolge des Präsidenten der Vereinigten Staaten sieht aber tatsächlich einen Notfallüberlebenden im Bunker vor. Zwar sind die grünen Marsmännchen nicht der angegebene Grund, Terroranschläge oder große Katastrophen muss man jedoch auch auf dem Schirm haben. Seit 1971 gibt es immer einen Abgeordneten, der bei der Rede zur Lage der Nation nicht den Worten des Präsidenten lauscht, sondern sich weitab von Washington versteckt. Der Vorteil? Fürs Nichtstun Geld bekommen. Der Nachteil? In einem Bunker gibt es wahrscheinlich keinen Fernsehanschluss. Aber wer würde nicht die eine oder andere Stunde mit Daumendrehen verbringen, um sich »Designated Survivor« nennen zu dürfen?

Gibt es in Deutschland auch Vorbereitungen für so einen Ernstfall? Was passiert, wenn die gesamte Regierung stirbt?

Und nun sagt mir bitte nicht, wir haben die Sache nicht bedacht. Ein Land, das selbst die Raumtemperatur von Büroklos gesetzlich geregelt hat. Der selbst ernannte Bürokratieweltmeister hat doch bestimmt die Regierungsnachfolge im Notfall geregelt, oder? Darüber könnte ein Blick in das Grundgesetz Aufschluss geben. Im Kapitel zur Bundesregierung steht, dass der Vizekanzler, also momentan Robert Habeck, vertretungsberechtigt ist. Falls die Aliens aber nur am Austausch von Rohstoffen interessiert sind, muss der Wirtschaftsminister bei der Krisensitzung anwesend sein. Wenn der Vizekanzler also nicht unser demokratischer Nachfolger ist, wer ist es dann? Der Vertreter vom Vertreter ist gesetzlich der Dienstälteste. Das trifft sich doch gut – vielleicht trägt dieser beim Schlafen sein Hörgerät nicht und hat die lauten Anrufe seiner Kollegen überhört. Ist er also unser Notfallüberlebender?

Nicht wirklich. In Deutschland ist nicht mal ganz klar, wer überhaupt das höchste Amt hat. Zwar ist offiziell der Bundespräsident das Staatsoberhaupt der Bundesrepublik, dieser hat aber mittlerweile eine – wie sagen wir es freundlich – untergeordnete Rolle.

Wir sind nicht wie zum Beispiel die USA auf eine Person angewiesen. Zwar kann der Bundestag gemäß Art. 115a GG den Verteidigungsfall ausrufen, sodass wir handlungsfähig bleiben. Einen Designated Survivor haben wir aber nicht. Es gibt zahlreiche Beispiele von gemeinsamen Sitzungen, bei denen alle wichtigen Personen anwesend waren. Angst vor feindseligen Aliens hat Olaf Scholz demnach nicht.

§ ÜBER DIE GRENZE ZWEIER LÄNDER JEMANDEN ERSCHIESSEN – DER PERFEKTE MORD?

Mal eine kleine Black Story zum Mitraten: Was würde passieren, wenn jemand in Deutschland einen Schuss abfeuert, der die Grenze zu den

Niederlanden überquert und dort nicht nur jemanden trifft, sondern sogar tötet? Das wäre der perfekte Mord, oder? Die Polizei würde sich bis in alle Ewigkeit um die Zuständigkeit streiten, nach dem Motto: »Klärt ihr das doch auf!« – und der Schütze wäre fein aus der Sache raus, richtig? Zugegeben: Das ist kein einfacher Fall. Wird der Schütze nach dem deutschen Strafrecht belangt? Oder doch nach dem niederländischen? Oder nach beiden? Vielleicht sogar nach keinem? Kleiner Spoiler vorab: Straffrei bleibt der Täter in solch einer Fallkonstellation nicht!

In Deutschland gilt nach § 3 StGB, dass Täter für Taten bestraft werden, die im Inland begangen werden. Hier feuert der Bösewicht den Schuss aus Deutschland ab, der »Erfolg«, wie man im Strafrecht sagt, realisiert sich aber erst in den Niederlanden. Nichtsdestotrotz fand die entscheidende Handlung innerhalb unserer Landesgrenze statt, also findet hier das deutsche Strafrecht Anwendung.

Das eine Strafrecht soll das andere aber grundsätzlich nicht ausschließen. Eine Strafbarkeit nach niederländischem Recht käme ebenfalls in Betracht. Also sitzt der Täter erst in Deutschland eine Strafe ab und wird dann zu den Nachbarn verfrachtet, wo er noch mal hinter Gitter muss?

Nein! Denn nach der europäischen Grundrechtecharta darf eine Tat nicht von zwei Ländern der Union verurteilt werden. Eine Doppelbestrafung fiele also flach.

Jetzt wird es besonders knifflig: Was, wenn der Täter kein EU-Bürger ist? Könnte er dann zusätzlich noch von seinem Heimatland bestraft werden? Das ist schwer zu sagen, hier kommt es immer auf die Gesetzeslage des jeweiligen Landes an.

Wenn aber ein Deutscher im Nicht-EU-Ausland eine Straftat begeht, kann er auch hier belangt werden, solange die Tat am Tatort auch unter Strafe steht. Der Grundsatz der Doppelbestrafung gilt nämlich nicht weltweit – also gibt es keine Regelung, die besagt, dass eine Verurteilung in Deutschland für einen Deutschen nicht mehr erfolgen darf, nachdem dieser beispielsweise in Südamerika schon für die Tat verurteilt wurde. Jedoch würde die andere Bestrafung hier berücksichtigt werden.

Also die Auflösung für die Ausgangsfrage: Nein, natürlich bleibt der Täter in einem solchen Fall nicht straffrei – also handelt es sich nicht um den perfekten Mord. Wenn überhaupt, dann bringt diese Art der Strafbegehung im schlimmsten Fall eine doppelte Strafe in zwei Ländern mit sich.

Schön zu sehen, dass unser Rechtssystem auch solch knifflige Fälle abdeckt! Werden wir in diesem Kapitel noch den perfekten Mord finden?

§ BELEIDIGUNG IN LUFTIGEN HÖHEN – WELCHES RECHT GILT IN EINEM FLUGZEUG?

Wer kennt es nicht: Ihr seid zwei Stunden vor dem Boarding am Flughafen, checkt die Koffer ein, nur um anschließend zu erfahren, dass der Flieger eine Stunde Verspätung hat. Nachdem ihr dann endlich im Flugzeug sitzt, habt ihr zu allem Überdruss neben dem heulenden Baby hinter euch noch diesen nervigen Sitznachbarn, der natürlich nicht von der Erfindung des Kopfhörers gehört hat. Wenn dieser dann beim Versuch, die Schuhe auszuziehen, seinen frischen heißen Kaffee mit dem Ellbogen auf eure Beine umstößt, ist es menschlich nachvollziehbar, wenigstens kurz daran zu denken, wie hoch die Strafe für eine saftige Beleidigung wäre und ob ihr diese angesichts des angestauten Frusts in Kauf nehmen solltet. Während ihr grübelt, welches Schimpfwort der Situation angemessen wäre, schaut ihr aus dem Fenster und bemerkt, dass ihr schon weit über die Landesgrenzen von Deutschland hinweg seid. Nun fragt ihr euch, ob die Genugtuung, dem Sitznachbar einen Kraftausdruck an den Kopf zu werfen, es auch nach dem Strafgesetzbuch der USA wert wäre. Doch halt – welches Recht gilt hier überhaupt?

Wenn ihr deutscher Staatsbürger in einem deutschen Flugzeug seid, ist es einfach. Es findet § 4 StGB Anwendung. Danach gilt das deutsche Strafrecht unabhängig vom Recht des Tatorts in Flugzeugen (auf juristisch: »Luftfahrzeuge«), die berechtigt sind, die Bundesflagge der Bundesrepublik Deutschland zu führen. Dabei ist auch egal, ob ihr gerade über ein fremdes Land oder internationale Gewässer fliegt.

Komplizierter wird es natürlich, wenn ihr euch gerade in einem ausländischen Flugzeug befindet. Sofern die Maschine sich noch in Deutschland befindet, zählt eine an Bord ausgeübte Straftat nach § 3 StGB trotzdem noch als Inlandstat und damit gilt das deutsche Strafrecht.

Dagegen gilt deutsches Strafrecht bei Auslandstaten nur in den ganz besonderen Fällen der §§ 5 bis 7 StGB, sofern euer Flieger nicht unter deutscher Staatsangehörigkeit fliegt: zum Beispiel bei Hochverrat, Gefährdung des demokratischen Rechtsstaates oder dem Kapern des Flugzeugs. Eine einfache Körperverletzung oder Beleidigung ist nicht schwerwiegend genug.

Ansonsten hat das Chicagoer Abkommen über die internationale Zivilluftfahrt von 1944 die Lufthoheit eines jeden Staates anerkannt. Das bedeutet, kein Flugzeug ist ein »fliegendes Territorium« und es gilt die Gerichtsbarkeit des jeweiligen Landes. Kurz gesagt: Ein spanischer Flieger über den Schweizer Alpen hat eine spanische Hausordnung, aber eine schweizerische Strafrechtsordnung. Dabei agiert der Pilot als Polizei-Ersatz und kann neben Durchsuchungen sogar Zwangsmittel einsetzen.

Wenn man also nicht gerade ein Luftrechtsexperte ist und zusätzlich noch perfekt beim Erdkundeunterricht in der Schule aufgepasst hat, sollte man zur Beruhigung seines Gemüts vielleicht doch lieber tief durchatmen und »Ohmmmmm ...« summen – obwohl man dann natürlich Gefahr läuft, vom Esoterik-feindlichen Sitznachbarn einen Boxer in die Rippen zu bekommen.

§ MORD AUF HOHER SEE, UM ZU ÜBERLEBEN – IST DAS STRAFBAR?

Es ist endlich so weit, das größte Kreuzfahrtschiff der Welt wird 2030 getauft. *Cinatit* heißt das deutsche Flaggschiff mit modernster Technologie. Über 50 Meter große Wellen sollen kein Problem darstellen. Zur Einweihungsfahrt wird keine geringere Strecke befahren als das von Kaventsmännern oder Monsterwellen überzogene Gebiet des Nordatlantiks. Das Auslaufen der *Cinatit* wird von Tausenden in Bremerhaven bejubelt und noch mal von Tausenden, die sich auf dem Schiff selbst befinden.

Auch wenn eine Kajüte an Bord den Monatslohn der meisten weitaus übersteigt, wollte sich keiner die historische Fahrt nehmen lassen. Auf dem Weg in die USA wird das nordatlantische Gebiet direkt angesteuert. Tiefdruckgebiete, die in Richtung Osten ziehen, bewirken eine lange Anlaufzeit für die Wellen im riesigen Ozean. Doch das Schiff trotzt den Gezeiten. Der Sturm wird immer dichter. Die *Cinatit* fährt Steuerbord gerade in den schwarzen Orkan. Entgegen aller Ratschläge ist das Letzte, was im Logbuch steht:»Ein Schiff im Hafen ist sicher, doch dafür wurde es nicht gebaut, Kurs halten!« Mehrere Tausend Todesnachrichten begleiten über Wochen jede Tageszeitung.»Keine Überlebenden« heißt es nach einem halben Jahr. Nach einem weiteren dann das Unglaubliche: Ein Deutscher kommt mit einem Rettungsboot in Bermuda an. Schnell wird er versorgt und nach Deutschland gebracht. Dort wird er von den Ermittlungsbehörden nach allen Details befragt. Nach dem Gespräch liest man nur:»Angeklagt wegen Mordes und Störung der Totenruhe: So überlebte der schiffbrüchige Kannibale von Bermuda.«

Zwar nicht so romantisch wie die *Titanic*, aber mindestens genauso realistisch ist die fiktive Geschichte rund um den Namensvetter *Cinatit*. Denn im 18. Jahrhundert soll eine»Sitte der See« sogar vorgesehen haben, welche Regeln die Seeleute im Ernstfall befolgen sollten. Ein Tabuthema, das sich durch alle Zeitepochen zieht: Der Überlebenskannibalismus. Doch wie ist es, wenn ein Schiffbrüchiger seine Schicksalsgenossen mit oder ohne deren Einwilligung verspeist? Ist das strafbar, und wenn ja, nach welchem Recht überhaupt?

Ein internationales Seerechtsübereinkommen regelt seit 1994 als eine Art»Verfassung der Meere« verbindlich, was zuvor über mehrere Jahre bei der UN-Seerechtskonferenz 1982 festgelegt wurde: Dabei wurde das Meer in verschiedene Zonen aufgeteilt. Wie bei einem Kuchen erhält jeder seinen Teil. Da die begehrte Kirsche auf der Mitte der Torte jeden anlächelt, soll diese jedem und keinem zugleich gehören. Damit ist natürlich die»hohe See« gemeint. Nach der»Zwölf-Seemeilen-Zone«, also dem Küstenmeer, folgt die»Wirtschaftszone«. Erst danach folgt das»Niemandsland« oder besser gesagt das»rechtliche Niemandswasser«. Dieses fängt also erst zwischen 200 bis 350 Seemeilen an. Davor gehört sämtliches Land und Wasser dem jeweiligen angrenzenden Land. Ab dem Zeitpunkt, als die *Cinatit* aus der deutschen Wirtschaftszone raustuckert, befindet sie sich also auf hoher See. Doch was gilt da? Wie in Flugzeugen ist in diesen hoheitsfreien Gebieten das Flaggenprinzip entscheidend. Danach gelten Schiffe als der Flagge ihres Heimathafens angehörig. Das Rettungsboot der Überlebenden ist Zubehör des Kreuzfahrtschiffs und somit auch deutschem Recht unterlegen. Man kann sich Schiffe auf hoher See als »treibendes Staatsgebiet« des jeweiligen Landes vorstellen. Es gilt damit also deutsches Recht. Deutsche Gerichte können wie gewohnt das heimische Strafgesetzbuch anwenden.

Wie ist das aber nun mit der Strafbarkeit unseres Überlebenden? Schließlich wurde bis zum 19. Jahrhundert noch angenommen, dass Kannibalismus eine Art menschlicher Instinkt sei, wenn man unter Extrembedingungen mit dem Leben kämpft. Wenn alle anderen Ressourcen ausgeschöpft waren, dann sollte ein solches Verhalten nach den »Gesetzen der See« entschuldbar sein. Doch diese Rechtsauffassung hat sich mittlerweile geändert: So standen Ende des 19. Jahrhunderts im englischen Exeter drei Seeleute vor Gericht, die nach mehreren Wochen im Rettungsboot ihren Vorrat an Rüben verbraucht hatten. Weil der 17-jährige Schiffsjunge Meerwasser trank und dadurch krank wurde, beschlossen die Seeleute – weil niemand den unverheirateten Jüngling vermissen würde – ihn zu töten. Eine Woche später wurden sie gerettet und waren sich keiner Schuld bewusst. Laut posaunend erzählten sie jedem ihre Überlebensstory, wohl wissend, dass noch nie jemand für solche Taten verurteilt worden war. Doch die damalige Strafbehörde klagte die Männer wegen Mordes an. Todesstrafe hieß der Schuldspruch, doch dazu kam es nie. Der Innenminister wandelte die Strafe in eine sechsmonatige Haft um. Na hoffentlich wurden sie dort mit Nahrung versorgt.

Einen deutschen Richter interessiert aber kein »Gesetz der See«, und unser Innenminister kann auch keine Begnadigungen aussprechen. Wie ist also die heutige deutsche Rechtslage? Natürlich ist das Töten, um jemanden zu essen, strafbar. Der »Kannibale von Rotenburg« hat lebenslänglich für seine schrecklichen Taten bekommen. Wer sich aber in einer absoluten Notsituation auf hoher See befindet und nach wochenlangem Hungern vor der Entscheidung steht: Entweder überlebe ich oder keiner, der kann ausnahmsweise nach dem entschuldigenden Notstand des § 35 StGB ohne Schuld gehandelt haben. Es müssen aber alle anderen Möglichkeiten ausgeschöpft werden – und das wird fast nie der Fall sein. Falls sich die zu verspeisende Person jedoch freiwillig opfert, könnte sich der Kannibale nur der Tötung auf Verlangen gemäß § 216 StGB strafbar gemacht haben. Dann müsste die Person den Tod aber ernsthaft und ausdrücklich gewollt haben. Und welcher Schiffbrüchige will denn nicht so lange wie möglich überleben? Wie sich also unser fiktiver »Kannibale von Bermuda« strafbar gemacht hat, entscheiden die imaginären Gerichte daran, wie aussichtslos die Lage war.

§ SEINE EIGENE INSEL AUFSCHÜTTEN UND EINEN STAAT GRÜNDEN, ODER: AUF SEINEM MISTHAUFEN IST DER HAHN KÖNIG

Mikronationen wie Sealand, Kugelmugel und Christiania sind auf der ganzen Welt verteilt. Mittlerweile gibt es so viele davon, dass man sie sogar mithilfe eines Reiseführers bereisen kann: *The Lonely Planet Guide to Home-Made Nations.* Doch Vorsicht! Nicht alle sind so touristenfreundlich wie Christiania, das für seinen progressiven und freien Lebensstil bekannt ist. So wurde Dominion of Melchizedek nur gegründet, um Geldwäsche zu betreiben. Ein dortiger Besuch könnte euch bestimmt schnell auf die Verdächtigenliste der amerikanischen Börsenaufsicht befördern. Viele Fantasiestaaten werden erst gar nicht ernst genommen, manche werden immerhin geduldet, aber eines haben die Zwergstaaten gemeinsam: Keiner von ihnen ist offiziell anerkannt. Doch warum nicht? Gut, man kann sich vielleicht denken, dass das Land, in dem sich das vermeintlich eigene Hoheitsgebiet befindet, etwas dagegen haben könnte. Aber was wäre, wenn ihr auf hoher See eine Insel aufschüttet und einen neuen Staat ausruft? Seid ihr dann automatisch König eurer frischgebackenen neuen Insel?

Was zur hohen See zählt und was nicht, wisst ihr jetzt schon. Da diese keiner in Anspruch nehmen darf, ist die Frage doch klar, denkt ihr euch. Natürlich darf man dort nicht einfach eine neue Insel errichten. Falsch! In Art. 87 des Seerechtsübereinkommens ist das sogar klipp und klar erlaubt. Außerdem heißt es in Art. 89, dass nur kein Staat einen Teil der hohen See seiner Souveränität unterstellen darf. Ich bin aber eine Privatperson! Doch bevor ihr euch jetzt aufmacht und einen Bagger mietet, um in sämtlichen Kindergärten eurer Nähe in einer Nacht- und Nebelaktion die Sandkästen zu leeren, lest noch kurz weiter: Erstens kann man Sand auch ohne weinende Kinderaugen am Morgen besorgen. Und zweitens gehört zu einer Staatsgründung etwas mehr, als nur Sand ins Wasser zu kippen. Drei Elemente braucht es dafür. Staatsgebiet, Staatsvolk und Staatsgewalt.

Mindestens eines davon soll dem berühmten Sealand laut einem deutschen Gericht fehlen, weswegen ihr von der Geschichte des britischen Ex-Soldaten Paddy Roy Bates zumindest lernen könnt, wie es nicht geht: Auf einer ehemaligen Militärplattform, knapp außerhalb des damaligen britischen Hoheitsgewässers, wurde 1967 Sealand ausgerufen. Bis heute lebt die Familie Bates auf den Betonpfeilern und musste schon Putschversuche, Brände und Schießereien in den sealandischen Geschichtsbüchern vermerken. Auch wenn die Seefestung von Großbritannien weitestgehend ignoriert wird – wahrscheinlich in der Hoffnung, dass die Sealander doch mal seekrank werden –, wird sie nicht als Staat anerkannt. Das musste auch ein Deutscher – oder nach seinen Vorstellungen ehemaliger Deutscher – vor dem Verwaltungsgericht Köln feststellen. Dieser wollte seine Staatsbürgerschaft wechseln und künftig in der Nordsee auf Sealand leben. Das Gericht urteilte: Die künstliche Plattform sei kein Landgebiet, weil ein Stück Erdboden erforderlich sei, schließlich steht die Plattform nur auf zwei Betonpfeilern. Außerdem fehle es an der »Schicksalsgemeinschaft« des Staatsvolkes, da die sogenannten Sealander sich überwiegend außerhalb aufhalten.

Also halten wir fest: Ihr braucht einen Ort, der so weit von jedem Staat entfernt ist, dass ihn keiner bereits beansprucht hat. Ihr dürft, anders als Robinson Crusoe oder Tom Hanks in *Cast Away*, nicht allein auf der Insel sein und sie euer nennen, denn ihr braucht auch ein Staatsvolk. Gewisse Regeln muss es auch geben, nach denen dann alle leben. Wenn ihr das Unmögliche geschafft habt, fehlt nur noch eine Sache: die Anerkennung durch andere.

Nun habt ihr ein paar verrückte Abenteuerlustige gefunden und das mit der Verfassung macht ihr einfach wie in der 9. Klasse, von anderen abschreiben – schließlich gibt es kein Urheberrecht auf Gesetze. Die Idee, kleinen Kindern Sand zu klauen, geht euch aber gegen den Strich. Bei eurer Google-Suche nach alternativen Sandquellen seid ihr angesichts der Wucherpreise für etwas Dreck an dem Punkt, an dem jeder schon mal war: Ihr wartet, bis es von selbst passiert. Der 9. Klasse sind schließlich nicht nur die Abschreibkenntnisse zu verdanken, sondern auch die Chemie-Basics.

Vielleicht kommt das Wissen auch aus *Minecraft*, das ihr beim Schulschwänzen gezockt habt, aber egal: Wasser plus Lava ergibt Stein – also einfach auf den nächsten Vulkanausbruch warten und schnell sein, lautet die Devise. Wenn dann der Ausbruch nicht wie 2021 in La Palma zu nah am Ballermann (nein, das gehört nicht zu Deutschland, sondern zu Spanien) ist, um ein ruhiges Dasein als König zu führen, dann heißt es Schwimmflügel an und losschwimmen. Eurem neuen Staat steht nichts mehr entgegen. Aber auch wenn euer Stück Land alle Staatsvoraussetzungen erfüllt – die Vergangenheit hat gezeigt: Ein Staat ist nichts wert, wenn er von keinem als Staat angesehen wird. Dass Existenzprobleme sogar im kleineren Rahmen schon schwierig sind, verdeutlicht ein Gespräch mit einer Person aus Bielefeld. Also, wenn euch das zu viel Aufwand ist, verbringt eure Zeit lieber sinnvoller: Zum Beispiel könnt ihr euch über den sealandischen Putschversuch informieren oder ihr lest einfach weiter. Denn die nächste verrückte Geschichte ist keine Seite entfernt.

Verwaltungsgericht Köln, Urteil vom 03.05.1978, Az. 9 K 2565/77

§ KAMPF MIT WHISKEY UM INSEL HANS: DER FRIEDLICHSTE KRIEG DER WELT!

Apropos verrückte Geschichte, was ist wohl verrückter als ein friedlicher Krieg?! Dieser Besatzungskrieg fand die letzten Jahrzehnte zwischen Dänemark und Kanada statt. In der Hauptrolle: Dänen, Kanadier, die Insel Hans und Whiskey-Flaschen. Klingt wild? Ist es auch.

Es geht um die unbewohnte Insel Hans. Tatsächlich wurde die Insel, die übrigens keine Vegetation hat, 1933 vom Völkerbund Dänemark zugesprochen. Da der Völkerbund aber später aufgelöst wurde, war diese Zuordnung nicht mehr gültig. 1973 wurde die Insel bei der offiziellen Grenzziehung zwischen Grönland und Kanada ausgelassen. Es bestand daher Uneinigkeit darüber, wem der steinige Felsen nun gehörte.

Und so startete der Whiskey-Krieg. Den Anfang machten 1984 die Dänen, als deren Minister für Grönland die Hans-Insel zu einem Teil Dänemarks erklärte. Und das mit einer Flasche Whiskey und einem Schild mit einer passenden Aufschrift. Das ließ Kanada nicht lang auf sich sitzen und konterte in gleicher Weise. Wirklich lang wehte jedoch keine Fahne dort. Immer, wenn die Dänen ihre hissten, kamen die Kanadier und ersetzten die andere Flagge durch die eigene – und umgekehrt. Ein Hin und Her, das Jahrzehnte lang anhielt.

Ist zwar alles ganz witzig, aber ewig so weitergehen konnte das Ganze nicht – dachten sich zumindest die Länder. Daher starteten Verhandlungen zwischen Vertretern beider Nationen darüber, wie mit der Insel verfahren werden sollte. Dann, Mitte Juni 2022, konnte die Sensation vermeldet werden: Der Whiskey-Krieg war vorbei! Nicht, weil einem Land der Alkohol ausging, sondern weil sich die beiden einigen konnten: Die 1,3 Quadratkilometer große Insel wurde unterteilt, indem eine Landesgrenze gezogen wurde. So zeigte sich: Zumindest halb ernste Whiskeykriege kann man durch diplomatische Verhandlungen und kooperative Lösungen auch im Jahr 2022 wunderbar beenden.

Als den »freundlichsten aller Kriege« bezeichnete die kanadische Außenministerin Mélanie Joly den Konflikt um Hans. Den Streit um die Insel, wenn es denn überhaupt einer war, überlebten ganze 26 kanadische Außenminister und Außenministerinnen. Bei einer feierlichen Zeremonie tauschten die beiden Vertreter der Länder ein letztes Mal ihre feinen Tropfen aus, passend zu den Ereignissen der letzten Jahre.

Eine Frage bleibt aber wohl für immer offen: Was ist mit den ganzen Flaschen passiert, die auf der Insel hinterlassen wurden?

§ PRINZ CHRISTIAN ZU SOLMECKE – DARF ICH MIR EINEN ADELSTITEL KAUFEN?

Im Zug wird mir nach der Ticketkontrolle plötzlich die erste Klasse angeboten, das Hotelzimmer, ohne mein Zutun, auf die Luxussuite hochgestuft. Und sogar der beste Kinoplatz wird für mich freigemacht, nachdem der Saal eigentlich ausgebucht war. Zumindest träumen kann man davon, einen Tag lang wie eine Berühmtheit behandelt zu werden. Aber machen wir uns nichts vor, so viele kennen meine YouTube-Videos nun auch wieder nicht. Zwar ist der Kanal *WBS.LEGAL* mit fast einer Million Abonnenten der größte Rechtskanal Europas, solch eine Bevorzugung ist dennoch nur Hollywoodstars und vielleicht dem König von England (Das klingt immer noch komisch, nach 70 Jahren Queen Elizabeth) vorbehalten. Apropos König, darf ich eigentlich legal Adelstitel kaufen und mir so einfach meinen eigenen roten Teppich ausrollen?

Seit Ende des Kaiserreichs 1919 sind alle Bürger vor dem Gesetz gleichgestellt. Sämtliche Adelsbezeichnungen waren von nun an nur noch ein Name, der an die Zeit der Blaublütler erinnert. Da kann man noch so viele Drachen töten und Jungfrauen retten, man ist trotzdem nicht adliger als der Schuster von nebenan. Auch wenn man wie Karl-Theodor Maria Nikolaus Johann Jacob Philipp Franz Joseph Sylvester Buhl-Freiherr von und zu Guttenberg heißt – und ja, das ist sein wirklich offizieller Name –, erhält man bei Plagiatsvorwürfen seiner Doktorarbeit kein Sonderrecht.

Na gut, rechtliche Vorzüge bekommt man als Baron nicht mehr, aber manchmal reicht es ja, sich besonders zu fühlen, um besonders behandelt zu werden. Welche Möglichkeiten habe ich denn, dass wenigstens mein Name nach Oberschicht klingt? Die erste Möglichkeit ist natürlich, direkt als Graf geboren zu werden. Der Zug ist jedoch für die meisten Leser abgefahren. Bleibt also noch die Heirat. So kann ich, wie im Märchen, echte Prinzessin werden. Dazu brauche ich aber keinen Frosch, sondern einen echten Prinzen. Und wenn man sieht, welche Prinzen in der Öffentlichkeit so auftreten, dann gehört man lieber weiter dem Proletariat an.

Aber auch Prinz Marcus von Anhalt war nicht seit Geburt adlig. Wie hat es denn der »Protzprinz« geschafft, der erst wegen Steuerhinterziehung einsitzen musste? Nun ja, er tat es seinem Adoptivvater gleich und ließ sich im Erwachsenenalter adoptieren. Ob jetzt die Liebe zu seinem neuen Sohn oder die über eine Million Euro ausschlaggebend waren, wird für immer das Geheimnis von Prinz Frédéric von Anhalt sein. Dass die deutschen Gerichte bei so einer Summe kein gesundes Eltern-Kind-Verhältnis gesehen hätten, wussten auch die von Anhalts. Wahrscheinlicher ist es, dass ein Gericht in Los Angeles, am Wohnort von Frédéric, dafür verantwortlich war und die Adoption in Deutschland anerkannt wurde. Einen genaueren Einblick in ihre neue Familienbeziehung gaben die beiden jedoch nicht.

Wem aber gesunde soziale menschliche Beziehungen zu führen oder nach Los Angeles zu jetten zu anstrengend ist, der fragt sich bestimmt, was es mit den »Billig«-Titeln im Internet auf sich hat. »Baron de Burgund«, »Lord of Kerry« oder »Lady of Glencoe« klingen doch erst mal nicht schlecht, oder? Die angebotenen Adelsgeschlechter haben jedoch keine lebenden Nachkommen mehr. Meist sind es eingetragene Marken, die höchstens als Zusatz zum echten Namen verwendet werden dürfen.

Falls ihr jetzt traurig nach Mondgrundstücken sucht, um eure Sehnsucht nach Individualität zu stillen, haltet schnell inne. Eine letzte Möglichkeit gibt es noch, und die macht euch wirklich besonders! Ihr könnt euch einfach einen Künstlernamen in euren Ausweis eintragen lassen. Ein winzig kleines Opfer müsst ihr natürlich bringen: Ihr müsst auch unter diesem auftreten. Also ölt die Stimmbänder, stimmt eure Gitarren oder kauft euch einen Wasserfarbkasten. Eurem Prinzendasein steht nichts mehr im Wege. Wobei die Fußstapfen des Musikers Prince wahrscheinlich zu groß sind, aber nicht schlimm, es gibt noch zahlreiche andere Titel.

§ DAS ERSTE WELTRAUMBABY – NATIONALITÄT: ALIEN?

Was steht im Pass eines Kindes, das im Weltall geboren wurde? Vielleicht »Alien«? Alien bedeutet schließlich außerirdisches Leben. Außerirdisches Leben ist eine Bezeichnung für alle Lebensformen, die nicht auf der Erde entstanden sind. Ist also vielleicht ein verheimlichtes NASA-Weltraumbaby gemeint, wenn es heißt: Die Aliens weilen unter uns? Doch kann es überhaupt eine Geburt im Makrokosmos geben?

Schließt man Science-Fiction wie Generationenschiffe oder von Robotern aufgezogene Tiefkühl-Embryonen aus, gibt es nur zwei Möglichkeiten, wie die Frage überhaupt relevant werden könnte. Den Storch, der sich etwas in der Höhe vertut, lassen wir auch mal außen vor.

Erstens: Der Blick aus der Raumkapsel sorgt für romantische Gefühle. Vielleicht schafft man es dann sogar, in der Schwerelosigkeit das Kamasutra selbst zu testen, anstatt sich nur vorzustellen, wie denn das Bein hinters Ohr kommen soll. Nicht mal so unwahrscheinlich, wenn man bedenkt, dass es einen »Mile High Club« für alle gibt, denen das Flugzeugklo geräumig genug war. Gerüchten zufolge soll es sogar schon Sex im kosmischen Raum gegeben haben. Das Problem: Raumfahrtmissionen dauern normalerweise maximal sechs Monate. Da fehlen noch drei für unser Weltraumbaby.

Damit bleibt nur noch Möglichkeit zwei: Eine Astronautin ist bereits schwanger, während sie in die Rakete steigt. Doch auch das erscheint maximal unwahrscheinlich – schließlich werden alle Astronauten etlichen medizinischen Tests unterzogen. Ganz ungefährlich wird der Flug ins All auch nicht sein. Immerhin wird das über Dreifache des Gewichts mit aller Macht in die Sitze gedrückt, nachdem der Countdown »3, 2, 1 and Lift-Off« das Letzte ist, was die Astronauten noch mit genügend Blut im Kopf hören können. Allein der Gedanke einer Schwangeren im Cockpit löst ein unbeschreibliches Gefühl von Unbehagen aus. Und dann ist noch nicht geklärt, wie sich ein Fötus im Bauch ohne Gravitation entwickelt.

Nummer zwei scheidet also auch eher aus. Warum sollen wir uns mit einem Thema beschäftigen, das sowieso nie eintritt? »Nicht so schnell, hold my Spacebaby, dachte sich die niederländische Biotech-Firma SpaceLifeOrigin. Diese hat nur eine Mission: das Überleben der Menschheit zu sichern, und zwar um jeden Preis. Das Unternehmen will nicht nur Samen und Eizellen auf Satelliten ins All schicken, sie wollen auch 2024 die erste Geburt eines Babys im Weltraum durchführen. Durch immer weiter drängende Gefahren wie die kontinuierliche Erderwärmung, Riesenasteroiden oder künstliche Intelligenz seien unsere letzten Tage auf der Erde gezählt. Doch aus reiner Liebe zur Menschheit läuft das Ganze nun doch nicht: Schließlich kosten die Spermiensatelliten bestimmt nicht wenig. Bis zu 125 000 Dollar soll der Transport ins All für die Privatperson kosten. Eine künstliche Befruchtung im Space Embryo Incubator sogar bis zu 5 Millionen. Und sollte es dann in Zukunft wirklich zu der Geburt kommen, stehen die Preise noch aus. Ein kleiner Tipp meinerseits: Eine Geburt im Krankenhaus wird weniger kosten.

Also kommen wir nicht darum herum, uns anzuschauen, welche Nationalität ein Neugeborenes im All hätte: In den vielen Weltraumverträgen findet sich dazu keine besondere Regelung. Aber wir haben doch gelernt, dass zum Beispiel auf der ISS das Recht des jeweiligen Moduls der Raumkapsel zählt – vielleicht hilft das weiter? Falls also doch eine Raumfahrtmission mal länger als sechs Monate dauert und es zu Beginn ein Techtelmechtel zwischen zwei lüsternen Raumfahrern gab, erfolgt die Geburt im amerikanischen Modul dann auf amerikanischem Staatsgebiet? Ganz so einfach ist es leider nicht, denn das Raumschiff zählt nicht als Gebietserweiterung für das jeweilige Land. Das würde nämlich den Mondvertrag vollständig hinfällig machen, der besagt, dass keiner ein Aneignungsrecht an Himmelskörpern hat. Dennoch wäre das Kind laut Vereinten Nationen dann Amerikaner. Aber jedes Land hat seine eigenen Regeln, und die gehen denen der UN vor.

Doch nach welchen Regeln wird das entschieden? Dazu müssen wir auf die herkömmlichen Methoden zurückgreifen: Rechtlich unterscheiden wir zwischen dem »Geburtsortprinzip« und dem »Abstammungsprinzip«. Nach dem Geburtsortsprinzip erhält jedes Kind automatisch die Staatsangehörigkeit des Landes, auf dessen Staatsgebiet es geboren wird. In den meisten Ländern gilt primär Zweiteres, auch »Blutsrecht« genannt. Danach hat ein Kind die Nationalität der Eltern.

Wenn also eine Deutsche im Weltall ein Kind gebärt, kann Deutschland mit dem ersten Alienbaby angeben. Sobald die Eltern jedoch unterschiedliche Nationalitäten haben, kommt es ganz darauf an, ob die beiden Länder eine doppelte Staatsangehörigkeit erlauben. Auch wenn das erst mal nicht kompliziert klingt, wären die deutschen Behörden ziemlich überfordert. Denn der Geburtsort muss trotzdem eingetragen werden. Bei Flugzeuggeburten über dem Meer trägt man bislang einfach Längen- und Breitengrade ein. Aber was wäre im Weltall? Geboren im Alpha-Quadrant?

Für Fälle, in denen beide Eltern eines Kindes aus einem Land mit dem Geburtsortprinzip kommen, wäre es tatsächlich staatenlos. Aber das reine Geburtsortprinzip gibt es meinen Recherchen nach überhaupt nicht, sondern nur Kombinationen mit dem zweiten Modell – so wie etwa in den USA. Hier reicht es in der Regel, wenn ein Elternteil Amerikaner ist und ein paar weitere Voraussetzungen vorliegen. Daher ist ein staatenloses Baby eigentlich kaum denkbar.

Wenn man die Zukunftsvisionen von SpaceLifeOrigin teilt, wird es aber irgendwann sowieso keine Nationalitäten mehr geben. Dann existieren entweder Marsianer oder Terraner. Wer also gerade in der Kinderplanung ist und ein theoretisches Alien aufziehen will, der hat noch bis 2024 Zeit, sich das Ganze durch den Kopf gehen zu lassen. Eine Einschränkung sieht das Unternehmen jedoch vor: Ihr müsst bereits zwei Geburten ohne Komplikationen hinter euch haben.

§ WIE MACHT MAN DEN MANN IM MOND ZUM NACHBARN?

Die Mietpreise steigen immer weiter. Die Nebenkostenabrechnung am Ende des Jahres hat wieder mehr Schreckpotenzial als das Fernsehprogramm am 31. Oktober. Wie wäre es mit einem Grundstück für einen Schnäppchenpreis von 20 Euro? Und das Beste: kein lästiger Besuch beim Grundbuchamt, kein teurer Notar. Einfach ein Klick im Internet, und in 24 Stunden ist die Urkunde in euren Händen. Ein 90-tägiges Rückgaberecht habt ihr dazu auch noch! Klingt zu gut? Na ja, ein kleines Detail habe ich verschwiegen, das Grundstück befindet sich auf dem Mond. Und verfügbare Strom-, Internet- und Wasseranbieter müsst ihr auch noch suchen. Aber wenn die Infrastruktur etwas besser aussieht, dann lohnt es sich doch trotzdem, jetzt zuzuschlagen und sich einen Platz auf dem Erdtrabanten zu sichern, oder? Was ist dran an den berühmten Mondgrundstücken?

Ein Name taucht dabei immer auf: Dennis Hope. Er gibt an, Eigentümer des Mondes zu sein. Doch wie soll man Inhaber eines großen Gesteinsbrockens ohne Atmosphäre werden, wenn man selbst nicht mal dort war? Na ja, das basiert auf seiner rechtlichen Auslegung des Weltraumvertrages von 1967 und den kalifornischen Grundbuchämtern. In dem Vertrag steht: Der Weltraum, also auch der Mond, unterliegt nicht nationaler Aneignung. »Perfekt!«, dachte sich Hope. »Ich bin ja kein Staat, sondern eine Privatperson.« Diese angebliche Gesetzeslücke nutzte Dennis, um sich einfach als Eigentümer einzutragen. Moment mal! Kann ich mich einfach so als Eigentümer eines nicht besiedelten Grundstücks eintragen lassen? In Amerika ist die Zeit des Wilden Westens wohl noch nicht beendet! Seit 1862 gibt es den »Homestead Act«, der es ermöglicht, ein freies Stück Land für sich zu beanspruchen. Weil niemand innerhalb einer bestimmten Zeit Widerspruch erhoben hat, wurde Hope laut den kalifornischen Behörden zum Space-Cowboy und der Mond zu seiner Ranch.

Seit jeher verkauft er 0,4 Hektar für 20 Dollar. Über mehr als vier Millionen Grundstücke hat er so schon verkauft. Über 80 Millionen für einen kleinen Gang zum Grundbuchamt, durchaus lukrativ.

Aber bin ich dann wirklich Eigentümer, wenn ich die Urkunde kaufe? Juristisch gesehen ist das natürlich Blödsinn, das weiß selbst der Gründer des Unternehmens Lunar Embassy Mission. Wenn keine Staaten sich Himmelskörper aneignen können, dann dürfen das auch keine Privatpersonen, die dem nationalen Recht unterworfen sind. Schließlich gehört der Mond uns allen. Das ist sogar rechtlich im Mondvertrag festgelegt.

Warum sollte ich dann etwas kaufen, was eh schon mir gehört? Zugegebenermaßen ist es schon ein außergewöhnliches Geschenk. Meist enthält das Mondgrundstück ein personalisiertes Zertifikat und ein gratis »Gimmick« wie einen Swarovski-Stern. Ob das eine gute Investition ist, muss jeder selbst entscheiden. Das macht zum Beispiel der deutsche Nachahmer von Dennis Hopes Geschäftsidee aber wahrscheinlich nur, um einer Strafbarkeit wegen Betruges zu entgehen und einen realen Gegenwert anzubieten. So steht auf der Website unter »Rechtliche Hinweise«: »Der Besitz eines Mondgrundstücks ist eine symbolische Geschenkidee ohne derzeit gültigen Besitzanspruch des erworbenen Grundstücks.«

Aber der Amerikaner war mit seinem Schildbürgerstreich nicht allein in der Geschichte: So klappte Martin Jürgens, einem Rentner aus Nordrhein-Westfalen, die Kinnlade runter, als er von den Machenschaften des Mondmade-Millionärs erfuhr. »Er kann doch nicht einfach mein Erbe verhökern«, ärgerte er sich am Küchentisch und verfasste einen Brief nach Übersee, der ganz sicher nicht »Mit freundlichen Grüßen« endete. Der Mann aus Westfalen ist nämlich der Vorfahre eines Wunderheilers des preußischen Königs Friedrich der Große. Dieser vermachte am 15. Juli 1756, in einer Urkunde festgehalten, dem alten Jürgens »als Zeichen höchster Hochachtung und Dankbarkeit« den Himmelskörper. Doch auch der Rentner muss enttäuscht werden. Selbst ein König hat kein Recht, den Mond zu verschenken – auch wenn es damals noch keine Weltraumverträge oder Vereinte Nationen gab.

Wenn ihr also auf der Suche nach einem extravaganten Geburtstags- oder Weihnachtsgeschenk seid und im Internet auf den Erwerb von Mondgrundstücken stoßt, sagt euren Beschenkten, sie können mit der Urkunde nicht die von der NASA geparkte Rakete von dem Grundstück abschleppen lassen. Vielmehr hat die Urkunde nur symbolischen Wert und macht sich höchstens nett an der Wand.

§ »HOUSTON, WIR HABEN EIN PROBLEM!« – WELCHES RECHT GILT BEI MORD IM WELTRAUM?

Ein weißer Handschuh, der von der unendlichen Schwärze aufgefressen wird. Ein Schlag, ein Stoß, ein Schrei. Stille … Die letzten aufgezeichneten Worte des Rundfunkgeräts waren: »Mayday, Mayday …«

Überdramatisiert geht es darum, was passiert, wenn ein Astronaut den perfekten Mord begeht oder einfach der erste Mensch sein will, der auf dem Mond eine Schlägerei anzettelt. Kann er dafür belangt werden, oder ist das All nicht nur ein unendlicher, sondern auch ein rechtsfreier Raum? Welche Gesetze gelten im Weltall? Und nein, damit sind nicht die Gesetze der Physik gemeint. Dass diese auch außerhalb der Erde bestehen, ist selbst denen bekannt, die wirklich hinter dem Mond leben. Über die Frage des anwendbaren Rechts könnte der »Vertrag über die Grundsätze zur Regelung der Tätigkeiten von Staaten bei der Erforschung und Nutzung des Weltraums einschließlich des Mondes und anderer Himmelskörper« – oder kurz »Weltraumvertrag von 1967« – Aufschluss geben. Keine Angst, der Inhalt ist nicht so kompliziert wie der Titel. Der Vertrag verbietet nur, Gegenstände mit Atomwaffen oder Massenvernichtungswaffen in die Umlaufbahn der Erde zu bringen oder auf Himmelskörpern zu installieren. Wer sich jetzt auch eine Google-Suche ersparen will und sich fragt, ob Star Wars auf dem Weltraumvertrag basiert oder umgekehrt: Star Wars erschien 1977.

Doch wie sieht es mit Verbrechen von Astronauten aus? Fehlanzeige. Die Bestrafung von Raumfahrern findet keinerlei Erwähnung, weder in dem Weltraumvertrag noch in den weiteren Abkommen. Aber kann es wirklich sein, dass Strafrecht auf dem Mond nicht nur im tatsächlichen, sondern auch im sprichwörtlich luftleeren Raum stattfindet? Ohne jetzt bestimmte Tatanreize schaffen zu wollen: Bekanntlich gibt es auf dem Mond keine Luft und Schallwellen, sodass ein Täter keine Angst vor den Hilferufen des Opfers haben müsste. Vielleicht ist es aber schon Abschreckung genug, dass die Fußabdrücke bei der Tatbegehung durch die fehlenden Winde ewig zurückbleiben?

Zumindest auf der ISS-Raumstation gibt es dafür eine Regelung: Es gelten die nationalen Rechtsordnungen, je nachdem, welchem Land das zugehörige Modul der Raumkapsel gehört. Wie in einer Art Patchwork-Staat kann man also mit einem einminütigen Spaziergang das geltende Recht verändern.

Dies musste eine NASA-Astronautin am eigenen Leib erfahren. Sie könnte die vermutlich erste Straftat im Weltraum begangen haben. Dabei soll die US-Raumpilotin verbotenerweise auf das Bankkonto ihrer ehemaligen Freundin zugegriffen haben. Den Internetzugriff stellte die USA, sodass sie wegen Identitätsdiebstahls nach amerikanischem Recht angeklagt wurde.

Bei der theoretischen Frage, was denn nun passiert, wenn sich im europäischen Modul ein russischer und ein amerikanischer Astronaut auf die Nase hauen (was bei der Enge nicht völlig fernliegend ist), können die dann zuständigen Juristen nur hoffen, dass die NASA-Ausbildung viel Wert auf soziales Teambuilding legt. Denn eine eindeutige Antwort gibt es darauf nicht.

Genauso wenig gibt es eine klare Antwort, wie es sich mit Straftaten außerhalb der Raumkapsel verhält. Zwar gibt es einen Mondvertrag, der seit 1979 den Erdtrabanten wie die hohe See als internationalen Gemeinschaftsraum festlegt, an dem kein Staat ein Aneignungsrecht hat und dessen Ziel eine friedliche Nutzung ist. Dieser wurde aber durch kaum einen Staat ratifiziert.

Aber zurück zu dem perfekten Mord: Wenn also ein Verbrechen auf dem Mond geschieht, soll das nach jetziger Rechtsauffassung nach dem Strafgesetz des Heimatlandes des Astronauten behandelt werden. Man nimmt sein Recht quasi im Raumanzug mit. Da man als einer der wenigen, die das Privileg haben, den großen weiten Weltraum mit eigenen Augen sehen zu dürfen, wahrscheinlich andere Sorgen hat, als sich gegenseitig den Kopf einzuschlagen, bleibt dies hoffentlich nur ein theoretisches Problem.

Diese juristische Unsicherheit nahm Kanada jedoch trotzdem zum Anlass, um für die Artemis-II-Mission 2024 zur Mondumrundung Klarheit zu schaffen: Mit dem Änderungsentwurf vom April 2022 soll die Strafgerichtsbarkeit des kanadischen Strafgesetzbuches auf den Mond ausgeweitet werden. Dabei stoßen sie als erstes Land mit einer solchen Änderung auf einige Hürden, die mit zunehmenden Weltraumprojekten auch bald Deutschland treffen könnten. Was ist eigentlich Weltall? Ab wie vielen Kilometern fängt es an? Wie ist die Definition von »Mond«? Wie die konkrete Ausgestaltung dann aussieht, steht in den Sternen.

Klar ist nur eines, wenn es um Strafrecht im All geht: Das Sprichwort »Vor Gericht und auf hoher See ist man in Gottes Hand« muss definitiv um das Wort Weltraum ergänzt werden.

§ NACHWORT

Nachdem *Der Taschenanwalt* bei euch so gut ankam, musste einfach ein zweites Werk her, das ist ja klar! Diesmal sollte das Buch euch nicht bei rechtlichen Alltagsfragen unterstützen, sondern einfach unterhalten – auch wenn man aus vielen Geschichten einige (rechtliche) Lehren ziehen kann.

Danke, dass ihr auch dieses Buch gelesen habt! Und falls ihr den *Taschenanwalt* nicht kennt: Das nächste Weihnachten kommt bestimmt, und dann habt ihr vielleicht eine Geschenkidee für den Tannenbaum.

Eines kann ich euch sagen: Es war gar nicht so einfach, die Auswahl von Urteilen, Gesetzen und Rechtsfragen zu treffen. Überall wimmelt es nur so von skurrilem Recht. Da soll noch mal einer sagen, der Job eines Juristen sei langweilig. Das kann er zwar auch manchmal sein, aber das Gute ist, dass man sich ein Rechtsgebiet aussuchen kann, das man gern mag. Derjenige, der sich für besondere KI-Rechte einsetzen will, findet seinen Platz … Wenn er nicht zuvor von künstlicher Intelligenz irgendwann ersetzt wird. Aber das soll natürlich keine Werbung für ein Jurastudium sein – mir geht es darum, euch da draußen einen Einblick in den wirklich unterhaltsamen Teil meiner Welt zu gewähren. Ich hoffe, das ist mir gelungen.

Wer von skurrilen Geschichten jetzt noch nicht genug hat oder einfach mehr Jura erfahren will – in fast jedem sozialen Netzwerk, in dem ihr seid, bin ich auch:
YouTube: »WBS.LEGAL«
Instagram: »recht2go«
Facebook: »wbs.legal«
TikTok: »recht2go«
Twitter: »@solmecke«

Und welches Thema interessiert euch am meisten? Welche verrückte Story habt ihr vermisst? Schreibt mir gern.

Euer Christian Solmecke

§ ÜBER DEN AUTOR

Christian Solmecke ist Deutschlands wohl bekanntester Rechtsanwalt. Ob es um skurrile oder ernste Rechtsfragen geht – auf der Suche nach einem auch für Nichtjuristen verständlich erklärten Rechtsthema führt kein Weg an ihm vorbei. Doch wie kam es überhaupt dazu? Solmecke studierte Jura in Köln und Bochum, absolvierte anschließend einen Master of Laws und spezialisierte sich dann als Rechtsanwalt auf die Beratung der Internet- und IT-Branche. Seit 2010 ist er Partner der Kölner Medienrechtskanzlei WBS.LEGAL. »Nebenbei« hat er mehrere Unternehmen gegründet und mit Legalvisio eine neue Software für Anwaltskanzleien ins Leben gerufen. Darüber hinaus ist er ehemaliger Radiomoderator und freier Journalist. Er weiß, wie man die Menschen sogar mit dem vermeintlich trockenen Recht gut unterhält und auch ernste Rechtsfragen vor einem Mikrofon und einer Kamera verständlich beantwortet. Deshalb wird er häufig um seine Einschätzung gebeten. Für viele ist das Allround-Talent jedoch vor allem eines: der »YouTube-Anwalt«, der die aktuell knapp eine Million Abonnenten seines Kanals WBS.LEGAL über die neuesten Rechtsthemen informiert. Dabei beleuchtet er neben höchstrichterlichen Urteilen und neuen Gesetzen auch mal (kriminelle) Prominente oder eben skurrile juristische Fälle. Solmecke weiß, was die Menschen bewegt. Als Wahlkölner lebt er nicht nur den rheinischen Frohsinn aus, sondern kennt als Vater eines Teenagers zudem stets das aktuelle Jugendwort des Jahres.